にほんご つうやく

口译教程

陆留弟——总主编　　陆留弟　蒋蓓——编著

日本語中級通　　　　　　試験

华东师范大学出版社
上海

图书在版编目(CIP)数据

日语中级口译岗位资格证书考试·口译教程/陆留弟主编. —上海：华东师范大学出版社,2019
ISBN 978-7-5675-8991-9

Ⅰ.①日… Ⅱ.①陆… Ⅲ.①日语-口译-资格考试-自学参考资料 Ⅳ.①H365.9

中国版本图书馆CIP数据核字(2019)第042831号

日语中级口译岗位资格证书考试　口译教程

编　　著	陆留弟　蒋蓓
项目编辑	王清伟　孔凡
文字编辑	张秦芝
封面设计	俞越
版式设计	蒋克

出版发行	华东师范大学出版社
社　　址	上海市中山北路3663号　邮编200062
网　　址	www.ecnupress.com.cn
电　　话	021-60821666　行政传真 021-62572105
客服电话	021-62865537　门市(邮购)电话 021-62869887
地　　址	上海市中山北路3663号华东师范大学校内先锋路口
网　　店	http://hdsdcbs.tmall.com

印刷者	昆山市亭林印刷有限责任公司
开　　本	890毫米×1240毫米　1/32
印　　张	11
字　　数	290千字
版　　次	2019年3月第1版
印　　次	2024年1月第5次
书　　号	ISBN 978-7-5675-8991-9/H·1044
定　　价	26.00元

出版人　王焰

(如发现本版图书有印订质量问题,请寄回本社客服中心调换或电话021-62865537联系)

总主编的话

  作为上海市外语口译岗位资格证书考试项目之一的"日语口译岗位资格证书考试"自1997年开考至今,已由开始的鲜为人知,到现在逐步被高校日语专业学生了解,并得到社会各相关部门的认可。考试规模不断增大,生源范围不断扩展。可以说,这一项目为培养具有一定水平的日语口译人才作出了贡献。

  随着报考人数的增加,考生结构发生变化,原考试项目显现出局限性。为了更好地体现服务社会的宗旨,适应不同岗位日语口译人才的需要,上海市高校浦东继续教育中心(以下简称"中心")决定从2007年秋季起开设"日语中级口译岗位资格证书"和"日语高级口译岗位资格证书"两个级别的考试。在"中心"和上海市外语口译岗位资格证书考试委员会的直接领导和组织指导下,由日语口译专家组陆留弟、蔡敦达、庞志春、杜勤、王丽薇五位老师负责编写《日语中级口译岗位资格证书考试·听力教程》(王丽薇、吴素莲)、《日语中级口译岗位资格证书考试·阅读教程》(蔡敦达、庞志春)、《日语中级口译岗位资格证书考试·口语教程》(庞志春、王建英)、《日语中级口译岗位资格证书考试·翻译教程》(杜勤、刘新梅)、《日语中级口译岗位资格证书考试·口译教程》(陆留弟、蒋蓓)系列教程。

  按照"中心"教程编写:1.定位准确;2.设定框架和体例;3.选材面广;4.体现时代特征;5.突出口译特点等五点原则,五位老师认真收集材料,编写精益求精、各具特色。例如,《听力教程》每课由A、B两套试题组成。A套用以测试学习者的听力水平,以便进行有针对性的学习和训练。B套为模拟试题,其题型和要求与《考试大纲》的规定完全一致。《阅读教程》全书有上篇、下篇组成,上篇为"阅读基础与技巧",下篇为"课文与综合解答"。上篇部分主要帮助学习者

认识阅读、掌握阅读的主要方法,从而准确且快速地阅读日语文章,做到事半功倍。下篇日语文章涉及说明文、论述文、随笔、小说等题材。《口语教程》每课由两篇文章和"口语讲座"组成。其中"口语讲座"为其特色,兼具知识和信息,引导学习者如何说日语、用日语,从而提高他们的日语表达能力。《翻译教程》每课由日译汉、汉译日两部分组成。在讲授日汉互译基础理论的同时,注重翻译技巧的传授,帮助学习者通过大量的日汉互译实践提高自身的翻译水平。《口译教程》每个单元由六大模块组成。基本词汇和背景知识模块帮助学习者扫除口译中的基本障碍和了解相关背景知识;短句口译和简单的段落口译模块是口译表达的"实战演习",要求学习者学会灵活、自然、丰富的口语表达;口译注释模块对相关的语言内容进行补充说明,小知识模块对口译的基本要点和基本培训内容进行必要的阐述。此外,为了体现本教程能为上海乃至全国培养更多应用型日语人才的编写目的,编者根据不同教材的特点以及需要,归纳出了八大主题:文化娱乐、社会生活、教育研修、环境保护、高新技术、经济贸易、金融证券和时事新闻。

学习外语不同于学习数学、物理等带有公式、逻辑性的学科。外语的学习必须要有无数次的反反复复,而且是简单的反复、反复、再反复。只有坚持这"简单反复"的过程,才能向外语学习的成功更进一步。当然,这"简单反复"也必须由一些指导性的方法来支撑。首先,在初级阶段练好语音语调是对一个"能说会道"者的基本要求;其次,要做到坚持每天放声朗读,这是带领学习者进入"开口说话与交流"的最佳途径;最后也是最重要的一点:如何寻找"自我学习、自我会话、自我翻译"的环境。在外语的学习过程中,除了借助教程以及老师的教授和辅导外,如何寻找一个适合自己学习外语的环境,使自己在日常生活以及自然环境下悟出一套自我学习外语的方法,这在当今千军万马学习外语的浪潮中成为成功的弄潮儿至关重要。

总而言之,学习任何语言都需要付出艰辛的劳动。希望这套系列教材能为有志于从事日语口译工作的人们提供一些帮助和指导。在此,我谨代表本系列教程的所有编写人员期待着你们的成功!

本人对整套教程从宏观上进行了总体把握,但微观上的把握略有不足,编撰时难免有些缺失。希望各方专家、学者、老师和学生多多给予指正,以便我们及时改进。

"中心"和上海市外语口译岗位资格证书考试委员会的有关领导和工作人员以及华东师范大学出版社对系列教程的编写和出版做了大量的工作,在此我代表各位主编和参与本系列教程的所有人员向你们道一声谢谢,感谢你们对本系列教程的大力支持,感谢你们给了我们施展智慧的一次良好机会。

总主编　陆留弟
2007 年 3 月

教材使用说明

本教材根据上海市日语中高级口译考试的大纲要求精心编撰，共分为文化娱乐篇、社会生活篇、教育研修篇、环境保护篇、科学技术篇、经济贸易篇、金融证券篇、国际关系篇等8个单元。每一个单元即是一个主题。从本教材的单元设立情况不难看出教材中的内容涉及广泛，尽可能地将视觉触角延伸到单元主题的各方面，因此具有很强的时代感和实用性。这可以说是本教材的最大特色。

另外，本教材可以作为大学日语专业口译类课程的辅助教材和其他各类中级翻译考试的参考用书。同时，考虑到社会上广大日语学习者和日语爱好者的学习需要，在编写时适当降低科技、环境保护等领域的专业技术含量，尽量使选取的内容更贴近生活，以便于各行各业的广大学习者自学提高使用。

本教材的每一单元由6大模块构成，它们分别是：

一、基本词汇

按照每个单元设立的主题，把与主题直接或间接相关的词汇归纳列出，分为A、B、C、D、E5个部分。每个部分都设有一个类别名，其中日中、中日词汇互译各为15~20个，均为实用性强或出现频率较高的词汇。掌握基本词汇是任何语言表达和沟通的基础，也是学习的首要环节。通过这一模块的学习，旨在帮助学习者扫除语言交流或口译时的基本障碍，掌握相关词汇，并得以灵活运用。其中出现的不少新词，亦可起到拓展知识面的作用。

二、背景知识

围绕每个单元的主题，给学习者分别提供两篇相关的背景知识，其中日中文各一篇。有兴趣的读者可以根据自己的理解进行试译。在阅读完背景知识之后，还附有4、5个与之相关的小问题。由于本

教材注重对口语表达能力的培养,故希望学习者能通过自己的理解,大胆地用日语进行简单回答,或发表自己的见解。

三、短句口译

这一模块是中级口译"实战演练"的第一环节,分为日中、中日口译两部分。每部分各设三个难度等级,每个难度等级各6句,共18句,且难度逐级递增。

当"✿"时,句子较短且简单。听句子时无需做笔记。口译时翻译出其基本意思即可。从某种意义上来说,带"✿"的句子是一种大战前的热身训练。

当"✿✿"时,句子略长且略带难度。学习者可根据自身实际情况,在听句子时做适当记录。口译时不仅要理解句子的基本意思,还需考虑词语的选择和适当的表达。

当"✿✿✿"时,句子长且有一定难度,有时还会出现一些难词。在听句子时需要做笔记。口译时更需做到正确地理解句子,准确、简洁地进行翻译。特别是该等级的最后一句,往往带有一定的挑战色彩,供广大学习者尝试、提高。

特别要指出的是,中译日的参考答案中我们提供了两种不同的译法,以充分体现出口译语言在瞬间选择时具有灵活性、多样性和简洁性的特点。我们希望通过这种训练和提示,告诉广大学习者尽量避免字对字、句对句的翻译,而是要学会用多种译法来表达同一个意思,掌握丰富多彩的口译表达方式,以增强现场临场口译的灵活应对性。

四、简短的段落口译

这一模块是短句口译"实战演练"的升级版,同样分为日中、中日口译两部分。每个部分各6句,共12句,难度递增。

第三、四模块由于是口译表达训练,所以尽可能地要求学习者进行灵活、自然地表达,以区别于纯笔译性的句子。同时,也想借助这两个模块的训练来告诉广大学习者的是,不论从事何种场合的翻译,肯定会遇到不同的难度,这就要求各位译员事先做好充分的相关资料收集、背景知识学习等准备工作,更需具备处变不惊、从容应对的翻译技巧和心理素质。

我们在每个单元后都备有参考答案,以供学习者进行对照参考之用。所谓"参考"二字,其实就为广大的学习者、学者及专家提供了一片思考、批评的拓展空间。所以希望学习者尽量根据自己的理解去准确地把握、去试译。若有比参考答案更精妙的翻译,那就已达到了编写此书的学习目的。

五、口译注释

该模块虽谈不上独创,但确是我们作为口译实践一分子多年来的知识积累和经验总结,是一种发自内心的表露。分别对该单元中出现的词汇进行说明与解释、辨析词义、拓展相关词汇、补充说明和介绍相关背景知识、分析惯用表达以及说明翻译技巧等内容入手。

六、小知识

该模块由口译基础知识和日语小知识这两部分组成。

在踏入口译学习的大门之前,必须对口译的性质、目的、对象、口译学习所需掌握的基本要点以及所需接受的基本培训内容等口译"内在"知识有所了解。希望学习者通过对该部分的阅读和学习,对口译学习和译员工作能有一个更为全面和崭新的认识。

通过进一步学习日语的相关小知识,有助于日语知识的积累和口语表达,可使表达更具生动性。

综合来说,每个单元虽涉及的面相当广,但又不过于拘泥琐碎。本教材的主要作用还应归结到"提点"二字之上。希望能激发学习者的学习兴趣,通过我们的"提点",以达到抛砖引玉的目的。

不过,诚如各位所见,因本人学识尚浅且受时间限制,须在承接项目时承诺的完成时限内交出书稿,故难免有缺漏错误之处。特此真诚地欢迎同行、专家和各位读者指谬。

另外,本人也特借此机会,向多年来一直给予我热情指导、帮助和鼓励的华东师范大学日语系陆留弟教授致以衷心的谢意,也对现正就读的上海外国语大学日本文化经济学院的各位老师以及一直在我身边支持、关照我的家人、挚友表示衷心的感谢。

最后衷心希望各位读者能通过此书的学习提高自身口译水平,顺利地通过上海市日语中级口译考试。

目　録

第一課　伝統と近代との関わり（文化娯楽篇）

セクション1　基本語彙 …………………………………………… 1
　　A．中国の伝統的な物事
　　B．日本の伝統的な物事
　　C．芸能関係
　　D．文化と娯楽の関連用語
　　E．相関機関と固有名称
セクション2　背景知識 …………………………………………… 8
　　A．生活文化における出来事
　　B．中国のアニメ産業の現状
セクション3　初級通訳練習（文の訳）………………………… 11
　　A．日中通訳
　　B．中日通訳（星数えの通訳トレーニング）
セクション4　中級通訳練習（小段落の訳）…………………… 19
　　A．日中通訳
　　B．中日通訳
セクション5　通訳の注意点 …………………………………… 23
セクション6　知識の泉 ………………………………………… 30
　　A．今日の話題——通訳概説
　　B．日本語の豆知識——動物名称に関する慣用句

第二課　社会万華鏡（社会生活篇）

セクション1　基本語彙 ………………………………………… 34

A. 中国社会に関する実用言葉(1)
  B. 中国社会に関する実用言葉(2)
  C. 日本社会に関する実用言葉
  D. 国際社会の出来事と焦点
  E. 相関機関と固有名称
セクション2　背景知識 …………………………………………… 40
  A. 大騒ぎになった鳥インフルエンザ
  B. ソーシャルワーカーの発展事情
セクション3　初級通訳練習(文の訳) …………………………… 43
  A. 日中通訳
  B. 中日通訳(星数えの通訳トレーニング)
セクション4　中級通訳練習(小段落の訳) ……………………… 52
  A. 日中通訳
  B. 中日通訳
セクション5　通訳の注意点 ……………………………………… 57
セクション6　知識の泉 …………………………………………… 64
  A. 今日の話題——通訳の種類
  B. 日本語の豆知識——数字に関する慣用句

第三課　明日の星(教育研修篇)

セクション1　基本語彙 …………………………………………… 69
  A. 学校教育類(1)
  B. 学校教育類(2)
  C. 研修・トレーニング
  D. その他の実用言葉
  E. 相関機関と固有名称
セクション2　背景知識 …………………………………………… 75
  A. 現代社会における日本語教育事情
  B. 中国の教育改革
セクション3　初級通訳練習(文の訳) …………………………… 79

A. 日中通訳
　　B. 中日通訳(星数えの通訳トレーニング)
セクション4　中級通訳練習(小段落の訳) ………… 87
　　A. 日中通訳
　　B. 中日通訳
セクション5　通訳の注意点 ………………………… 91
セクション6　知識の泉 ……………………………… 94
　　A. 今日の話題——通訳者の資質
　　B. 日本語の豆知識——色彩に関する慣用句

第四課　地球号の旅(環境保全篇)

セクション1　基本語彙 ……………………………… 99
　　A. 環境破壊、或いは異常気候による気象現象
　　B. 環境汚染による環境問題と社会問題
　　C. 地球温暖化や環境破壊を引き起こす原因
　　D. 環境保全の対策
　　E. 相関機関と固有名称
セクション2　背景知識 ……………………………… 105
　　A. 地球温暖化
　　B. 地球温暖化による影響——氷河の急速解凍
セクション3　初級通訳練習(文の訳) ……………… 108
　　A. 日中通訳
　　B. 中日通訳(星数えの通訳トレーニング)
セクション4　中級通訳練習(小段落の訳) ………… 117
　　A. 日中通訳
　　B. 中日通訳
セクション5　通訳の注意点 ………………………… 122
セクション6　知識の泉 ……………………………… 127
　　A. 今日の話題——通訳のプロセス
　　B. 日本語の豆知識——「気」に関する慣用句

第五課　ディスカバリー（科学技術篇）

セクション1　基本語彙 …………………………………… 131
　　A. 医学・バイオテクノロジーに関する用語
　　B. パソコン・インターネットに関する用語
　　C. 航空・宇宙開発に関する用語
　　D. エレクトロニクス・電子技術に関する用語
　　E. 相関機関と固有名称
セクション2　背景知識 …………………………………… 137
　　A. バイオテクノロジー
　　B. 中国の宇宙開発分野における現状
セクション3　初級通訳練習（文の訳） ………………… 141
　　A. 日中通訳
　　B. 中日通訳（星数えの通訳トレーニング）
セクション4　中級通訳練習（小段落の訳） …………… 149
　　A. 日中通訳
　　B. 中日通訳
セクション5　通訳の注意点 ……………………………… 153
セクション6　知識の泉 …………………………………… 156
　　A. 今日の話題――通訳のテクニック
　　B. 日本語の豆知識――人体部位に関する慣用句(1)

第六課　経済のグローバル化（経済貿易篇）

セクション1　基本語彙 …………………………………… 161
　　A. 中国経済・貿易に関する実用言葉
　　B. 日本経済・貿易に関する実用言葉
　　C. 世界経済・貿易に関する実用言葉
　　D. 経営管理に関する実用言葉
　　E. 相関機関と固有名称
セクション2　背景知識 …………………………………… 167

A. 中国の対外貿易事情
　　B. 管理者の仕事
セクション3　初級通訳練習（文の訳）……………………… 171
　　A. 日中通訳
　　B. 中日通訳（星数えの通訳トレーニング）
セクション4　中級通訳練習（小段落の訳）………………… 179
　　A. 日中通訳
　　B. 中日通訳
セクション5　通訳の注意点 ………………………………… 182
セクション6　知識の泉 ……………………………………… 185
　　A. 今日の話題——通訳のトレーニング方法
　　B. 日本語の豆知識——人体部位に関する慣用句(2)

第七課　もうかりまっか（金融証券篇）

セクション1　基本語彙 ……………………………………… 189
　　A. 通貨類
　　B. 株式・証券・基金類
　　C. 銀行関連の実用言葉
　　D. その他の実用言葉
　　E. 相関機関と固有名称
セクション2　背景知識 ……………………………………… 195
　　A. 中国人民元為替レート改革
　　B. WTO加盟による影響——中国の金融業界を中心に
セクション3　初級通訳練習（文の訳）……………………… 199
　　A. 日中通訳
　　B. 中日通訳（星数えの通訳トレーニング）
セクション4　中級通訳練習（小段落の訳）………………… 207
　　A. 日中通訳
　　B. 中日通訳
セクション5　通訳の注意点 ………………………………… 211

セクション6　知識の泉 ………………………………………… 215
　　A. 今日の話題——通訳と外国語教育
　　B. 日本語の豆知識——四字熟語

第八課　平和と繁栄に向かって（国際関係篇）

セクション1　基本語彙 …………………………………………… 221
　　A. 戦争と平和
　　B. 貧困と繁栄
　　C. 国際関係に関する実用言葉(1)
　　D. 国際関係に関する実用言葉(2)
　　E. 相関機関と固有名称
セクション2　背景知識 …………………………………………… 227
　　A. 冷戦後の国際情勢
　　B. 国連の発展と活躍事情
セクション3　初級通訳練習（文の訳）………………………… 231
　　A. 日中通訳
　　B. 中日通訳（星数えの通訳トレーニング）
セクション4　中級通訳練習（小段落の訳）…………………… 239
　　A. 日中通訳
　　B. 中日通訳
セクション5　通訳の注意点 ……………………………………… 243
セクション6　知識の泉 …………………………………………… 247
　　A. 今日の話題——プロ通訳者からのアドバイス
　　B. 日本語の豆知識——中国の成語・ことわざ

参考答案と参考訳文 ……………………………………………… 252

第一課
伝統と近代との関わり
（文化娯楽篇）

セクション1　基本語彙：

このセクションにはA、B、C、D、Eの五つの部分があります。テープについて、文化娯楽に関する基本的語彙を読んでください。そして、横の線に日本語か、中国語の意味を書いてみてください。

A. 中国の伝統的な物事：

日本語	中国語
1. 掛け合い漫才	_____
2. 影絵芝居	_____
3. 紙芝居	_____
4. 切り紙細工	_____
5. 山水画	_____
6. 絹絵	_____
7. 一幕物	_____
8. 隈取	_____
9. 唐詩	_____
10. 縁日	_____
11. 屠蘇	_____
12. 唐三彩	_____
13. 七宝焼き	_____

14. チャイナドレス _____
15. 獅子舞 _____

   中国語   日本語

1. 单口相声 _____
2. 水墨画 _____
3. 人物画 _____
4. 京剧 _____
5. 园林 _____
6. 书法 _____
7. 对联 _____
8. 年画 _____
9. 中药 _____
10. 针灸 _____
11. 文房四宝 _____
12. 太极拳 _____
13. 泥人 _____
14. 爆竹 _____
15. 挂轴 _____

B. 日本の伝統的な物事：

   日本語   中国語

1. 邦楽 _____
2. 柔道(1) _____
3. 空手 _____
4. 剣道 _____
5. 狂言 _____

6. 浴衣　　　　　　　　＿＿＿＿＿＿＿＿＿＿

7. 冠婚葬祭　　　　　　＿＿＿＿＿＿＿＿＿＿

8. 桜前線　　　　　　　＿＿＿＿＿＿＿＿＿＿

9. さび　　　　　　　　＿＿＿＿＿＿＿＿＿＿

10. わび　　　　　　　　＿＿＿＿＿＿＿＿＿＿

11. 花火大会　　　　　　＿＿＿＿＿＿＿＿＿＿

12. 紅白歌合戦　　　　　＿＿＿＿＿＿＿＿＿＿

13. 福袋　　　　　　　　＿＿＿＿＿＿＿＿＿＿

14. 初詣(2)　　　　　　＿＿＿＿＿＿＿＿＿＿

15. 紅葉狩り　　　　　　＿＿＿＿＿＿＿＿＿＿

　　　　中国語　　　　　　　　　日本語

1. 相扑／大相扑　　　　＿＿＿＿＿＿＿＿＿＿

2. 茶道　　　　　　　　＿＿＿＿＿＿＿＿＿＿

3. 插花　　　　　　　　＿＿＿＿＿＿＿＿＿＿

4. 歌舞伎　　　　　　　＿＿＿＿＿＿＿＿＿＿

5. 能　　　　　　　　　＿＿＿＿＿＿＿＿＿＿

6. 神社　　　　　　　　＿＿＿＿＿＿＿＿＿＿

7. 招财猫　　　　　　　＿＿＿＿＿＿＿＿＿＿

8. 观赏樱花　　　　　　＿＿＿＿＿＿＿＿＿＿

9. 灵前守夜　　　　　　＿＿＿＿＿＿＿＿＿＿

10. 中元节　　　　　　　＿＿＿＿＿＿＿＿＿＿

11. 岁末送礼　　　　　　＿＿＿＿＿＿＿＿＿＿

12. 和服　　　　　　　　＿＿＿＿＿＿＿＿＿＿

13. 温泉　　　　　　　　＿＿＿＿＿＿＿＿＿＿

14. 公共浴池　　　　　　＿＿＿＿＿＿＿＿＿＿

第一課

15. 俳句　　　　　　　　　　　　　＿＿＿＿＿＿＿

C. 芸能関係：

　　　日本語　　　　　　　　　　　　中国語
1. アクション映画　　　　　　　　　＿＿＿＿＿＿＿
2. ギャング映画　　　　　　　　　　＿＿＿＿＿＿＿
3. ホラー映画　　　　　　　　　　　＿＿＿＿＿＿＿
4. ミステリー映画　　　　　　　　　＿＿＿＿＿＿＿
5. オカルト映画　　　　　　　　　　＿＿＿＿＿＿＿
6. ドキュメンタリー　　　　　　　　＿＿＿＿＿＿＿
7. 映画監督　　　　　　　　　　　　＿＿＿＿＿＿＿
8. モンタージュ　　　　　　　　　　＿＿＿＿＿＿＿
9. エキストラ　　　　　　　　　　　＿＿＿＿＿＿＿
10. 吹き替え　　　　　　　　　　　＿＿＿＿＿＿＿
11. 芸能プロ/プロダクション　　　　＿＿＿＿＿＿＿
12. ブルース　　　　　　　　　　　＿＿＿＿＿＿＿
13. マニア　　　　　　　　　　　　＿＿＿＿＿＿＿
14. 芸能人の追っかけファン　　　　＿＿＿＿＿＿＿
15. ラップ　　　　　　　　　　　　＿＿＿＿＿＿＿
16. 民謡　　　　　　　　　　　　　＿＿＿＿＿＿＿
17. 子守歌　　　　　　　　　　　　＿＿＿＿＿＿＿
18. レパートリー　　　　　　　　　＿＿＿＿＿＿＿
19. コメディアン　　　　　　　　　＿＿＿＿＿＿＿
20. ライブコンサート　　　　　　　＿＿＿＿＿＿＿

　　　中国語　　　　　　　　　　　　日本語
1. 武打片　　　　　　　　　　　　　＿＿＿＿＿＿＿

2. 爱情片 _____
3. 科幻片 _____
4. 西部片；牛仔片 _____
5. 动画片 _____
6. 电视连续剧 _____
7. 歌剧 _____
8. 芭蕾舞 _____
9. 歌舞剧 _____
10. 卡拉OK _____
11. 智力竞赛节目 _____
12. 嘻哈族；街舞 _____
13. 剧照 _____
14. 管弦乐团 _____
15. 爵士乐 _____
16. 摇滚乐 _____
17. 配音演员 _____
18. 马戏；杂技 _____
19. 主角 _____
20. 配角 _____

D. 文化と娯楽の関連用語：

日本語	中国語
1. デジタルシネマ	_____
2. オーディション	_____
3. 探検旅行	_____
4. たまごっち	_____

5. 個人ツアー

6. イメージキャラクター

7. 封切式

8. お正月ロードショー

9. 一次予選

10. ハーリー族(3)

11. 歌をリクエストする

12. オールスター・キャスト

13. 大物歌手

14. パパラッチ/追っかけカメラマン

15. 新人王

中国語	日本語
1. 大众文化	
2. 偶像	
3. 攀岩	
4. 瑜伽	
5. 有氧健身操	
6. 夜市小吃	
7. 收视率	
8. 数码相机	
9. 文人墨客	
10. 主题公园	
11. 嘉年华	
12. 脱口秀	
13. 韩流	

14. 选美 _____
15. 大牌明星 _____

E．相関機関と固有名称：

　　　日本語　　　　　　　　　　　中国語
1. 国際観光振興会(JNTO)　　_____
2. 国際オリンピック委員会(IOC)　_____
3. 世界観光機関(WTO)　　　_____
4. ユネスコ(UNESCO)　　　_____
5. ユニバーサル・スタジオ・ジャパン(USJ)
　　　　　　　　　　　　　　_____
6. ユニバーシアード大会　　_____
7. Jリーグ　　　　　　　　　_____
8. オスカー賞　　　　　　　_____
9. ギネス記録　　　　　　　_____
10. ミッキーマウス　　　　　_____
11. ディズニーランド　　　　_____
12. マヤ文明　　　　　　　　_____
13. ハリウッド　　　　　　　_____
14. ショパン・ピアノコンクール　_____
15. ベネチア国際映画祭　　　_____
16. カンヌ国際映画祭　　　　_____
17. ベルリン国際映画祭　　　_____
18. ルネサンス　　　　　　　_____
19. ピラミッド　　　　　　　_____
20. ミイラ　　　　　　　　　_____

セクション2　背景知識：

A. 生活文化における出来事を紹介する日本語の背景知識を読んでください。

　上海は国際大都市を目指し、日々変化を遂げている中で、人々のレジャーに関する在り方の意識の変化にも新しいものが見え始めました。その中で、コーヒーを飲むことや、バーでお酒を飲むことも、上海の人々の生活の一部になってきています。

　今では、テラス喫茶店は上海の一つの新しい風物(4)になっているとも言えます。上海で働く外国人が増えるにつれ、さまざまな喫茶店やコーヒーショップのチェーン店も雨後の筍のように、次々と上海の街頭に現れました。それらのエキゾチックな店は今や、駐在員や外国の観光客たちに最もふさわしい憩いの場所となっています。上海の街を歩くと、時々ロマンスに満ちるフランスのパリの街頭を散歩しているような錯覚にさえ陥ることもあります。

　人々がそれを愛好した目的は安らぎやコミュニケーションにあったと言え、人々の生活や文化に「ゆとり」(5)が出てきたことを意味しているでしょう。人々は友人とちょっと会う時、或いは取引の話し合いをする時、更に恋人と愛の語らいをするひと時、若しくは家族とくつろぐ時、喫茶店はもってこいの場所です。人と人との距離を縮めるだけでなく、人々のステータスを示すことができます。更にある種のぬくもりとリラックスした雰囲気をまわりにめぐらせることもできます。

　中国人はお茶をこよなく愛好してきました。お茶の奥深さやその重厚さは確かに茶文化の魅力を作り出しました。それに比べて、コーヒーは何か淡い感じを人々に与えます。でも、コーヒーは人々にある種の感覚、つまり気持ちや雰囲気その美味しさのパーフェクトな組み合わせを求めます。すでに500年もの歴史を持っているコーヒーですが、現代の若者にとっては、コーヒーをめぐる

数々の面白くて、スリリングな探検物語はもはや過去のものになりました。現代人はむしろコーヒーの味、効能や雰囲気に関心を示します。朝起きてコーヒーを一杯飲むと、頭をすっきりさせ、仕事の時一口飲むと、しゃっきりとし、夜くつろぎの時一杯飲むと、味わい深いものになります。

今では、世界での貿易取引量においては、コーヒーが石油に次ぐ商品にまでなってきています。瞬く間に世界中に伝播したコーヒーは深く歴史と文化に溶け込んでいます。そのため、ある意味ではコーヒーを飲むということはただ一杯のコーヒーを飲むことに止まらず、その中から更にコーヒーに潜むエスプリのようなものを理解することもできます。

このように考えると、コーヒーは単に嗜好品としての飲物というだけではなく、多様化してゆく文化の結節点の一つと言えるでしょう。

B. 中国のアニメ産業の現状に関する中国語の文章を読んでください。また、読んだ後、Aの内容を参考に、下記の質問について考えてください。できるだけ自分の表現で答えてください。

　　過去动画一直是孩子们的娱乐。现在动画不仅对孩子的好奇心有着独特的愉悦和教化作用，而且作为一个拥有数亿消费者的大产业，还是一个资本、科技、知识密集的高端产业，一个不断创新的朝阳产业。通过提出构建大规模播映体系、塑造动画市场主体、培养动画交易市场等多项产业复兴政策，近年来中国的动画产业飞速发展。

　　据不完全统计，至今全国已有央视（CCTV）等 20 多家电视台相继开设了儿童频道。北京市、上海市、湖南省还开设了动画卫星频道。自 2005 年 6 月"首届中国国际动漫节"在杭州举行以来，已举办了各式各样的动漫展览、高端论坛及以动漫创作者为对象的进修培训班。北京、上海等大城市也积极筹备成立动漫产业基地。而且，为了培养动画产业高端人才，自 2000 年北京电影学院设立中国首个动画专业以来，全国已有 200 多个高等教育机构开设了动画及数码美

术专业,如今在校生达3万多人。另外,通过一系列有效措施,国有、民营、海外资本纷纷投入到中国的动画产业,动画创作活动空前高涨。2003年国产动画片总产量不到3万分钟,而2005年初已近23万分钟,其规模在前些年是根本无法想象的。

有人提出进入"快速发展期"的中国动画产业热潮有其"虚张声势"的一面。和美日等国相比,国产动画的最大弱点是缺少原创作品,没有独创品牌及动漫人物形象。因此,竞争力弱、收视率低是国产动画产业的实际状况。据中国青年报调查,在受欢迎的动漫人物中日本、美国和中国的动漫作品分别占78％、10％和9％。另外,在全国和主要城市进行的关于日本动漫人物形象认知度的问卷调查中,排名第一的"蜡笔小新"的认知度为77％,"樱桃小丸子"和"机器猫"居其次。而我们找不到能与其相抗衡的"中国制造"的动漫人物。除此以外,中国动画产业还存在诸多问题,如缺少综合性产业链、缺乏创新性人才及文化内涵等。美国、日本等外国动画制作公司也对中国市场表现出很大的兴趣。它们正瞄准中国市场的占有率,加快进入中国的动画、漫画、电影等领域。

动画是科技文明的产物。现代科技创造了动画,而动画作为新兴技术也担负着传承文化的重任。国产原创作品缺乏创造力,在海外动漫作品的强烈冲击下,人们期待着中国动画产业传承悠久的文化,利用丰富的文化资源,重塑中国文化的形象。

質問:
1. 「文化」に関する定義は百種類以上あります。あなたの理解では、文化とはどういう意味ですか。
2. 自国の伝統文化に関心を持っていますか。いくつか例を挙げてください。その中の一つを詳しく紹介してください。
3. あなたの国では文化娯楽の面における新しい出来事や動きがありますか。いくつか例を挙げてください。
4. 文化娯楽の面で、最も関心を持っているのは何ですか。
5. 文化は簡単に国境を乗り越えるものです。ヒップホップ、韓流

を始めとする海外文化に対して、どう思いますか。

セクション3　初級通訳練習（文の訳）：

A. 日中通訳

　　テープをかけて、聞き取った文を繰り返してみてください。それから、中国語に訳してみてください。そして、✿の数が増えるにつれて、文が長くなり、難しさも増します。

例：

✿日本は四方を海に囲まれた島国です。（17文字）

（参考訳文）日本是一个四面环海的岛国。

説明：✿が一つある場合、語彙か文は短くて、簡単です。聞きながら、メモを取る必要はありません。訳す時、基本的な意味を理解すれば十分です。ある意味ではエキジビションゲームです。

✿✿日本人の生活文化の中には贈答の習慣がかなり大きな要素を占めています。（34文字）

（参考訳文）在日本人的生活文化中赠送礼品的习惯占很大的要素。

説明：✿が二つある場合、文は長くなり、少々難しくなります。必要によって、メモを取ることができます。訳す時、基本的な意味を理解・把握する上に、語の選びや語順の並べ方を考える必要があります。

✿✿✿中国の古典庭園は一種の伝統的な文化、芸術として、長い歴史を有するだけでなく、アジアの近隣の韓国、日本にも大きな影響を与えてきました。（66文字）

（参考訳文）中国古典园林作为一种传统文化和艺术，不但源远流长，而且直接影响到亚洲近邻韩国和日本。

説明：✿が三つある場合、文は最も長く、難しいです。新しい単語も含まれています。文を聞き取るには、メモを

取る必要があります。訳す時、文の意味を十分に理解・把握する上に、訳文の簡潔さや意味の伝達度なども考えてもらいたいです。

　以上の説明に基づき、実践練習に入りましょう。各レベルの文はそれぞれ六つあります。
✪ 1. 京劇は北京の地方芝居ではありません。(18文字)

✪ 2. 「食」は人生において最も大切なものでしょう。(22文字)

✪ 3. 梅、蘭、竹、菊は花鳥画の中でよく見かける題材です。(25文字)

✪ 4. 中国庭園の美は文化、芸術と融合しているところにあります。(28文字)

✪ 5. 中国の伝統演劇は最初、歌ったり踊ったりする形で現れたものです。(31文字)

✪ 6. 陰暦は農業の生産に基づいて定められました。このため、農暦とも呼ばれています。(38文字)

7. 清代中期以前、上海は小さな漁村で、長江以南地区一帯では重要な地位を占めていませんでした。(44文字)

8. 中国で空前のピアノブーム(6)が起きています。統計によると、中国のピアノ人口は一千万以上です。(44文字)

9. テレビドラマのロケが行われた舞台を訪ねる観光ツアーが韓国ドラマファンの人気を集めています(7)。(45文字)

10. 古代の名前を残したか又は無名の芸術家たちは毛筆を運用し、多彩な三千世界を描き出しています。(45文字)

11. ヒップホップは20世紀70年代米国の黒人の若者たちが生み出したストリート・カルチャーの総称です。(48文字)

12. 旧正月(8)は中国の一番重要な伝統的な祭日です。春が大地によみがえり、万物が更新する時期に当たります。(48文字)

✿✿✿ 13. 仏教は日本に初めて持ち込まれた系統的な思想体系であったため、それ以後の日本に計り知れない影響を与えました。(53文字)

✿✿✿ 14. 画家の使う道具は「文房四宝」と称される紙、筆、墨、硯であり、これは中国の一般の文人が常に備えておくものです。(54文字)

✿✿✿ 15. 能は歌舞伎よりも古く、14世紀～15世紀にかけて完成し、男性の役者によって演じられてきて、ヨーロッパのオペラやバレエに近い歌舞劇です。(67文字)

✿✿✿ 16. 国際映画祭(9)は世界各地で開催される映画業界の祭典で、多様な作品の上映を中心に、優れた作品の選考や、映画売買のマーケットとしての機能も備えています。(72文字)

✿✿✿ 17. 日本では映像や音楽などのコンテンツ(情報内容)を携帯電話やパソコンを使ってやり取りする通信ネットワーク上のソフト市場が急成長しています。(68文字)

❂❂❂ 18. 言語は国民のアイデンティティーや文化を表現するものです。21世紀は画一性ではなく、言語の多様性の世紀となるでしょう。今日では英語は最低限の意思伝達の手段となっていますが、今世紀、成功したいと願う若者は母国語以外に最低二つの言語をマスターしなければなりません。多言語併用の時代を迎えるのはグローバル化の副産物の一つでしょう。(161文字)

B. 中日通訳(星数えの通訳トレーニング)

　テープをかけて、聞き取った文を日本語に訳してみてください。文型の選択及び語感による差異から、同じ文には違う訳文が二つあります。自分が訳した文をこれらと比較してみて、どれが最も適切な訳なのかと考えてください。

例:
　　❂ 日本是一个四面环海的岛国。(13文字)
　　(参考訳文)日本は四方を海に囲まれた島国です。
　　日本は海に囲まれた島国です。
　　説明:❂が一つある場合、語彙か文は短くて、簡単です。聞きながら、メモを取る必要はありません。訳す時、基本的な意味を理解すれば十分です。ある意味ではウォーミングアップです。
　　❂❂ 在日本人的生活文化中赠送礼品的习惯占很大的要素。(24文字)
　　(参考訳文)日本人の生活文化の中には贈答の習慣がかなり大きな要素を占めています。
　　日本人の生活文化の中で、贈り物のやり取りをする習慣は大

きな要素を占めています。

説明：✪が二つある場合、文は長くなり、少々難しくなります。必要によって、メモを取ることができます。訳す時、基本的な意味を理解・把握する上に、語の選びや語順の並べ方を考える必要があります。

✪✪✪ 中国古典园林作为一种传统文化和艺术，不但源远流长，而且直接影响到亚洲近邻韩国和日本。（42文字）

（参考訳文）中国の古典庭園は一種の伝統的な文化、芸術として、長い歴史を有するだけでなく、アジアの近隣の韓国、日本にも大きな影響を与えてきました。

伝統的な文化と芸術としての中国の古典庭園は、長い歴史を持っているだけでなく、アジアの近隣である韓国、日本までにも直接大きな影響を及ぼしました。

説明：✪が三つある場合、文は最も長く、難しいです。新しい単語も含まれています。文を聞き取るには、メモを取る必要があります。訳す時、文の意味を十分に理解・把握する上に、訳文の簡潔さや意味の伝達度なども考えてもらいたいです。

以上の説明に基づき、実践練習に入りましょう。各レベルの文はそれぞれ六つあります。

✪ 1. 园林是自然与人工的完美结合。（14文字）

✪ 2. 放鞭炮是自古以来的风俗习惯[10]。（14文字）

✪ 3. 中华民族[11]的传统文化博大精深、源远流长。（19文字）

❀ 4. 中国传统绘画的外观与欧洲绘画有明显的不同(12)。(21文字)

❀ 5. 在一千多年的交流中,中、日、韩三国在文化上有许多共同之处。(28文字)

❀ 6. 中华民族的文化发源于气候温暖的黄河流域。(20文字)

❀❀ 7. 自古以来,人类不断地丰富着饮食文化,使其形成一大文化圈。(28文字)

❀❀ 8. 漫画一般给人一种儿童读物的印象,但在日本连大人都常看漫画。(29文字)

❀❀ 9. 西方的歌剧与中国的戏曲是不同体系的戏剧,不能进行简单的类比。(30文字)

❀❀ 10. 20世纪90年代是中国第五代(13)电影导演开始走向世界的时代。(28文字)

❀❀ 11. 在中国,歌唱新人选拔大赛(14)很具人气,正吸引着无数梦想成为明星的年轻人。(33文字)

●● 12. 看京剧是要投入自己的文化趣味和审美观的,只有美才会留下最真实的感动和记忆。(37文字)

●●● 13. 一年里中国有各种各样的节日(15)。这些具有浓郁民族色彩的节日和风俗是宝贵的民族文化的一部分。(43文字)

●●● 14. 园林建筑打破了对称格局的定式,为了在有限的范围内营造出一个效法自然的环境,创造性地采取了灵活多变的总体布局。(54文字)

●●● 15. 1981年《猫》被改编成音乐剧。该剧将一群猫作为主人公,不仅是它们那可亲的人物形象,《回忆》等名曲也在世界各国大受欢迎。(60文字)

●●● 16. 欣赏京剧遇到的问题,时常涉及有关中国历史、习俗、文化、社会等方面的知识,需要慢慢了解才能领会其中的奥妙。(53文字)

●●● 17. 人们常说日本人是喜欢赠送礼物的国民。其他国家在婚礼、生日之际当然也赠送一些礼品,而在平时拜访时也要带些礼品,表示一下敬意和好意,这已成了日本人的习惯了。(76文字)

◎◎◎ 18. 礼仪是一种文化,它构成了人的形象的重要侧面,是其外在的形象,亦是其内在气质的表现。教师的一言一行,一举一动,一笑一颦,无不鲜明地给自己仪表和形象添画各种线条和色彩。(82文字)

セクション4　中級通訳練習(小段落の訳):

A. 日中通訳

　　テープをかけて、次の各段落を中国語に訳してみてください。ピッピッという音は区切り音で、ピーという音は終了音です。(注:区切り音を「/」で、終了音を「//」で表示します。)

1. 京劇が生まれた年代はそれほど昔のことではありませんが、欧米やその他の人たちにとっては神秘感に満ちたものです。/京劇は東洋文化の厚い土壌に根を下ろし、欧米やその他の国の演劇とは根本的な違いがあります。//(98文字)

2. さまざまな庭園は、いずれも安定、自足、幸せな生活状態を示します。/一種の生活の芸術であると言うことができます。/また、ある面から古代の中国人の人生観、世界観及び異なる階層の生活様式、人格、審美観などを反映しています。//(105文字)

3. 茶の湯は700年に及ぶ日本の伝統文化です。/初め貴重な薬として用いられた抹茶は栽培が成功し、広く飲まれるようになりました。/中国から伝えられた茶の湯は時代と共に形の変化は見られますが、その精神は変わることはありません。/日本で独自の発展を遂げ、日本の風土や日本人の心情に合った伝統文化となりました。//(146文字)

4. 早期の中国の絵画は、作品の題材に基づいて、人物画、山水画、花鳥画などいくつかの種類に分けることができます。/17世紀前後にヨーロッパの絵画が中国に伝わってきました。/中国の伝統的絵画と区別するため、舶来のヨーロッパ絵画を「西洋画」と呼び、中国の絵画を「中国画」と呼ぶことにしました。//(139文字)

5. 観客の観賞の趣向に変化が生じました。/特に20世紀の70、80年代以降、グローバルな流行文化はだんだんその消費文化としての特徴を現しました。/話題のライフサイクルはますます短くなり、人々の観賞の興味はますます娯楽性、通俗性、多元性と時代の流行性を強調するようになりました。//(134文字)

6. 「食」というものが各地各様の産物、歴史、民族、宗教などと密接に絡まって、一大文化圏を築き上げています。/更にそれぞれの地方で独自に形成された食文化が耐えざる交流を繰り返す中で、伝統を保ちつつも特色ある発展を続けていくものであります。//(115文字)

B. 中日通訳

テープをかけて、次の各段落を日本語に訳してみてください。ピッピッという音は区切り音で、ピーという音は終了音です。(注：区切り音を「/」で、終了音を「//」で表示します。)

1. 中国人把以某种颜色在戏曲人物脸上勾画出的特定图案称为"脸谱"。/它是中国戏曲中一个很独特的表演形式,有几千种之多,不同的脸谱各有其特定的含义。//(71文字)

2. 时下在中国的年轻人中正流行着"COSPLAY"。/在动漫爱好者中,近30％的人曾经参加过此类活动。/80％的玩家的年龄在15至20岁之间。/在中国人民大学、北京师范大学等名校内也成立了动漫秀社团。//(86文字)

3. 进入公元20世纪,中国画坛呈现出百花争艳的局面。/一部分画家在固有的传统基础上继续发扬光大;/而另一部分则广泛吸收其他艺术的营养,探索新的路子。/真可谓是"八仙过海,各显其能。"//(86文字)

4. 江南苏州是个文化发达的都会。/其文化艺术的繁荣有其发达的经济为后盾。/苏州地处太湖之东,大运河自境内通过。/河湖纵横,交通方便,物产富庶,素来是中国的鱼米之乡。/特别是明朝中期以来,苏州又以纺织业领先于全国,其经济发展更加如虎添翼,成为江南首富之区。//(121文字)

5. 动物题材的纪录片一直是人们的话题。/这些作品的共同点在于耗时的制作和令人惊叹的优美画面。/并且,动物的形象让人感受到人类社会中正日渐淡薄的亲子之爱和人与人之间的信赖,这常常引起我们的共鸣。//(92文字)

6. 据说现在美国每年匹萨的消费量有30亿个。/热狗和汉堡包同样是美国文化中不可缺少的一部分,但和它们不同,匹萨是以同其他人一起分享为前提。/从工人到大学生,甚至是亿万富翁,

谁都喜欢匹萨。／就这点而言，匹萨是超越了所有民族性、种族性和阶级性界限的具有社会性质的食品。／匹萨的魅力正在于此，这也许是最适合美国的标志性形象。∥（156文字）

セクション5　通訳の注意点：

1. 「〜道」の「道」は「やり方、専門の学問・技芸」の意です。
   例えば、
柔道	柔道
剣道	剑道
茶道	茶道
花道／華道	花道
画道（がどう）	画道；绘画之道
歌道	歌道；和歌之道
書道	书法
家道（かどう）	治家之道　　　等々

2. 「初詣」の「初」は接頭語で、「その人・物事にとって初めてであること」、あるいは「その年・季節にとって最初であること」を意味します。
   例えば、
初舞台	初登舞台
初恋	初恋
初鰹（はつがつお）	初夏最早上市的鰹鱼
初売り	新年的头笔买卖
初会	新年的首次聚会
初買い（はつがい）	新年首次购物
初雷（はつがみなり）	年内第一次雷响

初狩(はつかり)	第一次狩猎
初雪	入冬第一场雪
初耳	第一次耳闻目睹
初孫	长孙
初顔合わせ	初次交锋；第一次碰头
初物	当年首次收获的农作物、水果等
初釜(はつがま)	茶道为点茶而在新年首次起锅煮水
初夢	新年第一次做的梦　等々

また、「初」は「はつ」と発音するほかに、「しょ」と「うい」という発音もあります。そして、接頭語としての意味も「はつ」と同じで、「初めてのこと」を指します。

「しょ」の場合：

初心者	初学者
初対面	初次见面
初日	相扑、戏剧或其他娱乐活动的第一天
初診	初诊
初版	初版
初志	初衷
初印本(しょいんぼん)	初印本
初筆(しょひつ)	初写
初演	初演
初七日	头七
初犯	初犯
初校	初校
初稿	初稿　　　　　　等々

「うい」の場合：

初陣(ういじん)	初次出阵
初産(ういざん)	初次分娩
初々しい	纯真无邪的,未经世故的

初孫(ういまご)	长孙
初冠(ういかんむり)	初冠
初子(ういご)	第一个孩子
初立ち(ういだち)	孩子迈出第一步
初花(ういばな)	初次盛开的花
初山踏み(ういやまぶみ)	第一次登山　　等々

3. 「～族」の「族」は接尾語です。一定の範囲を形づくる同種類の仲間という意味です。でも、訳す時、例えば「窓際族」を直接に「窓口族」と訳したら、意味が分からないでしょう。勿論、そのまま「～族」というふうに中国語に訳した場合もありますが、ほとんど日本語の意味を説明しながら訳す場合が多いようです。

例えば、

社用族	借口为公司办事，使用公费大肆挥霍游乐和旅行的人。
公用族	借用公款吃喝玩乐的人。
斜陽族	第二次世界大战日本战败后，日渐没落的贵族等上层人物。源自太宰治小说《斜阳》的流行语。
ホタル族	由于妻子不准丈夫在房间里抽烟，所以那些可怜的丈夫们只能到阳台上去抽。夜晚远远看去，就如同一只只萤火虫。
窓際族	离开工作第一线，无事可干，只好坐在窗边办公桌靠读报、看杂志打发日子的临近退休的老年员工。
ながら族	一心二用的人，特指一边看电视(或听广播)一边做其他事情的人。
ドア族	早晚要被扫地出门的人。
奥様族	贵夫人阶层

暴走族	飙车族	
マイカー族	私车族	
ハーリー族	哈日族	等々

4. 「風物」は日本語の中で、特に「その土地・季節を特徴付ける風景や事物」を指します。例えば、浴衣、花火大会は夏の風物、紅葉、柿は秋の風物だと言えます。「当地(这个季节)独特的景观(事物)」、「风景线」と訳せばいいです。

　　また、「風物詩」という言葉もあります。「風景又は季節をうたった詩」の意味の他に、「季節の感じをよく表している物事」の意味もよく使われています。「風物」と同じく、「有季节特色的事物」、「风景线」と訳していいです。
例えば、
- 花火は夏の夜の風物詩です。

烟火是夏夜的一道独特景观。
- 中国では最近、携帯電話メールが爆竹、餃子と並ぶ春節の風物詩となっています。

近来在中国手机拜年和爆竹、饺子一样,也是春节中必不可少的。

5. 「ゆとり」は「余裕のあること。窮屈でないこと」です。中国語に訳す場合、「宽裕」、「富余」、「闲暇」などが適切な表現です。
例えば、

ゆとりのある教育	轻松教育
経済的なゆとり	经济上的宽裕
心にゆとりがない	没有闲心

- 中国は今ややゆとりのある社会を目指して国を挙げて頑張っているところです。

中国现在正朝着小康社会的目标,举国共同奋斗。

6. 「～ブーム」は「ある物事がにわかに盛んになること」です。よく「～潮」「～热」と訳します。
例えば、

海外旅行ブーム	海外旅行热

ピアノブーム	钢琴热
中国語ブーム	学中文热
文庫本ブーム	袖珍本热
出稼ぎブーム	外出打工潮
建設ブーム	建设潮
出国ブーム	出国热
ヌードブーム	人体艺术热
囲碁ブーム	围棋热
エコブーム	环保热
ベビーブーム	生育高峰
お握りブーム	饭团热　　　等々

7. 「人気を集める」は「受欢迎、有人气」の意です。
　　このほかに、「人気がある」、「人気を呼ぶ」、「ヒットする」などの表現は同じ意味を表します。
　　また、現在「人気」という言葉をそのまま「人气」と訳すこともできます。この以外、「写真」、「年中無休」、「玄関」、「営業中」、「修学旅行」、「弁当」、「声優」、「新人王」などもそのまま中国語の中でよく使われるようになりました。

8. 「旧正月」は旧暦の正月です。「春節」とも言います。

9. 「国際映画祭」は「国际电影节」と訳します。ここの「～祭(さい)」は「祭日」や「祝日」などの意味ではなく、「催し」、「祭典」、「イベント」のことを指します。中国語で「～节」と言っていいです。
　　例えば、

文化祭	文化节
芸術祭	艺术节
氷雪祭	冰雪节
音楽祭	音乐节
観光祭	旅游节　　　等々

10. 「风俗习惯」は日本語で「風習」と言います。

「風習」はその土地の習わし、しきたりという意味です。もしここで「習慣」と訳せば、不適切です。

「習慣」は日常の決まりきった行いで、後天的に習得し、比較的固定して、少ない努力で反復できる行動様式です。例えば、
習慣は第二の天性なり　　　习惯是人的第二天性

11.「中华民族」は中国語で「华夏民族」とも言います。訳す時、「中華民族」とそのまま訳していいです。

でも、中華(華夏)民族の形成から見たら、世界において他に類を見ない巨大な民族集団である漢族は、黄河中下流域で育まれた古代文明を創造し、数千年に及ぶ歴史の中で、周囲の異民族とその文化を絶えず吸収しながら拡大され、発展させられました。そして、漢族は中国全人口の約九割を占めます。そのため、「中华民族」を日本語で「漢民族」と訳す時もあります。

また、中国の少数民族を訳す時、漢字、外来語、中国語の発音に近い片仮名といった三種類の表現方法があります。

漢字の場合：

満族	满族
朝鮮族	鲜族
回族	回族
高山族	高山族

外来語の場合：

チベット族	藏族
モンゴル族	蒙古族
ウイグル族	维吾尔族
ウズベク族	乌兹别克族
カザフ族	哈萨克族　　等々

中国語の発音に近い片仮名の場合：

トゥー族	土族
ヌー族	怒族
イ族	彝族

ヤオ族	瑶族
トン族	侗族
スイ族	水族
チワン族	壮族
プイ族	布依族
マオナン族	毛南族　　　　等々

12. 「有明显的不同」という表現をそのまま「明らかな違いがある」と訳してもかまいませんが、なかなか中国語らしい言い方です。これより「明らかに違う」、或いは「大きく違う」のほうがもっと自然的な表現です。

13. 「第～代」は日本語で「第～世代」と言います。「世代」は「親・子・孫と続いてゆくおのおのの代」という意味の他に、「生年・成長時期がほぼ同じで、考え方や生活様式の共通した人々」を指します。
    例えば、
    | 次世代スペースシャトル | 新型航天飞机 |
    | 第三世代携帯電話 | 第三代手机　　等々 |

14. 「歌唱新人选拔大赛」を「歌のオーディション」或いは「新人歌手大賞」と訳したほうが適切な表現です。
    「オーディション」という外来語は歌手・俳優などを登用する際のテストです。

15. 「中国有各种各样的节日」の中の「节日」は祝典・祭典の行われる定例の日です。国家的・宗教的に制定されたものなので、「祝日」、「祭日」、「行事」のいずれに訳してもかまいません。でも、「祝日」は国家的で、「祭日」と「行事」は宗教的な意味があるようです。
    一年中、中国は春節を始めとし、
    | 元宵節（げんしょうせつ） | 元宵节 |
    | 清明節（せいめいせつ） | 清明节 |
    | 端午節（たんごせつ） | 端午节 |

中秋節(ちゅうしゅうせつ)　　　中秋节
重陽節(ちょうようせつ)　　　重阳节
など、色々な祭日があります。勿論、中国の少数民族もそれぞれ伝統的な祭日があります。
例えば、タイ族の水かけ祭　　　傣族的泼水节
チベット族の沐浴祭　　　　　藏族的沐浴节
ミャオ族のブランコ祭　　　　苗族的秋千节　　等々

セクション6　知識の泉:

A. 今日の話題——通訳概説

口译诞生于第一次世界大战末的欧洲。当时,由于在国际交往的活动中出现了用英、法两种语言并行不悖的局面,所以在1919年的巴黎和会上首次出现了英、法语传译的场面。口译界的主要代表人物有安托万·维络门(Antoine Velleman),英国语言学家、日内瓦翻译学院的创始人;加斯顿·贝热里(Gaston Bergery),法国语言学家;琼·赫伯特(Jean Herbert),印度哲学、东方哲学家。

1953年诞生了世界上第一个职业性组织"国际翻译协会"。1958年成立了世界最大的口译机构——欧洲共同体委员会口译与会议联合司。

中国翻译工作者协会于1982年在北京成立,此后各地相继成立了译协组织。中国译协于1987年正式加入国际译协组织。

"翻译"或"笔译"一般是指书面的翻译,其成果是一篇译文或一部著作。口译,顾名思义即口头翻译,其成果是一席讲话。其主要目的就是把传译作为一种手段,把译者听懂的内容准确无误而快速地传达给听众,同时还要让广大听众获得讲话人希望达到的印象和效果。

口译和笔译的根本区别在于笔译者可以有足够的时间去寻找相关资料或文献,还可拥有足够的时间对所译的内容进行反复推敲,反复修改。尽管翻译的作品永远超不过原著,但它有一个物化的载体存在,译者足可感受到经过自己"再创作"的一种成就之感。相比之下,口译译员由于翻译时受到时间等客观条件的限制,即在不能查阅

任何资料,也不能询问他人,甚至连思考也来不及的情况下,就要迅速地将发言者的讲话尽量准确地转换过来。这个转换就是讲话过程,它随着声音的消逝而消逝。

笔译与口译的另一个主要不同点是,笔译的输入形式是文字材料,靠的是阅读理解;而口译的输入形式是语音(视阅口译除外),具有不可预测性,靠的是听力理解。

双方的共性在于它们都是一个将来源语转换成目的语的再创造过程。

口译是一门学问,这门学问面对的是世界上各种语言现象。它同时涉猎语言学、心理学、符号学、文化学等诸多学科,还要求译员具备广博的知识面。通过口译的实践与研究,我们可以找出各种语言之间相互对译的方法与规律。口译工作的艰难性、复杂性足以体现当今外语教学的特殊性,我们期待有更多的人来从事口译的研究工作。

B. 日本語の豆知識——動物名称に関する慣用句

1. 鼬ごっこ
   同じことの繰り返しで、いっこうに埒が明かないこと。
   双方无谓地重复相同的事情,比喻事情没有进展。
2. 牛は牛連れ、馬は馬連れ
   同類のもの同士や似たもの同士は自然と寄り集まるものだということ。
   物以类聚,人以群分。
3. 牛首を懸けて馬肉を売る/羊頭を掲げて狗肉を売る
   見かけは立派だが、実質が伴わないたとえ。
   挂羊头卖狗肉。
4. 胡蝶の夢
   現実と夢とが混じり合って一体となった境地のたとえ。人生のはかなさのたとえ。
   庄周梦蝶。
5. 井蛙の見

他の広い世界を知らない者が陥る狭い物の見方や考え方のたとえ。見識の浅いことや世間知らずの場合に用いる。
井底之蛙。

6. 猫ばば
拾ったものを黙って自分のものにしてしまうこと。また、自分のしたことを隠して知らん顔をすること。
拾到东西后佯装不知私吞。

7. 猫の手も借りたい
非常に忙しく手不足なさまにいう。
形容非常忙。

8. 人には添うてみよ、馬には乗ってみよ
何事も実際に経験してみないと、そのよさは分からない。特に人間は親しく付き合ってみて、はじめてその人の本質が分かるということのたとえ。外見だけで人を判断してはいけないという戒めの言葉。
路遥知马力，日久见人心。

9. 馬が合う
気が合う。意気投合する。
合得来。

10. 蝦で鯛を釣る
少しの物をもとに、またわずかの労力によって多くの利益を得る。
抛砖引玉、一本万利。

11. 亀の甲より年の功
長年の経験の尊ぶべきことのたとえ。
姜是老的辣。

12. 猿も木から落ちる
その道に長じたものも、時には失敗することがあるというたとえ。
智者千虑，必有一失。

13. 雀の涙
    ごくわずかなもののたとえ。
    微乎其微。
14. 鶴の一声
    権威者・有力者などの、衆人を威圧し、否応なく従わせる一言。
    一錘定音。
15. 二兎を追うもの一兎をも得ず
    同時に二つの事をしようとすれば、両方とも成功しない。
    贪多必失、务广而荒、熊掌与鱼不可兼得。
16. 能ある鷹は爪を隠す
    本当に実力のあるものは、やたらにそれを現さないものだというたとえ。
    真人不露相,深藏不露。
17. 盲(めくら)、蛇に怖(お)じず
    物事を知らないために、かえって物怖じをせず、向うみずなことをする。
    初生牛犊不怕虎。
18. 夫婦喧嘩は犬も食わぬ
    夫婦間の争いは多く一時的で、やがて和合するものだから、他人はその仲裁などに入るものではない。
    夫妻吵架,旁人莫管。
19. 虎の威(い)を借る狐
    有力者の権勢をかさに着て威張るつまらぬ者のたとえ。
    狐假虎威。
20. 逃げた魚は大きい／逃がした魚は大きい／釣り落した魚は大きい
    手に入れそこなったものは実際よりも立派に思われるものだ。
    漏网的鱼总是大的。虽然原本没什么了不起,但到不了手的东西总是好的。

第一課

第二課
社会万華鏡
(社会生活篇)

セクション1　基本語彙：

　　このセクションにはA、B、C、D、Eの五つの部分があります。テープについて、社会の出来事に関する基本的語彙を読んでください。そして、横の線に日本語か、中国語の意味を書いてみてください。

A. 中国社会に関する実用言葉(1)：

　　　　日本語　　　　　　　　　　中国語
1. 改革開放　　　　　　　　　_____
2. 西部大開発　　　　　　　　_____
3. 南巡講話　　　　　　　　　_____
4. 一人っ子政策(1)　　　　　　_____
5. 社会主義市場経済　　　　　_____
6. 現代化プロセス　　　　　　_____
7. 社会保障体系　　　　　　　_____
8. マクロコントロール　　　　_____
9. 法整備　　　　　　　　　　_____
10. 国営企業改革　　　　　　_____
11. 有人宇宙船打ち上げ成功　_____
12. インフラ整備(2)　　　　　_____
13. 科学技術振興キャンペーン_____

14. 中華骨髄バンク　　　　　　　＿＿＿＿＿＿＿
15. 三峡ダム工事　　　　　　　　＿＿＿＿＿＿＿

　　　　中国語　　　　　　　　　　　日本語
 1. 北京奥运会　　　　　　　　　＿＿＿＿＿＿＿
 2. 世博　　　　　　　　　　　　＿＿＿＿＿＿＿
 3. 合资企业　　　　　　　　　　＿＿＿＿＿＿＿
 4. 日企　　　　　　　　　　　　＿＿＿＿＿＿＿
 5. 国有企业　　　　　　　　　　＿＿＿＿＿＿＿
 6. 一国两制　　　　　　　　　　＿＿＿＿＿＿＿
 7. 经济特区　　　　　　　　　　＿＿＿＿＿＿＿
 8. 廉政建设　　　　　　　　　　＿＿＿＿＿＿＿
 9. 反腐败　　　　　　　　　　　＿＿＿＿＿＿＿
10. 和谐社会　　　　　　　　　　＿＿＿＿＿＿＿
11. 机制改革　　　　　　　　　　＿＿＿＿＿＿＿
12. 自主创新　　　　　　　　　　＿＿＿＿＿＿＿
13. 房地产热　　　　　　　　　　＿＿＿＿＿＿＿
14. 收入差距(3)　　　　　　　　　＿＿＿＿＿＿＿
15. 下岗　　　　　　　　　　　　＿＿＿＿＿＿＿

B. 中国社会に関する実用言葉(2)：

　　　　日本語　　　　　　　　　　　中国語
 1. 貧困救済事業　　　　　　　　＿＿＿＿＿＿＿
 2. 第11次5ヵ年規画(4)　　　　　＿＿＿＿＿＿＿
 3. ややゆとりのある社会　　　　＿＿＿＿＿＿＿
 4. 知的財産立国(5)　　　　　　　＿＿＿＿＿＿＿
 5. 教育立国　　　　　　　　　　＿＿＿＿＿＿＿

第二課

6. マスコット
7. 外来人口
8. 戸籍人口
9. 国勢調査
10. 在宅養老
11. 最低賃金
12. 規制緩和(6)
13. 副食品供給プロジェクト
14. 希望プロジェクト(7)
15. 住環境改善プロジェクト

中国語	日本語
1. 同一个世界,同一个梦(8)	
2. 综合国力	
3. 技术革新	
4. 协调发展	
5. 社区服务	
6. 整体规划	
7. 法律制约	
8. 民族复兴	
9. 脱贫致富	
10. 廉价房	
11. 机制	
12. 股民	
13. 民工	
14. 打假(9)	

15. 裁軍　　　　　　　　　　＿＿＿＿＿＿＿＿＿

C. 日本社会に関する実用言葉：

日本語　　　　　　　　　　中国語

1. 特別養護老人ホーム　　　＿＿＿＿＿＿＿＿＿
2. 介護問題　　　　　　　　＿＿＿＿＿＿＿＿＿
3. ニート　　　　　　　　　＿＿＿＿＿＿＿＿＿
4. いじめ問題　　　　　　　＿＿＿＿＿＿＿＿＿
5. 登校拒否　　　　　　　　＿＿＿＿＿＿＿＿＿
6. 青田買い　　　　　　　　＿＿＿＿＿＿＿＿＿
7. 家庭内暴力　　　　　　　＿＿＿＿＿＿＿＿＿
8. 年金制度改革　　　　　　＿＿＿＿＿＿＿＿＿
9. 定年破壊　　　　　　　　＿＿＿＿＿＿＿＿＿
10. 構造改革　　　　　　　　＿＿＿＿＿＿＿＿＿
11. 憲法改正　　　　　　　　＿＿＿＿＿＿＿＿＿
12. 巨大与党(10)　　　　　　＿＿＿＿＿＿＿＿＿
13. 郵政民営化　　　　　　　＿＿＿＿＿＿＿＿＿
14. 振込み詐欺　　　　　　　＿＿＿＿＿＿＿＿＿
15. アスベスト被害　　　　　＿＿＿＿＿＿＿＿＿

中国語　　　　　　　　　　日本語

1. 人口老龄化　　　　　　　＿＿＿＿＿＿＿＿＿
2. 少子化　　　　　　　　　＿＿＿＿＿＿＿＿＿
3. 人口减少　　　　　　　　＿＿＿＿＿＿＿＿＿
4. 少年犯罪　　　　　　　　＿＿＿＿＿＿＿＿＿
5. 暴力问题　　　　　　　　＿＿＿＿＿＿＿＿＿
6. 自由职业者　　　　　　　＿＿＿＿＿＿＿＿＿

7. 泡沫经济破灭
8. 青年流浪者
9. 性骚扰
10. 医疗制度改革
11. 凉爽办公 (11)
12. 网络集体自杀
13. 电子货币
14. 女性专用车厢
15. 个人信息流失

D. 国際社会の出来事と焦点：

日本語	中国語
1. 人種差別 (12)	
2. 遺伝子組み換え食品	
3. デジタル図書館	
4. ブログ	
5. ネット検索	
6. 同性愛	
7. グローバリゼーション	
8. 米国同時多発テロ	
9. 自爆テロ	
10. マネー・ロンダリング/資金洗浄	
11. ドーピング問題	
12. インド洋津波	
13. 反テロ	
14. 不法滞在	

15. 麻薬撲滅 _____

中国語	日本語
1. 小家庭化	_____
2. 丁克族	_____
3. 外来生物	_____
4. 盗版	_____
5. 网络犯罪	_____
6. 网上购物	_____
7. 网络恐怖事件	_____
8. 军事演习	_____
9. 脏器移植	_____
10. 安乐死	_____
11. 致癌物	_____
12. 精神健康	_____
13. 知识产权	_____
14. 偷渡	_____
15. 恐怖分子	_____

E. 相関機関と固有名称：

日本語	中国語
1. 経済協力開発機構（OECD）	_____
2. 国連教育・科学・文化機関（ユネスコ）	_____
3. SARS（重症急性呼吸器症候群）	_____
4. エイズ（AIDS）	_____
5. エボラ熱	_____
6. 鳥インフルエンザ	_____

7. 狂牛病/牛海綿状脳症（BSE）　　　_____
8. パラリンピック　　　_____
9. DNA/デオキシリボ核酸　　　_____
10. GDP/国内総生産　　　_____
11. GNP/国民総生産　　　_____
12. SOHO(small office home office)　　　_____
13. ペンタゴン　　　_____
14. ホワイトハウス　　　_____
15. 閣僚会議　　　_____

セクション2　背景知識：

A. 大騒ぎになった鳥インフルエンザを紹介する日本語の背景知識を読んでください。

　インフルエンザは毎年のように発生し、アメリカでは高齢者を中心に約3.6万人が命を落としています。しかし、これだけ頻繁に流行しているからこそ、普通のインフルエンザウイルスに対してなら、私たちは大なり小なり抵抗力を備えています。

　ところが1997年5月、危険なH5N1型の鳥インフルエンザが人間を襲いました。東アジアで8年ほど潜伏し、1.4億羽の鳥（感染拡大を防ぐために処分された鳥を含む）と68人の命を奪った鳥インフルエンザH5N1型は、2005年になって感染範囲を拡大しています。まずは北のモンゴルやシベリアへ、そこから西へウクライナ、クロアチア、トルコにまで広がりました。

　数え切れないほどの細胞分裂と突然変異を経て、H5N1型は驚異の殺人ウイルスとなりました。今のところ、ニワトリから人への感染しか確認されていませんが、もしも人から人へ感染するようになれば、世界中に蔓延しかねません。誰も免疫を持っていな

いし、在来のワクチンも効果がありません。しかも、なぜか致死性が非常に高いです。感染した人のほぼ半数が死亡しているのです。WHO(世界保健機関)の推定によると、最悪の場合は死者が740万人にものぼる恐れがあります。

　一般のインフルエンザウイルスは、上気道の細胞を破壊します。これで各種の病原体が侵入しやすくなり、もともと体力の弱い患者(高齢者や幼児など)はウイルス性肺炎などを併発して死にいたります。しかし、H5N1型には相手を直接的に殺せるパワーがあります。スペイン風邪(13)のウイルスは肺の深い部分にある細胞組織を破壊し、激しい免疫反応を引き起こして肺の大出血を招きました。H5N1型も同じようなタイプと考えられており、そうであれば若くて元気な人も油断できません。

　H5N1型ウイルスの人から人への明らかな感染例が確認された場合、WHOの計画では現地をただちに封鎖・隔離することになっています。人や物の出入りを全面的に禁止し、学校や商店は閉鎖されます。集会も禁止されます。勿論隔離措置を決定するのは政府ですが、住民の積極的な協力も欠かせません。

　抗ウイルス薬も、感染拡大を防ぐ上では重要な武器となります。現在のところ、効果が確認されているのは経口薬タミフルと、吸入投与が一般的なリレンザです。どちらも体内でのウイルス増殖を阻止する働きを持ち、ごく早い段階で投与すれば、病状が軽くてすむとされます。もし健康な人たちに「予防のリング」をはめさせれば、鳥インフルエンザの大流行を未然に防げるかもしれません。

　WHOは各国政府に、人口の一割分の抗ウイルス薬を備蓄するよう勧告しています。一方、多くの人々は個人でタミフルの「買いだめ」に走っています。個人での備蓄は、違法ではありませんが、限られた薬を政府と奪い合うことになりかねませんし、むやみに服用すれば耐性ウイルスの拡大に拍車がかかりかねません。

　しかし、すでにタミフルの効かないウイルスが出現しているとの報告もあります。現在流行しているウイルスは、鳥を介しての

第二課

み人間に感染します。本当に怖いのは、突然変異が起きて人から人へ感染するようになった時です。ウイルスの抗原自体も変化しており、現在製造中のワクチンでは、効果が期待できなくなる恐れもあります。依然として強い病原体を持つ新型ウイルスの出現が心配されています。

こうなると、ウイルスの突然変異という自然のパワーと、その脅威に対抗する人間のパワーの勝負です。

B. ソーシャルワーカーに関する中国語の文章を読んでください。また、読んだ後、Aの内容を参考に、下記の質問について考えてください。できるだけ自分の表現で答えてみてください。

社工即社会工作者,在发达国家每千人中就有六人左右(14),但以往上海除试点的浦东以外几乎没有正式的社工。现在,上海将在中国内地率先(15)发展、诞生一批社工。这是中国首批(16)职业社工。

发展社工是上海"大民政"格局中社会救助、社区建设、社会福利、优抚安置和民间组织管理工作中的重要组成部分。社工通过与受助对象心灵上的对话,帮助他们摆脱困境,同时还提供相关政策咨询和专业知识解答。社工是人与人之间的"桥梁"。比如从专业角度调节教师与学生、孩子与家长之间的关系,缓解医患矛盾。目前,社工的工作重点按照上海"政府主动推动,社团自主运行,社会多方参与"的总体思路,以推进禁毒、社区青少年管理工作为突破口,形成多元化、各司其职、协同管理的综合治理新格局,共同做好预防和减少犯罪的工作。

社会需要社工。今后消除日常生活中的矛盾和对立,增进社会和谐就由社工来从事了。他们帮助政府开展青少年教育工作,照顾老人和帮助下岗失业人员等困难群体。今后社区中大小事情都能频繁地见到社工的身影。社工组织面向社区居民及家庭提供各类专业服务。从国外的经验来看,很多服务项目最初都是应居民的需求做起来的,因此,成熟之后再由政府将其作为政策予以采纳。当然,目前在中国社工刚刚起步,人手不足,力有不逮,但相信今后社工的队

伍会壮大起来。

　　另一方面,社工不是义工,他们不是业余地、随机地给人做好事,并不是今天扶盲人(17)过马路,明天帮孤老(18)擦窗户这种形式,而是理性化、组织化、职业化和专业化地去帮助人。

　　从宏观角度看,当今世界商品趋于滞销。可以这样说:人类对物质的追求正在"饱和"。现代人需要的是更高层次的满足,也就是人对人提供精神层面服务。人际关系的调整、行为辅导、情感交流等这些事情,政府机构不是事事都管得了的。像单亲家庭孩子的教育问题,独居老人的日常生活料理,残障人士的社会活动……总有政府力所不及之处,对社工来说却大有用武之地。

質問:
1. 鳥インフルエンザのことで世界も驚きました。自国では鳥インフルエンザのことが話題になっていますか。その事情を紹介してください。
2. もしソーシャルワーカーになるチャンスがあれば、試してみたいと思いますか。その理由を言ってください。
3. あなたはよく新聞を読んだり、ニュースを聞いたりしますか。今日のトップニュースは何ですか。
4. 最近、話題になっていることをいくつか挙げられますか。
5. あなたはどんな社会の話題に関心を持ちますか。

セクション3　初級通訳練習(文の訳):

A. 日中通訳

　　テープをかけて、聞き取った文を繰り返してみてください。それから、中国語に訳してみてください。そして、◎の数が増えるにつれて、文が長くなり、難しさも増します。

例:
　　◎ 北京五輪は中国で開かれる初の五輪です。(19文字)

（参考訳文）北京奥运会是第一次在中国举行的奥运会。

説明：✿が一つある場合、語彙か文は短くて、簡単です。聞きながら、メモを取る必要はありません。訳す時、基本的な意味を理解すれば十分です。ある意味ではエキジビションゲームです。

✿✿中国では最近、携帯電話メールが爆竹、餃子と並ぶ春節の風物詩となっています。（37文字）

（参考訳文）最近在中国手机拜年和爆竹、饺子一样，也是春节中必不可少的。

説明：✿が二つある場合、文は長くなり、少々難しくなります。必要によって、メモを取ることができます。訳す時、基本的な意味を理解・把握する上に、語の選びや語順の並べ方を考える必要があります。

✿✿✿日本人の三大死因のうち、がんで亡くなる確率は高まりましたが、心疾患、脳血管疾患で亡くなる確率は下がり、平均寿命の延びに寄与しました。（66文字）

（参考訳文）日本人三大死因之中，癌症的死亡概率有所上升，但由于心脑血管疾病的死亡几率下降，所以有助于平均寿命的延长。

説明：✿が三つある場合、文は最も長く、難しいです。新しい単語も含まれています。文を聞き取るには、メモを取る必要があります。訳す時、文の意味を十分に理解・把握する上に、訳文の簡潔さや意味の伝達度なども考えてもらいたいです。

以上の説明に基づき、実践練習に入りましょう。各レベルの文はそれぞれ六つあります。

✿ 1. 日本で技能を学ぼうとする外国人が増えています。（23文字）

❂ 2. 携帯電話からインターネットを利用する人が増えています。(27文字)

❂ 3. 自動車や家電、食品など消費財の寿命が一段と短くなっています。(30文字)

❂ 4. 携帯電話が普及する中で、携帯電話による犯罪の増加が懸念されています。(34文字)

❂ 5. 「ニートの増加」に伴い、日本の社会が活力を失いかねないと懸念されています。(37文字)

❂ 6. 日本社会は長命化と出生率低下によって、人口減だけでなく世代構成も激変します。(38文字)

❂❂ 7. スペインでは2005年6月、同性間の結婚と養子受け入れを認める法律が成立しました。(41文字)

✿✿ 8. 北京五輪はアジアでは64年東京、88年ソウルに続く20年ぶり3度目の祭典です。(39文字)

✿✿ 9. 2008年北京五輪の組織委員会は開幕1 000日前に合わせ、五輪マスコットを発表しました。(44文字)

✿✿ 10. 2000年から2020年までの時期は、中国で中所得層(19)の比重が急速に上昇すると予想されました。(45文字)

✿✿ 11. 20世紀70年代半ばから、エイズ、エボラ熱、SARSなど30種以上の新しい疾病が出現しています。(45文字)

✿✿ 12. パソコンや携帯などの普及で、インターネットセキュリティー全般に不安を感じる人も増えてきました。(47文字)

✿✿✿ 13. 中国で技術開発の戦略的な重要性がだんだん認識され、今後、国家規模の科学技術振興キャンペーンが展開されます。(53文字)

✪✪✪ 14. OECDの最近の報告書によると、労働力の流動性が高いと、失業や所得格差などの問題の解消に役立つ可能性があるといいます。(56文字)

✪✪✪ 15. 株価や地価の下落、不良債権問題に悩まされ続けた日本経済の「失われた十年」は戦後日本の転換期と認識されています。(55文字)

✪✪✪ 16. 著作権とは作品が生まれた瞬間に、絵を描いた人や小説を書いた人などが自動的に持つ権利のことです。(59文字)

✪✪✪ 17. 日本の人口は、2006年の1億2 800万人をピークに減少を始め、50年後には1億人、100年後には6 000万人台[20]へと半減する可能性があります。(68文字)

第二課

❂❂❂ 18. 少子高齢化を背景に働く女性の活用を求める声は高まっていますが、「出産・育児を契機に退職する人が多い」ことなどが管理職への登用の妨げになっています。理想と現実の間に依然として隔たりがある現状が浮き彫りになりました。(105文字)

B. 中日通訳(星数えの通訳トレーニング)

　テープをかけて、聞き取った文を日本語に訳してみてください。文型の選択及び語感による差異から、同じ文には違う訳文が二つあります。自分が訳した文をこれらと比較してみて、どれが最も適切な訳なのかと考えてください。

例：

　　❂ 北京奥运会是第一次在中国举行的奥运会。(19文字)
　　（参考訳文）北京五輪は中国で開かれる初の五輪です。
　　北京オリンピックは中国で開催される最初のオリンピックです。
　　説明：❂が一つある場合、語彙か文は短くて、簡単です。聞きながら、メモを取る必要はありません。訳す時、基本的な意味を理解すれば十分です。ある意味ではウォーミングアップです。

　❂❂ 最近在中国手机短信和爆竹、饺子一样,也是春节中必不可少的。(29文字)
　　（参考訳文）中国では最近、携帯電話メールが爆竹、餃子と並ぶ春節の風物詩となっています。
　　最近中国では、携帯電話のショートメールは爆竹、ギョウザと同じく、旧正月の雰囲気が感じられるものになってい

ます。
　　　説明：✤が二つある場合、文は長くなり、少々難しくなります。必要によって、メモを取ることができます。訳す時、基本的な意味を理解・把握する上に、語の選びや語順の並べ方を考える必要があります。
✤✤✤ 日本人三大死因之中，癌症的死亡概率有所上升，但由于心脑血管疾病的死亡几率下降，所以有助于平均寿命的延长。(52文字)
（参考訳文）日本人の三大死因のうち、がんで亡くなる確率は高まりましたが、心疾患、脳血管疾患で亡くなる確率は下がり、平均寿命の延びに寄与しました。
日本人の三大死因の中で、がんによる死亡の確率は上がってきましたが、心疾患と脳血管疾患による死亡の確率は下がりましたので、平均寿命の延びに役立ちました。
　　　説明：✤が三つある場合、文は最も長く、難しいです。新しい単語も含まれています。文を聞き取るには、メモを取る必要があります。訳す時、文の意味を十分に理解・把握する上に、訳文の簡潔さや意味の伝達度なども考えてもらいたいです。

　以上の説明に基づき、実践練習に入りましょう。各レベルの文はそれぞれ六つあります。

✤ 1. 如果发生禽流感，将有可能迅速蔓延。(17文字)

✤ 2. 北京奥运会是在亚洲举行的第三次奥运会。(19文字)

✤ 3. 大规模的人口移动将会引起社会混乱。(17文字)

- 4. 据最新调查,中国游客的国外旅行人均(21)消费额居世界第一。(26 文字)

- 5. 电子货币的使用被普及之后,便推出了利用手机进行汇款的服务。(29 文字)

- 6. 在竞争持续白热化的零售业中,便利店正不断提高其销售额。(27 文字)

- 7. 中国的汽车产量如今紧随美日两国之后,正以赶超德国之势持续增长。(29 文字)

- 8. 有超过30万的中国工人和商人长期生活在韩国,由此形成了新的华人社会。(34 文字)

- 9. 举办北京奥运会是向世界介绍中国文化的机会,也是了解各国文化、彼此进行交流的机会。(40 文字)

- 10. 日本青年晚婚现象越来越普遍。即使结了婚,真正打算生育孩子的人数也在减少。(35 文字)

❀❀ 11. 自2004年底开始,中国的网络人口已增加1 700万人(22),网络普及率上升到8.5%。(44文字)

❀❀ 12. 据中国国家旅游局的统计,2004年中国的出国人数共计2 885万人,比上年(23)的2 022万人增加了42.7%。(46文字)

❀❀❀ 13. 虽然以前东京的房价居世界第一,但由于泡沫经济破灭而随之引起地价下跌,2005年的房价已不到十年前的八成(24)。(52文字)

❀❀❀ 14. 据厚生劳动省公布的数据显示,日本男性和女性的平均寿命分别为78.64岁和85.59岁,均已连续5年创历史新高。(55文字)

❀❀❀ 15. 美国的宠物市场规模一年比一年大,据该行业推算,2005年人们对宠物相关商品及服务的支出金额上升到360亿美元左右。(57文字)

✪✪✪ 16. 世界各地的"汉语热"一浪高过一浪,因此,从2006年到2010年的5年间中国政府将以东南亚地区为中心,向海外派遣2万多名汉语教师。(66文字)

✪✪✪ 17. 继2003年、2005年之后,第三次开通了2006年春节包机。搭乘包机的人由台商及其家属扩大到包括来大陆旅游的游客在内的所有台湾居民。(64文字)

✪✪✪ 18. 世界卫生组织(WHO)的报告称,2005年感染艾滋病(HIV)的人数为490万,死亡310万人。和两年前相比,感染者和新感染者的人数都增加了7％,并且还有继续增长的趋势。(73文字)

セクション4　中級通訳練習(小段落の訳):

A. 日中通訳

テープをかけて、次の各段落を中国語に訳してみてください。ピッピッという音は区切り音で、ピーという音は終了音です。(注:区切り音を「/」で、終了音を「//」で表示します。)

1. 日本の自殺者数は2004年3万2325人に上り、7年連続で3万人を超えました。/1日平均90人近い人が自ら命を絶つ状況が続いており、人口10万人当たりの自殺率は世界でも高いで

す。// (89文字)

2. 西部大開発計画で、道路整備の重点は、既に豊かになった沿岸部から内陸部へと移りました。/道路インフラが経済格差の解消に向けて果たす役割は大きいです。/これから内陸部にとって、高速道路はまさに「富を運んでくる道」なのです。// (107文字)

3. 地球温暖化防止のため、2005年日本環境省が「クールビズ」を呼びかけました。/「クールビズ」とは夏のノーネクタイ・ノー上着の軽装スタイルのことです。/クールビズの追い風を受けたためか、今度は新たに「ウォームビズ」といった言葉が聞かれるようになりました。// (124文字)

4. サイバーテロとはインターネットから企業の情報システムに不正侵入し、障害を引き起こす行為のことです。/コンピューターのネットワーク化に伴い影響が連鎖的に広がる恐れがあります。/行政や交通、金融システムなどがマヒして社会活動

が混乱する懸念もあり、有効な防御策が求められています。//（135文字）

5. 最新の人口調査結果によると、日本の男性の人口は1968年の調査開始以来、初めて減少に転じました。/総人口の伸び率も前年同期比0.04％増と過去最低の伸び率で、日本の経済成長や社会保障制度などに大きな影響を及ぼす「人口減少社会」の到来が間近に迫っていることを浮き彫りにしました。//（137文字）

6. ここ数年で、「フリーター」や「ニート」という言葉がすっかり日本語として定着しました。/研究者や政府などによって様々な調査が行われ、その実態が明らかになってきました。/フリーター200万人以上、ニート80万人以上、失業者や派遣社員などを加えれば、多くの若者が不安定な労働状況に置かれています。/今や、若者の雇用問題は少子化や年金問題と並んで、日本社会が対処をすべき大問題となりました。//（188文字）

B. 中日通訳

　　テープをかけて、次の各段落を日本語に訳してみてください。ピッピッという音は区切り音で、ピーという音は終了音です。（注：区切り音を「/」で、終了音を「//」で表示します。）

1. 从这几年的情况来看，在华的外资企业持续发展。/越来越多的大型跨国企业来华投资。/世界 500 强中有近 400 家已在中国投资，其余的一些也加强了对中国市场的分析和研究，正在积极为来华投资做准备。//（92 文字）

2. 除中国的香港、澳门和台湾以外，目前中国内地的总人口数约为 13 亿。/但据预测在 2010～2020 年期间中国人口将突破 14 亿大关，2033 年前后达到 15 亿人左右。/随着人口的进一步增长，到本世纪中叶资源不足、环境污染等问题将更为严重。//（104 文字）

3. 从世界范围来看，日本的自动贩卖机的普及率处于最高水平。/在使用领域的多样性、品质、功能方面，日本的自动贩卖机也发展迅猛。/早在很久以前，就在设备内部安装上计算器，不仅能进行商品的自动销售，还配有为顾客提供便利的各种功能。//（112 文字）

4. 社会福利一般指社会保险、福利服务、社会救助、促进就业以及医疗保险五大类。/其中就业保障、医疗保险和失业保险是现代福利社会最重要的支柱。/社会保险的原则是"财务自主,自负盈亏"。/福利服务和社会救助有时容易混淆。/目前有些国家把社会救助限定在救助低收入者的范围内。//（127文字）

5. 经历了长时间的稳定低增长之后,1993年起上海的出生人数首次低于死亡人数,呈现人口自然负增长。/因此,人口的机械增长成为上海总人口增长的主要因素。/自1993年以来持续的人口负增长是20世纪60年代后出生率快速下降的必然结果,同时也实现了20世纪70年代起在全国范围内推行的计划生育政策的实施目标。//（145文字）

6. 在将举行北京奥运会和上海世博会的中国,正加紧开展道路建设。/20世纪80年代后期开始建设的高速公路,到2004年底其总延长距离已达3.4万公里,仅次于美国,居世界第二位。/利用总长达8.5万公里的高速道路网连接各主要城市的计划如能顺利进行,预计到2020年全国高速道路网的密度将达到现今美国的同等水平。//（150文字）

セクション5　通訳の注意点：

1. 「一人っ子政策」は人口の自然増加率を1パーセント以下にすることを目標に、1979年以来、中国が採用している政策です。産児制限政策という言い方もあります。
2. 「インフラ整備」の「インフラ」は「インフラストラクチャー」の略語です。経済基盤、下部構造、経済活動や社会生活を維持し発展させるための基盤構造を指します。運輸・通信・道路・港湾施設などが含まれます。中国語で「基础设施」、「基础建构」と言います。
3. 「收入差距」の「差距」は普通「格差」と訳します。「差」と比較して、「格差」は価格・資格・等級などの差を強調します。「収入格差」の他、
   例えば、
貧富の格差	贫富差距
南北格差	南北差距
経済格差	经济差距
賃金格差	工资差距
所得格差	收入差距　等々
4. 「第11次5ヵ年規画」を中国語で「第11个5年规划」と言います。以前はすべて、「第9次5ヵ年計画」、「第10次5ヵ年計画」などのように、「計画」を使ってきました。「計画」から「規画」への変更は「第11次5ヵ年規画」の特徴の一つと言えるでしょう。『現代漢語詞典』によれば、「規画」は比較的長期の発展計画を指すとされます。「計画」に比べ、重点はミクロからマクロへ、直接から間接へと移り、より戦略性・指導性・予測性が強まると考えられています。(『中国経済週刊』2005年10月17日付)。但し、現在「第11次5ヵ年計画」と使っているところが相変わらず多いです。
5. 「知的財産立国」の「立国」はよく新たに国家を建設する場合に

使われます。中国語で「兴国」と言います。
例えば、

教育立国	教育兴国
工業立国	工业兴国
科学技術立国	科技兴国　　等々

　また、日本語の中で「振興」という語もあります。「振興」は「奮い起こして、(産業・学術などの)物事を盛んにする、振起」と意味します。中国語で「振兴」と言います。
例えば、

学術の振興	振兴学术
産業を振興する	振兴产业
日本貿易振興会(JETRO)	日本贸易振兴会　　等々

6. 「規制緩和」の「緩和」は「厳しい状態が和らぐこと。また、緩めたり、和らげたりすること」を意味します。「缓和」、「放宽」、「缓解」などに訳す場合があります。
例えば、

緊張緩和	缓解紧张
緩和政策	缓和政策
状況緩和	缓和状况
緩和措置	放宽措施
緩和曲線	缓和曲线(道路或轨道的曲线部分与直线部分之间的过渡曲线)
緩和現象	缓和现象(热平衡被打破后恢复到稳定状态的现象)
緩和時間	时间常数(表示生物膜等由平衡状态被破坏,至恢复到原来状态所经过的一定时间)

● 航空会社から飛行場に対する時間的な要求の問題を緩和し、消費者の旅行への需要を絶え間なく満足させます。
缓解了航空公司对于机场方面在时间上的要求,不断满足消费

者对于旅行的需求。
- 適格国内機関投資家制度(QDII)のもとで、海外投資規制を緩和し、資本の流出入の均衡を維持する可能性があります。

在合格的境内机构投资者制度(QDII)的基础上,可能会放宽海外投资限制,维持资本进出的均衡。
- 第11次5ヵ年規画期間中、就職のプレシャーを緩和し、人々の生活の質的改善を目指します。

在第11个5年规划中,力争缓解就业压力,改善人民的生活质量。
- 専門的な視点から教師と学生、子供と親の関係を調節し、医師と患者の立場上の矛盾を緩和します。

从专业角度调节教师与学生、孩子与家长之间的关系,缓解医患矛盾。

7. 「希望工程」をそのまま日本語で「希望工程」と訳したら、一般の日本人はなかなか理解できないでしょう。こういう場合、日本語で例えば、「希望工程」とは貧困地区の就学困難児童を援助するプロジェクトであり、実施されて以来、数え切れないほどの学業を断念した児童たちに希望をもたらしました、というふうに詳しい説明を追加する必要があります。「希望工程」だけでなく、「菜籃子工程」、「安居工程」のような固有名詞を訳す場合、具体的な内容を分かりやすく伝えるのが鍵になります。「希望プロジェクト」と訳す場合が多いですが、「就学援助プロジェクト」と訳したら、もっと納得しやすいでしょうか。
8. 「同一个世界,同一个梦」は北京五輪のスローガンです。
9. 「打假」の「假」は「偽」、「偽物」、「偽造」という意味です。
例えば、

假钞,伪钞	偽札
冒充学生	偽学生
假印章	偽印
假笔迹	偽書/偽筆
伪币,假钞	偽金

第二課

假支票	偽手形
假药	偽薬
冒充别人	偽物　等々

でも、「假牙」、「假肢」、「假手」の「假」は「人体の一部の代用とするもの」を意味します。こういう場合、「義」という語を使います。
例えば、

假牙	義歯
假手	義手
假肢	義肢
假眼	義眼
假腿	義足　等々

10. 「与党」の反対語は「野党」です。両側をあわせて、「与野党」という言い方があります。

11. 「凉爽办公」を日本語で「クールビズ」と言います。2005年、地球温暖化防止のため、日本の環境省が中心になって夏のノーネクタイ・ノー上着の軽装スタイルを呼びかけました。「涼しい、格好いい」という意味の「COOL」と、「ビジネス」を略した「BIZ」の文字を組み合わせて生まれた言葉です。「凉爽办公」の呼びかけにつれ、「温暖办公」(ウォームビズ)とも使われるようになりました。

12. 「人種差別」の「差別」は「差をつけて取り扱うこと。正当な理由なく劣ったものとして不当に扱うこと」を意味します。中国語で「歧视」、「区别对待」と言います。
例えば、

差別待遇	因歧视而造成不平等待遇问题
宗教差別	宗教歧视
性別差別	性别歧视
部落差別	部落歧视
障害者差別	歧视残疾人
反差別国際運動(IMADR)	世界反歧视运动(IMADR)　等々

などが大きな社会問題になっています。

13. 「スペイン風邪」とは1918年スペインから起り、世界各国に広まったインフルエンザとのことです。伝染力が強く、死亡率が高かったです。

14. 「每千人中就有六人左右」という表現は普通「千人に六人」と訳します。この訳し方をまねると、「十人中有八人」を日本語で「十人に八人」と言います。

15. 「率先」は「先頭を切って～する」の他、「率先して～する」、「真っ先に」、「リードして～する」など、いくつかの訳があります。

16. 「中国首批」を「中国初」と訳します。ここの「～初」は接尾語的な使い方と理解してよいでしょう。接頭語的な使い方と同じように、「はじめて」、「最初」の意です。
    例えば、
    ● 中国四川省の臥竜パンダ保護研究センターは世界初のパンダ野生化実験に成功しました。
    中国四川省的卧龙熊猫保护研究中心成功进行了世界上首例熊猫野外放生试验。

17. 「盲人」をそのまま「盲人（もうじん）」より、よく「目の不自由な人」と訳します。現代社会では、「盲（めくら）」、「跛（びっこ）」、「聾（つんぼ）」、「唖（おし）」などの表現はすべて差別用語と見なされます。その代わり、「～の不自由な人」という丁寧な表現は多く使われます。
    例えば、

    | 盲人 | 目の不自由な人 |
    | 行走不便的人 | 足の不自由な人 |
    | 聋哑人 | 聾唖者（ろうあしゃ） |
    | 残疾人／残障人士 | 身体の不自由な人／身体障害者 |

18. 「孤老」の「老」と言うと、多くの中国人は先に「老人」という言葉を思い出すでしょう。「老人」という言葉は差別用語ではありません。正式な講演、報告書の中で、「老人」を使ってもかま

いません。これより「高齢者」、「お年寄り」という言い方はもっと丁寧です。そして、固有名詞の中で、「老人」という語がよく使われます。

例えば、

老人医療	老年医疗
老人性痴呆	老年性痴呆
老人の日	敬老日
老人病	老年病
老人ホーム	养老院
老人福祉法	老人福利法　　等々

19. 「中所得層」の他、「低所得層」、「高所得層」という言い方もあります。また、「富裕層(ふゆうそう)」(中国語で「富裕阶层」と言う)という表現も出て、2005年日本の十大流行語になりました。

20. 「6000万人台」の「台」は車・機械などを数える語でなく、年齢又は物の値段などのそれを単位に区切れる範囲を示す語です。また、「大台(おおだい)」という言葉もあります。「台」に比べ、金額・数量の大きな境目となる桁や数値を表します。中国語で「关口」、「大关」と言います。セクション4(二)2と同です。

例えば、

• 前日の下落分の一部を取り戻し、指数は再び5800台に乗せました。

昨天下跌的股票部分反弹,指数再次上涨到5800点关口。

• 2005年の総税収は3兆0866億元で初めて3兆元の大台を超えたといいます。

据悉2005年的总税收为3.0866万亿元,首次突破3万亿元大关。

21. 「人均」を「一人当たり」と言います。

例えば、

人均国民生产总值　　　　一人当たりの国民総生産
城镇居民人均可支配收入　都市住民一人当たり可処分所得
- 在中国国内,2003年9月中国人人均出境携带外币现钞金额由2 000美元上调至5 000美元。

中国国内で、2003年9月に中国人一人当たりの外貨現金持ち出し限度額が2 000ドルから5 000ドルに引き上げられました。

22. 「増加1 700万人」は増加の幅を、「上昇到8.5％」は上昇の結果を表します。

助詞「に」の有無は意味を正しく伝達できるか否かという問題に関わります。セクション3（二）12、15、18、セクション4（一）1、（二）2と同です。

例えば、

- 各国力争在2008～2012年间要将温室气体的排放总量在1990年的基础上削减5.2％。

各国は1990年を基に、2008年～2012年の間に温室ガスの総排出量を5.2％削減することを目指しています。

23. 「上年」を勿論日本語で「去年」、「昨年」と訳してよいが、データ統計の場合、よく「前年」を使います。

24. 経済・金融分野のデータ統計関連の「不到」を「弱（じゃく）」と訳すのは最も日本語らしい表現です。「弱」は切り上げてその数になったことを示す語です。実際はその数値よりも少し少ないです。

例えば、

据盖洛普公司进行的民意调查显示,美国"9·11"恐怖袭击事件发生后的10月里有64％的美国人认为美国面临的最大问题是恐怖主义、国家安全和战争,而在这次调查中持该观点的人数比例已不到三分之一。

- ギャラップ社が行った調査によると、米国が直面する最大の問題としてテロリスト、国家の安全、戦争をあげた米国人は、米同時多発テロ発生直後の10月には64％でしたが、今回の

調査では3分の1弱にまで落ち込みました。

セクション6　知識の泉：

A. 今日の話題——通訳の種類

　　口译可以在不打断讲话者的情况下和发言同时进行,也可以以句子或段落为单位在讲话者自然停顿的间隙进行。前者称为"同声传译"(simultaneous interpretation,简称"同传");后者称为"接续传译"(consecutive interpretation,简称"交传")。

　　一般情况下,同传追求的是效率,要求所译内容正确,尽量多译;而交传则要求尽量完整无误地传达意思。所以在选择何种口译方式时,可考虑如下几点:

　　1. 同传可以节约大量时间,交传则需占用一定的时间;

　　2. 交传最多只能译成两种工作语言;如需译成多种语言,只能采取同传方式;

　　3. 同传对译员的要求更高;

　　4. 是否拥有同传设备。

但不管是同传还是交传,衡量的基本标准是:准确和流畅。

同声传译有两种形式:

　　1. 把发言者的讲话内容同步、轻声地翻译给一旁的个人听众,此为"耳语传译"(whispering interpretation);

　　2. 一边从同传的耳机里收听发言者讲话的内容,一边通过麦克风把听到的内容翻译给群体听众,此为通常所指的"同声传译"。

接续传译一般也有两种形式:

　　1. 直接在讲台(主席台)或代表席上进行口译;

　　2. 在会议室内或小型研讨会上,通过同传设备进行多语种的同时交传,此为"半同声传译"。

　　另外,还有一种不常见的口译形式,即"视阅口译"(sight interpretation),要求译员以观看和阅读的方式接收信息并同时以口头方式译出信息。

译员会碰到各种不同的场合，如前往机场迎送客人、记者招待会、演讲会、学术研讨会、商务谈判等等。从类别上看，大致可分为如下几种：

　　1. 按内容可分为生活口译、技术口译、商务口译、谈判口译和学术演讲口译。生活口译包括接待、陪同、导游、参观和购物等的口译；技术口译除了要求译员掌握双语能力外，还要具备相关的技术词汇和相当的专业知识；商务口译即指各种贸易洽谈会、交易会以及有关公司业务交流的口译；谈判口译的工作范围涉及外交谈判、双边谈判和商务谈判；学术演讲口译主要是指各类学术研讨会和演讲会的口译。

　　2. 按场合可分为中小场合口译和大场合口译。中小场合口译对象指在1至20人中，小规模的接待、陪同、会议翻译。20人规模以上的不同口译，称作大场合口译。

　　3. 按形式可分为"同声传译"和"接续传译"两种。

　　对于一个优秀的口译工作者来说，要具备良好的汉语和外语两种语言的扎实功力，要有较强的领悟性和快速的反应能力，要具备超强的记忆能力和稳定的心理素质，拥有流利的双语口头表达能力，同时还要具备宽广的知识面，诸如：社会焦点、流行时尚、人文哲学、法律经贸、高新科技和国际关系等等，只有这样才能从容应对千变万化的主题内容。

B. 日本語の豆知識——数字に関する慣用句

1. 一か八か
   結果はどうあれ、運を天に任せてともかくやってみようとすること。伸るか反るか。
   碰运气，孤注一掷。
2. 一炊の夢
   人の世や人の一生における栄華や富貴が、いかにはかないものであるかというたとえ。
   邯郸一梦，一枕黄粱。

3. 一寸先は闇
   ちょっと先のこともまったく予知できないことのたとえ。
   前途莫测,未来不可预料。
4. 一難去ってまた一難
   一つの災難が過ぎてやれやれと思う間もなく、また次の災難が起きること。次々に災難の襲って来ること。
   一关过了一关拦。
5. 一寸の虫にも五分の魂(たましい)
   小さく弱いものにもそれ相応の意地があるから侮りがたいの意。
   (用于表白自己的意志) 匹夫不可夺其志。弱小者不可侮。
6. ローマは一日にしてならず
   何事も多大の努力をしなければ成し遂げられない。
   罗马不是一天建成的,冰冻三尺非一日之寒。
7. 二の足を踏む
   決断がつかず実行を躊躇うこと。しりごみをすること。
   踌躇,犹豫不决。
8. 二の句が継げない
   あきれ驚いて次の言葉が出なくなること。
   惊得目瞪口呆,无言以对。
9. 二の舞
   前の人と同じ失敗を繰り返すこと。
   重蹈覆辙。
10. 二枚舌を使う
    前後の矛盾したことを言うこと。うそを言うこと。
    不同场合说不同的话。若无其事地说前后矛盾的话。
11. 桃栗三年柿八年
    何事も成功するまでには、相応の年数が必要だということのたとえ。
    从幼苗到长大结果,桃树和栗树需3年,柿树需8年。比喻无论

何事も、不到时间就办不成。
12. 三人寄れば文殊の知恵
愚かな者も三人集まって相談すれば文殊菩薩のようなよい知恵が出るものだ。
三个臭皮匠,抵个诸葛亮。
13. 三日坊主
飽きやすく何をしても永続きしないこと。また、そういう人をあざけっていう語。
三天打鱼两天晒网,没有长性。
14. 五十歩百歩
表面的には多少の違いはあっても、本質的には変わらないこと。似たりよったり。
五十步笑百步。
15. 五里霧中
なんの手がかりもなく、どうしてよいのか見当もつかないこと。見通しや方針が立たないことのたとえ。
如坠五里雾中。
16. 岡目八目
はたから見ている者のほうが、当事者よりも状況の判断や先の見通しがよくできるということ。
旁观者清。
17. 八方塞がり
陰陽道で、どの方角に向かって事をしても不吉の結果を生ずること。転じて、どの方面にも障害があって、手の打ちようがないこと。
八面受阻,寸步难行,到处碰壁,没有出路。
18. 十八番
最も得意とする物事。おはこ。
拿手好戏,绝活,绝招。
19. 三十六計逃げるに如かず

第二課

逃げるべき時には逃げて身の安全をはかることが、兵法上の最上策である。転じて、困った時には逃げるのが得策である。
三十六计走为上计。
20. 百聞は一見に如かず
何度も聞くより、一度実際に自分の目で見るほうが勝る。
百闻不如一见。

第三課
明日の星
（教育研修篇）

セクション1　基本語彙：

このセクションにはA、B、C、D、Eの五つの部分があります。テープについて、教育・研修に関する基本的語彙を読んでください。そして、横の線に日本語か、中国語の意味を書いてみてください。

A. 学校教育類(1)：

日本語	中国語
1. 2学期制	_____
2. 学級担任	_____
3. 学級委員	_____
4. 不登校(1)	_____
5. 入試テクニック	_____
6. 部活動	_____
7. ゆとり教育(2)	_____
8. 学力向上	_____
9. 異学年交流	_____
10. 二言語併用教育	_____
11. 腕白小僧	_____
12. 校長	_____
13. 転校	_____

14. 飛び級
15. モデルスクール

中国語	日本語
1. 义务教育	
2. 公立学校	
3. 公开课	
4. 课余时间	
5. 同学欺负同学	
6. 毕业典礼	
7. 学习积极性	
8. 英才教育	
9. 体罚	
10. 寄宿制	
11. 留级	
12. 单亲家庭	
13. 家教	
14. 男女共校	
15. 课程表	

B. 学校教育類(2)：

日本語	中国語
1. 産学連携	
2. 詰め込み教育	
3. 苦学生	
4. 奨学生	
5. 授業料の減免	

6. 就学率 _____
7. インターンシップ _____
8. カリキュラム _____
9. 非常勤講師(3) _____
10. 客員教授 _____
11. 単位制 _____
12. エリート _____
13. オープンキャンパス _____
14. 遠隔教育 _____
15. 通学生 _____

中国語　　　　　　　　　　　日本語

1. 应届毕业生 _____
2. 学习指导方针 _____
3. 大学中途退学 _____
4. 知识分子 _____
5. 找工作 _____
6. 就业指导员 _____
7. 内定 _____
8. 落榜生 _____
9. 旁听生 _____
10. 公开讲座 _____
11. 听课 _____
12. 招生 _____
13. 大学校长 _____
14. 修学旅行 _____

15. 重点大学　　　　　　　　　　_____

C. 研修・トレーニング：

　　　日本語　　　　　　　　　　中国語
1. 知識基盤社会　　　　　　　　_____
2. 新人研修　　　　　　　　　　_____
3. 技術者の卵(4)　　　　　　　 _____
4. 自動車教習所　　　　　　　　_____
5. 職名　　　　　　　　　　　　_____
6. 成人教育　　　　　　　　　　_____
7. 夜間学校　　　　　　　　　　_____
8. コミュニティー・カレッジ　　_____
9. カルチャー・センター　　　　_____
10. 職業適性　　　　　　　　　 _____
11. フィードバック　　　　　　 _____
12. 生涯教育(5)　　　　　　　　_____
13. 放送大学　　　　　　　　　 _____
14. 一般講座　　　　　　　　　 _____
15. ペーパードライバー　　　　 _____

　　　中国語　　　　　　　　　　日本語
1. 补习班　　　　　　　　　　　_____
2. 资格考试　　　　　　　　　　_____
3. 自费留学　　　　　　　　　　_____
4. 海归　　　　　　　　　　　　_____
5. 交际能力　　　　　　　　　　_____
6. 适应性　　　　　　　　　　　_____

7. 协调性　　　　　　　　　＿＿＿＿＿＿＿＿＿＿
8. 自学　　　　　　　　　　＿＿＿＿＿＿＿＿＿＿
9. 读书周　　　　　　　　　＿＿＿＿＿＿＿＿＿＿
10. 民办学校　　　　　　　　＿＿＿＿＿＿＿＿＿＿
11. 学农　　　　　　　　　　＿＿＿＿＿＿＿＿＿＿
12. 案例研究　　　　　　　　＿＿＿＿＿＿＿＿＿＿
13. 智囊团　　　　　　　　　＿＿＿＿＿＿＿＿＿＿
14. 初学者　　　　　　　　　＿＿＿＿＿＿＿＿＿＿
15. 互动　　　　　　　　　　＿＿＿＿＿＿＿＿＿＿

D. その他の実用言葉：

　　　　日本語　　　　　　　　　　中国語
1. 有識者　　　　　　　　　＿＿＿＿＿＿＿＿＿＿
2. 全人教育　　　　　　　　＿＿＿＿＿＿＿＿＿＿
3. いじめっ子　　　　　　　＿＿＿＿＿＿＿＿＿＿
4. いじめられっ子　　　　　＿＿＿＿＿＿＿＿＿＿
5. 教養水準　　　　　　　　＿＿＿＿＿＿＿＿＿＿
6. カンニング　　　　　　　＿＿＿＿＿＿＿＿＿＿
7. 替え玉受験　　　　　　　＿＿＿＿＿＿＿＿＿＿
8. 学校をサボる　　　　　　＿＿＿＿＿＿＿＿＿＿
9. 少年院　　　　　　　　　＿＿＿＿＿＿＿＿＿＿
10. 教育ママ　　　　　　　　＿＿＿＿＿＿＿＿＿＿
11. 先行投資　　　　　　　　＿＿＿＿＿＿＿＿＿＿
12. 水増し入学　　　　　　　＿＿＿＿＿＿＿＿＿＿
13. 専門バカ　　　　　　　　＿＿＿＿＿＿＿＿＿＿
14. 潜在力を掘り起こす　　　＿＿＿＿＿＿＿＿＿＿

第三課

15. シンポジウム　　　　　　　　_____

　　　　中国語　　　　　　　　　日本語

1. 专科学校　　　　　　　　　_____
2. 选修课　　　　　　　　　　_____
3. 必修课　　　　　　　　　　_____
4. 离家出走　　　　　　　　　_____
5. 智障　　　　　　　　　　　_____
6. 函授　　　　　　　　　　　_____
7. 研究生(6)　　　　　　　　 _____
8. 入学志愿书　　　　　　　　_____
9. 不良少年　　　　　　　　　_____
10. 文盲　　　　　　　　　　 _____
11. 研究型大学　　　　　　　 _____
12. 打工的学生　　　　　　　 _____
13. 考生　　　　　　　　　　 _____
14. 课外作业　　　　　　　　 _____
15. 有关升学、就业的指导　　 _____

E. 相関機関と固有名称：

　　　　日本語　　　　　　　　　中国語

1. 孔子　　　　　　　　　　　_____
2. 中国語能力検定試験(HSK)　 _____
3. 日本語能力試験　　　　　　_____
4. トーフル(TOEFL)　　　　　 _____
5. 国際科学オリンピック　　　_____
6. 文部科学省　　　　　　　　_____

7. 留学生受け入れ10万人計画(7)　　_____
8. 共通語普及政策　　_____
9. 識字運動　　_____
10. 四当五落(8)　　_____
11. 単位互換制　　_____
12. ハーバード大学(米)　　_____
13. オックスフォード大学(英)　　_____
14. ケンブリッジ大学(英)　　_____
15. エール大学／イェール大学(米)　　_____
16. 才徳兼備　　_____
17. 博学多才　　_____
18. 浅学非才　　_____
19. 温故知新　　_____
20. 大器晩成　　_____

セクション2　背景知識：

A. 現代社会における日本語教育事情に関する日本語の背景知識を読んでください。

　現代世界の中で、日本語を教授するということは、ただ伝統によるものだけではなく、意識的なチョイスの結果であります。しかし、それならば日本語教育の関係者は、なぜ日本語を教えているかと問われることになります。つまり、日本語教育が世界の中でどのような機能を果たしているのか、誰の利益を代表しているものかということを考えなければなりません。この問いは、新しい世界の中の日本語教育のパラダイムに必ず付随する問いであります。しかし、一部の日本語教師は、自分たちの仕事は教室で始ま

り、教室で終わるとみなし、その仕事の社会的な役割を考慮することなどはしてきませんでした。この態度はこれから変わらなければならないでしょう。

　言語の力は計り知れません。言語なしにはコミュニケーションが成り立ちませんから、あらゆる経済、社会的な行動も不可能になるわけであります。また、このような行動に必要なインフォメーションを集めることもできません。言語には、さらに、感情的な親近感のための土台を作るということによって、経済、社会的な関係を積極的に助長させる働きもあります。だから、世界の主要国が、他の国民に自国の言葉を学習させる努力を尽くしているのは、それほど驚くべきことではありません。市場の獲得において言語の果たす役割は計り知れないからであります。このため、主要国以外の国の政府などが、自国の国民に主要国の言葉を習得させようとしていることも当然でしょう。経済競争の中で最善の成果を挙げることは、言語に大きく左右されるのであります。

　日本が世界の主要国になる道を開き始めた1960年代には、日本語に関するこのような意識は日本にも世界の他の国にも稀でありました。しかし、1970年代、80年代にはそれは強くなり、将来はさらに強くなると思われます。

　ところで、このような状態の中で、日本語教育はどのような役割を果たすでしょうか。ここに少なくとも二つの問題があります。一つは、日本語教育は主として経済関係だけに役立てるべきかということ、もう一つは、日本だけが利益をうるためのものにならないかということであります。

　「ビジネスのための日本語教育」という考え方は、既にいくつかの国に現れ始めています。つまり、そうした国の政府に共通していることは、経済に直接役立つ日本語教育は支持しますが、それ以外の日本語教育に対しては、冷淡な態度をとっているということであります。反面、日本側は「ビジネスのための日本語教育」にはあまり積極的な態度を示していません。というのは、海外との経

済折衝の場合には、日本語ではなく、英語を使用するというパターンが確立されているという事実もあるし、日本の会社では職場での教育が大事にされているので、「ビジネス日本語」が教室の場面で教えられることは、むしろ不信の目で見られています。

　筆者自身は、オーストラリアで最初の大学院と学部程度の「ビジネス日本語」のコースを作った経緯から、明らかにこのような日本語教育を行う必要があると考えています。しかし、日本語教育は、経済関係のためのものだけではありません。政治関係、社会関係、文化関係なども忘れてはならないと思います。これも日本語教育の正当な領域であります。日本語教育は広い意味での日本と外国との理解、インターアクションなどを生み出す道具でなければなりません。

B. 小中学生の勉強の負担を軽減するのは教育改革の重要な一環であります。「減負」に関する中国語の文章を読んでください。また、読んだ後、Aの内容を参考に、下記の質問について考えてください。できるだけ自分の表現で答えてみてください。

　　每年的新年伊始,电视台都会进行新年采访。今年也同往年一样,在电视上看到了采访各界人士新年愿望的一幕。记者把话筒对着一位小学男生。这位戴眼镜的男生这样说道:"希望新的一年里老师待我们好点,少布置一点作业。"这句话虽出自一个普通小学生之口,却坦率地反映出了全体中小学生(9)的心愿。确实,当今中小学生的书包太重了,类似这样的呼声不绝于耳。尤其是毕业班的学生(指那些由小学升入初中,由初中升入高中,甚至由高中升入大学的学生们)从回家到深夜入睡,除了吃饭时间,其余都在应付每天繁重的课外作业。作业几乎夺去了他们全部的业余时间,每天中小学生们为完成当天的作业而疲于奔命。

　　鉴于此,最近教育部(相当于日本的文部科学省)下发了《关于在中小学减轻学生过重负担的紧急通知》。这个通知明文规定中小学要减少作业,不能办收费的补习班等等。由于减轻中小学学生负担

(简称"减负")工作引起了全社会的关注,所以现在学生负担过重的情况已有了改善。

教育部负责人指出:"减负"工作要正确处理好以下几个关系:

一、要正确处理"减负"与加强教育管理、提高教学质量的关系。必要的负担是学生成长和发展的推动力,"减负"只是减掉那些妨碍学生身心健康和全面发展的过重负担,绝不是降低教育质量。

二、要正确处理"减负"与考试的关系。要推行考试制度改革,就必须重新考虑考试的内容和方法,这是"减负"的一个重要内容。但是,"减负"并不是要取消考试,而是要减少考试的次数,改革考试内容。

三、要正确处理"减负"与培养学生顽强意志、刻苦学习精神的关系。"减负"是给学生更多进行扩展思考的时间和空间,为学生培养创新精神和实践能力创造机会,其目的在于培养学生的研究、探索精神。

中小学校要把"减负"后空出来的时间和空间用于开展适合学生个性的、丰富多彩的活动。家长们也要为孩子安排好有益且有实效的活动,通过这些来促进学生更活泼、更富有个性的发展。

質問:
1. 日本語を勉強し始めるきっかけは何ですか。
2. 日本語を勉強してきて、何年目になりますか。今まで、一番自分を困らせたのは何ですか。
3. 親としては、放課後や土曜、夏休みなどの補習授業に賛成しますか。なぜですか。
4. 学校教育の他に、家庭教育も重要な一部です。子どもをほったらかすのもよくないが、溺愛してもだめです。あなた自身が子供時代、お母さんのお手伝いをしたことがありますか。将来、自分の子供に簡単な家事をさせますか。

セクション3　初級通訳練習(文の訳):

A. 日中通訳

　テープをかけて、聞き取った文を繰り返してみてください。それから、中国語に訳してみてください。そして、◆の数が増えるにつれて、文が長くなり、難しさも増します。

例：

　　◆日本の子どもたちの理科離れ(10)が止まりません。(21文字)

　　(参考訳文)日本的孩子们远离、讨厌理科类学习的情况并没有好转。

　　説明：◆が一つある場合、語彙か文は短くて、簡単です。聞きながら、メモを取る必要はありません。訳す時、基本的な意味を理解すれば十分です。ある意味ではエキジビションゲームです。

　　◆◆教育事業の著しい発展は上海の経済的建設及び社会発展を大きく加速しました。(36文字)

　　(参考訳文)教育事业的迅速发展，对于上海的经济建设和社会发展起到了巨大的推动作用。

　　説明：◆が二つある場合、文は長くなり、少々難しくなります。必要によって、メモを取ることができます。訳す時、基本的な意味を理解・把握する上に、語の選びや語順の並べ方を考える必要があります。

　　◆◆◆目下、中国の一人っ子の心理問題は、既に社会からの関心と不安を引き起こして、しかも研究される頻度がとても高いものであります。(61文字)

　　(参考訳文)现在，中国独生子女的心理问题已经在社会上引起了人们的不安和关心，并且成为研究率很高的问题。

　　説明：◆が三つある場合、文は最も長く、難しいです。新しい単語も含まれています。文を聞き取るには、メモを

取る必要があります。訳す時、文の意味を十分に理解・把握する上に、訳文の簡潔さや意味の伝達度なども考えてもらいたいです。

以上の説明に基づき、実践練習に入りましょう。各レベルの文はそれぞれ六つあります。

❂ 1. 高校生は日本で最も睡眠不足の世代です。(19文字)

❂ 2. 今や、大学出が当たり前のような時代になりました。(24文字)

❂ 3. 「英才教育」には飴と鞭が必要だといわれています。(22文字)

❂ 4. 親と学校双方が、睡眠不足を防ぐ努力をすることが重要です。(28文字)

❂ 5. 先生はどうしても勉強がよくできる子をひいきします。(25文字)

❂ 6. 試験で替え玉を使って見つかったら、両方とも退学になります。(29文字)

7. 2003年になって、日本全国の小中学校にパソコンが導入されました。(33文字)

8. 21世紀は「知識基盤社会」の構築により力を入れる世紀となるでしょう。(34文字)

9. 大学教育を現実に生かせるかどうか、教育のあり方から見直す時です。(32文字)

10. 3月まで大学生や大学院生だった「技術者の卵」たちが新人研修を受けています。(37文字)

11. 米政府は、エリートよりむしろ普通の高校生の底上げを主眼に置きます。(33文字)

12. 日本国内の少子化を背景に、多くの日本の大学が中国に目を向けています。(34文字)

13. 「産学連携」とは、大学での研究開発の成果を企業による実用化に結びつけるとのことです。(42文字)

❀❀❀ 14. 欧米の教育は、教科書の中から、教師が指導方針や生徒の興味に従って教える内容をつまみ食いします。(47文字)

❀❀❀ 15. 生涯学習が一生を通じて、学習していくものだということは、誰でも分かりますが、本当にできるかどうかはまだ疑問です。(56文字)

❀❀❀ 16. 中国は、北京大や清華大など国内35大学に設置した「ソフト学院」で、企業の実務に直結する高度なIT教育を展開します。(57文字)

❀❀❀ 17. 大学の生徒規模拡大のペースが加速されるにしたがって、近い将来、毎年200万あまりの大学新卒は就職の流れに加わります。(58文字)

✪✪✪ 18. 経済協力開発機構(OECD)の2003年の調査では、数学が楽しいと答えた高校生は、日本ではたったの33％で、40ヵ国・地域の平均53％を大きく下回りました。(78文字)

B. 中日通訳(星数えの通訳トレーニング)

　テープをかけて、聞き取った文を日本語に訳してみてください。文型の選択及び語感による差異から、同じ文には違う訳文が二つあります。自分が訳した文をこれらと比較してみて、どれが最も適切な訳なのかと考えてください。

例：

✪ 日本的孩子们远离、讨厌理科类学习的情况并没有好转。(25文字)
(参考訳文)日本の子どもたちの理科離れが止まりません。
日本の子どもたちが理科の勉強を嫌がったり離れたりする状況は一向によくなりません。
説明：✪が一つある場合、語彙か文は短くて、簡単です。聞きながら、メモを取る必要はありません。訳す時、基本的な意味を理解すれば十分です。ある意味ではウォーミングアップです。

✪✪ 教育事业的迅速发展，对于上海的经济建设和社会发展起到了巨大的推动作用。(35文字)
(参考訳文)教育事業の著しい発展は上海の経済的建設及び社会発展を大きく加速しました。
教育事業の迅速な発達は上海の経済的建設と社会的発展には大きな推進力であります。

第三課

説明：✪が二つある場合、文は長くなり、少々難しくなります。必要によって、メモを取ることができます。訳す時、基本的な意味を理解・把握する上に、語の選びや語順の並べ方を考える必要があります。

✪✪✪ 现在,中国独生子女的心理问题已经在社会上引起了人们的不安和关心,并且成为研究率很高的问题。(45文字)

(参考訳文) 目下、中国の一人っ子の心理問題は、既に社会からの関心と不安を引き起こして、しかも研究される頻度がとても高いものであります。

現在、社会全体は中国の一人っ子の心理問題に不安と関心を持ち始め、しかも、研究の的になりました。

説明：✪が三つある場合、文は最も長く、難しいです。新しい単語も含まれています。文を聞き取るには、メモを取る必要があります。訳す時、文の意味を十分に理解・把握する上に、訳文の簡潔さや意味の伝達度なども考えてもらいたいです。

以上の説明に基づき、実践練習に入りましょう。各レベルの文はそれぞれ六つあります。

✪ 1. 经过不断的努力,终于取得了成功。(16文字)

✪ 2. 在中国望子成龙是父母的普遍愿望。(16文字)

✪ 3. 以前的努力都成了泡影,心里感到空荡荡的。(20文字)

4. 要实现人才强国,必须大力培养人才,重视人才。(22文字)

5. 不能忽视产生于生活中的方言具有丰富普通话表达的一面。(26文字)

6. 在优秀的学生(11)中也开始有直接瞄准国外一流大学的倾向。(25文字)

7. 为了培养学习对象的社会文化能力,日语教师自己也须具备这种能力。(31文字)

8. 与学习能力下降相比,日本文部省更担心的是学生学习兴趣的减退。(30文字)

9. 由于经济持续不景气,就业率及就业单位正成为人们选择大学时的重要因素。(34文字)

10. 教育关系到一个国家的兴亡,因此我们不能让教育兴国只停留在口头上。(32文字)

❀❀ 11. 虐待会给孩子的身心留下深深的伤痕，有时甚至还会夺去孩子幼小的生命。(33 文字)

❀❀ 12. 宽松教育严格选择学习内容，学习内容比以前减少了 3 成，并全面实施学校 5 天工作制。(39 文字)

❀❀❀ 13. 今年夏天日本将派出总共 23 人的高中生代表团参加国际数学、化学等奥林匹克竞赛，人数创历届之最。(45 文字)

❀❀❀ 14. 由于有越来越多的学生即使被东京大学录取，但仍流失到其他大学医学部，所以连东京大学也开始对确保生源有了危机感。(54 文字)

❀❀❀ 15. 传统的日语教育是以"语法能力"为目标，但语言教育的主流自 70 年代开始就逐渐向以"交流能力"为目标的方向发展。(53 文字)

❀❀❀ 16. 随着全球化的发展,高水平口译人员的需求量急增,但培训专业口译人员的机构却很少,缺少培养高水平口译人才的专家的问题也很突出。(61 文字)

❀❀❀ 17. 不论人种、信仰、性别、社会身份、经济地位如何,所有的国民都平等地享有接受与其能力相对应的教育的权利,在受教育上是不应有歧视的。(63 文字)

❀❀❀ 18. 义务教育课程标准应适应普及义务教育的要求,让绝大多数学生经过努力都能够达到,体现国家对公民素质的基本要求,着眼于培养学生终生学习的愿望和能力。(71 文字)

セクション4 中級通訳練習(小段落の訳):

A. 日中通訳

　　テープをかけて、次の各段落を中国語に訳してみてください。ピッピッという音は区切り音で、ピーという音は終了音です。(注:区切り音を「/」で、終了音を「//」で表示します。)

1. 世界に展開するIBMの中で、日本IBMの新人研修は特別に長いです。/韓国は3ヵ月、中国は2ヵ月で修了するのに、日本は

5～7ヵ月も費やしているのです。∥(69文字)

2. 日本政府は2000年、入国・在留審査手続きを簡素化し、奨学金の増額や授業料の減免などの措置を図りました。/2000年からの3年間で、留学生の在籍者数は約4万5千人増加しました。∥(89文字)

3. 日本では大学生の文章力の低下が、4、5年ほど前から問題視され始めました。/声を出して本を読むことをしなくなったからではないかという専門家の意見が出ました。/今の日本では、朗読が流行となりました。∥(95文字)

4. 今の小学生のカバンが重すぎるという批判は耳に絶えることなく聞こえてきます。/とりわけ、中学生や高校生たちの進学受験のために割く時間は、彼らの生活そのものの大半を侵蝕するまでになっています。∥(93文字)

5. 文部科学省が先月発表した義務教育に関する意識調査では、「放課後や土曜、夏休みなどの補習授業」に保護者の61.4％が賛成する一方、一般教員の59.5％が反対しました。／学力向上を求める保護者と、負担増を懸念する教員との意識の差がはっきりしました。∥（121文字）

6. 国際科学オリンピックは1959年にルーマニアで開かれた数学五輪が始まりです。／参加国は東欧中心だったのが西側に広がり、分野も物理、化学、生物学、情報学、天文学が加わりました。／それぞれの分野ごとに、参加国が回り持ちで大会を運営します。／国際交流と切磋琢磨を通して才能ある若者を育てることが目的です。∥（146文字）

B. 中日通訳

　　テープをかけて、次の各段落を日本語に訳してみてください。ピッピッという音は区切り音で、ピーという音は終了音です。（注：区切り音を「／」で、終了音を「∥」で表示します。）

1. 一个国家科学技术的发达程度,同时也决定了这个国家的整体发达水平。／所以科技兴国应该成为我们的一个重要目标。∥（52文字）

2. 父母在为孩子制定计划时,要订立有可能实现的目标。/要客观理性,不能把自己的意志强加于孩子,因为孩子的发展与自己的希望不一定一致。//(63文字)

3. 上海是中国最大的经济中心和对外开放的城市,也是国内教育事业最为发达的地区之一。/一些教育和科研机构不仅享誉国内,而且在国际上也有一定的影响。//(69文字)

4. 睡眠不足是许多人都有的一个问题。/其中高中生的情况尤为严重,因此人们担心会对其健康和学业带来不良影响。/受邮件和上网等诸多影响,在生活方式发生了变化的背景下,家庭和学校的应对则成为当务之急。//(93文字)

5. 在当今世界,教授日语已不仅仅是传统意义上的事情了,而是人为的一种选择结果。/由此,日语教育工作者就不得不回答为什么要教日语这一问题。/也就是说,必须要考虑一下日语教育在世界上到底发挥着怎样的功能,以及它代表着谁的利益等。//(108文字)

6. 独生子女的身心问题主要表现在以下五方面。／第一,对学习日益厌恶和学习意愿低下,而且学习压力很大。／第二,性格内向,没有自己的意愿,这表现为自卑感和攻击性。／第三,情绪很不安定,容易陷入孤立。／第四,行为十分幼稚,行为与发育基准不一致。／第五,缺乏适应性和协调性。∥(126文字)

セクション5　通訳の注意点:

1. 「不登校」は児童・生徒がさまざまな原因で学校に行かなくなったり、行けなくなったりする現象の総称です。「登校拒否」とも言います。「不」は打ち消し・否定の意で、接頭語的に使うことができます。
例えば、
不思議／不鮮明／不自然／不作法／不満足／不真面目／不安定／不一致／不本意／不飽和／不勉強／不適切／不平等／不必要／不熱心／不似合い／不認可／不人気／不美人／不慣れ　　等々
「不」と同じように、打ち消し・否定の意を表す接頭語的なものは他に、「非」、「未」、「無」などがあります。
例えば、
非常識／非常勤／非人道／非紳士的／非生産的／非存在／非合理／非合法／非対称／非妥協的
未成年／未発表／未完成／未経験／未決定／未決算／未開発／未公認／未消化／未処分／未公開
無意識／無意義／無意味／無関心／無表情／無過失／無感覚／無価

値／無関係／無干渉／無期限　　等々
2. 「ゆとり教育」について。

　　ゆとり教育路線は、日本国内で2002年度から実施された学習指導要領でほぼ完成しました。完全学校週五日制が実施されたことに伴い、教育内容を厳選しました。その象徴的な存在として導入されたのが、教科横断的な学習によって「生きる力」を育もうとする「総合的な学習の時間（総合的学習）」です。保護者や教員を対象に文部省が実施したアンケートでは、総合的学習について保護者や教育長の評価は高かったものの、中学校担任教員は55.2％が否定的でした。そして、2004年12月に相次いで公表された国際的な学力調査で、日本の子どもの学力低下傾向が示されたことをきっかけに、「もはや世界のトップではない」と文部科学省も学力低下の現状をかつてない調子で認め、ゆとり教育の全面見直しを始めました。
3. 「非常勤」は中国語で「外聘」と言います。反対語は「常勤」で、「专职」の意です。
4. 「技術者の卵」の「卵」は勿論、鶏のたまごの意ではありません。ここで「修業中で、まだ一人前にならない人。まだ本格的にならないもの」を指します。中国語で「未成熟的人」、「还没名气的人」などと訳します。

　　例えば、

　　弁護士の卵　　　　　小律师，还没有名气的律师　　等々
5. 「生涯教育」は生涯を通じて教育の機会を保障すべきであるとする教育観に基づいて行われる成人教育です。1920年代にイギリスなどで提起され、60年代半ばの国連教育科学文化機関（UNESCO）の提唱を契機に各国で普及し始めました。中国語で「终生教育」と言います。他に、「生涯学習」という言い方もあります。
6. 中国語で言う「研究生」と日本語で言う「研究生」とは意味が違

います。中国語で言う「研究生」は「大学院生」の意です。日本では、研究生は、学部での専門と異なる大学院に入学を希望する場合や、大学院の入学試験や就職試験、医療系などの国家試験に失敗した場合における準備期間として考えられることが多いです。

7. 「留学生受け入れ10万人計画」について。

    日本は、中曽根内閣当時の1983年に、「留学生受け入れ10万人計画」を策定しました。10万人の目標は2003年に達成しました。

8. 「四当五落」は睡眠時間四時間なら合格し、五時間では落第することを意味します。日本では、以前から大学受験を控えた高校生の睡眠時間は、家庭でも学校でも軽視されてきました。「四当五落」などの言葉は、その象徴でした。

9. 中国語で言う「中小学生」は日本語で「小中学生」と言います。「初中・高中学生」は「中高生」と言います。

10. 「理科離れ」の「離れ(ばなれ)」は離れていくこと。
    例えば、
活字離れ	不太看书或杂志等阅读物
現実離れ	脱离现实
乳離れ	断奶
親離れ	不再依赖父母,自己独立
素人離れ	不再像个外行
里離れ	远离村庄
時代離れ	落伍于时代,脱离时代
世間離れ/浮世離れ	脱离尘世
巣離れ	(小鸟)离巣
手離れ	放手
人間離れ	超人的,超世脱俗的,超出常人的
床離れ	起床,夫妻感情冷淡　　　　等々

11. 中国では、小中高生及び大学生はすべて「学生」と言いますが、

日本語の「学生」は特に、大学で学ぶ者を指します。日本語の中で、中等学校(中学校・高等学校)で教育を受ける者は「生徒」と、小学校で教育を受ける者は「児童」と言います。

このため、この文の中では、「学生」より「生徒」という日本語の訳のほうが適切です。

12. 日本の大学の「まとめ呼び」についての紹介。
関東：
日東駒専(にっとうこません)：
日本大学、東洋大学、駒澤大学、専修大学
MARCH(まーち)：
明治大学、青山学院大学、立教大学、中央大学、法政大学
関西：
関関同立(かんかんどうりつ)：
関西学院大学、関西大学、同志社大学、立命館大学
産近甲龍(さんきんこうりゅう)：
京都産業大学、近畿大学、甲南大学、龍谷大学

セクション6　知識の泉：

A. 今日の話題——通訳者の資質

口译工作者的基本职责在于通过语言的转换活动,在个人与个人之间、集体与集体之间以及个人与集体之间起到相互沟通和全面了解的作用,以促进听者与说话者之间的相互尊重、相互理解和情感交流,使双方在需要利益一致时能够达成共识。这是译员必须时刻牢记的一种使命。

作为一名优秀的口译工作者,必须认真、诚实且负责地让每一个讲话者尽可能用他(她)们的语言来无所顾忌地表达自己的情感,使得他(她)们根本不用担心自己的表达和深刻的寓意会被误解,也不必担心自己想表达的意思不能被忠实而完整地传达给他人。

一个优秀的口译工作者也必须根据不同的国家和地区所奉行的思维方式、行为规范以及社会习俗来进行双语转换。在这个转换过程中,要求译员具备如下素质:

　　1. 具有理解问题的能力,其中包括:(1)快速阅读和正确理解涉及主题的相关资料和文献;(2)根据不同语言的表达及思维方式,切实把握好不同的转换;

　　2. 具有良好的记忆能力,其中包括:(1)瞬间记忆能力;(2)长时间记忆能力;

　　3. 具有流畅和丰富的语言表达能力。对于译员来说,要忠实地表达好一方或双方的立场和观点,用词准确恰当,语句简明易懂,必要时要求译文传神传情;

　　4. 具备广博的知识面,在理解的基础上能用目的语对相关知识进行专业性或非专业性表达;

　　5. 讲究外事礼仪、社交礼仪和口译规范,做到忠于职守、仪表端庄、言谈得体、举止大方;

　　6. 具备丰富的文化修养。文化修养的深浅将直接影响到翻译的效果。对于译员来讲,首先应充分了解本国和目的语国家各方面的文化底蕴,尤其对于一些焦点问题以及热点新闻应该时时关注。平时要养成积累的好习惯,随时记下一些时事新闻、热点词汇、流行语和成语等。经过长期积累,就会日臻成熟。

B. 日本語の豆知識——色彩に関する慣用句

1. 紅一点
多くの男性の中に一人だけ女性が混じること。
万绿丛中一点红。
2. 赤の他人
まったくの他人。全然縁のない人。
陌生人。毫无关系的人。
3. 赤きは酒の科(とが)
顔の赤いのは酒のせいで自分の罪ではないという意から、過

失を他人のせいにすること。
(源自说脸红是酒的缘故,而不是喝酒人的责任之意)推卸责任。嫁罪他人。

4. 赤子(あかご)の手をねじる
   か弱い者は、たやすく負かすことができる。
   容易にできることのたとえ。
   凌辱弱小。
   轻而易举,不费吹灰之力。

5. 赤子を裸にする
   無力な者を一層孤立無援にする。
   使弱小者更加孤立无援。

6. 黄色い声
   声がかん高い。主に、女性や子供の声について言う。
   主要指女子、儿童的尖嗓音。

7. 緑の黒髪
   つやのある美しい黒髪。
   有光泽的黑发。

8. 出藍/出藍の誉れ/青は藍より出でて藍よりも青し
   弟子のほうが先生よりも優れていること。
   青出于蓝而胜于蓝。

9. 青くなる
   青ざめる。
   (因担惊受怕)脸色发青。

10. 青白いインテリ
    (家にこもりがちで顔色の青白いことから)知識人の実行力の乏しいことなどをあざけっていう語。
    白面书生。嘲笑知识分子闭门不出而缺乏实际行动能力的说法。

11. 青田買い
    稲の成熟の前に、あらかじめ収量を見積もって産米を買い入れること。

転じて、企業が決められた新入社員採用試験期間よりも前に、優秀な人材確保のため学生・生徒の卒業後の採用を約束する。

买青苗。在稻谷成熟前估计收获量预先买入。

(企业等)为确保人才,在优秀学生毕业前就订下录用合同。

12. 青筋を立てる

   (激昂すると、静脈が怒張してはっきり現れるから)激しく怒る。癇癪を起す。

   大动肝火。

13. 白を切る

   知らないふりをする。知らないふうを装う。

   伴装不知。假装不知道。

14. 白羽の矢が立つ

   多くの人の中からとくに選ばれること。

   (从许多人中)被选中,被指定。

15. 白紙に戻す

   これまでのことをなかったことにして、最初の状態に戻す。出発点に立ち戻る。白紙に返す。

   恢复原状。

16. 白い目で見る／白眼視

   冷淡な、または憎しみのこもった目つきで見る。白眼視する。

   白眼看人。翻白眼。

17. 沈黙は金,雄弁は銀

   (西洋の諺から)沈黙の方が雄弁よりも説得力がある。口をきかぬが最上の分別。

   沉默胜于雄辩。沉默为贵。

18. 腹が黒い

   不正な事もする性格である。心根がよくない。

   阴险,心眼坏。

19. 黒い霧

(1960年の松本清張の小説「日本の黒い霧」で広まる)明るみに出ない悪。
(出自松本清张的小说《日本的黑雾》)指政界、官届、财界等产生使人疑虑的滥用职权、贪污腐败、争权夺利等。
20. 目の黒いうち
存命中。目の玉の黒いうち。
活着的时候。有生之年。

第四課
地球号の旅
（環境保全篇）

セクション1　基本語彙：

このセクションにはA、B、C、D、Eの五つの部分があります。テープについて、環境保護に関する基本的語彙を読んでください。そして、横の線に日本語か、中国語の意味を書いてみてください。

A. 環境破壊、或いは異常気候による気象現象：

日本語	中国語
1. 地球温暖化(1)	_____
2. 酸性雨	_____
3. 空梅雨	_____
4. オゾン激減	_____
5. オゾンホール	_____
6. エルニーニョ現象	_____
7. ラニーニャ現象	_____
8. ヒートアイランド現象	_____
9. 氷河解け	_____
10. 大気汚染	_____
11. 砂漠化	_____
12. 熱波	_____
13. 寒波	_____

14. 竜巻
15. 海水温異常上昇

　　　中国語　　　　　　　　　　　日本語
1. 旱灾
2. 洪水、水灾
3. 暴热、酷暑
4. 暴冷
5. 暴风雨
6. 大雨、暴雨
7. 高温少雨
8. 飓风
9. 海啸
10. 泥石流
11. 沙尘暴
12. 暖冬
13. 冷夏
14. 平均气温的上升
15. 阳伞效应

B. 環境汚染による環境問題と社会問題：
　　　日本語　　　　　　　　　　　中国語
1. 地球温暖化の加速／温暖化が進む
2. 温室効果ガスの排出量が急増する
3. 熱帯雨林が大量に採伐される
4. 船舶汚染
5. 有害化学物質

6. 水質汚染　　　　　　　＿＿＿＿＿＿＿＿＿＿

7. 土壌汚染　　　　　　　＿＿＿＿＿＿＿＿＿＿

8. ゴミ焼却　　　　　　　＿＿＿＿＿＿＿＿＿＿

9. 工業廃水　　　　　　　＿＿＿＿＿＿＿＿＿＿

10. 放射性廃液　　　　　　＿＿＿＿＿＿＿＿＿＿

11. 公害病　　　　　　　　＿＿＿＿＿＿＿＿＿＿

12. 種の絶滅　　　　　　　＿＿＿＿＿＿＿＿＿＿

13. 光化学スモッグ　　　　＿＿＿＿＿＿＿＿＿＿

14. 過剰包装(2)　　　　　　＿＿＿＿＿＿＿＿＿＿

15. エネルギーの大量消費(3)　＿＿＿＿＿＿＿＿＿＿

　　　　中国語　　　　　　　　日本語

1. 气候变化问题　　　　　＿＿＿＿＿＿＿＿＿＿

2. 冰川融化　　　　　　　＿＿＿＿＿＿＿＿＿＿

3. 二氧化碳浓度增加　　　＿＿＿＿＿＿＿＿＿＿

4. 白色污染　　　　　　　＿＿＿＿＿＿＿＿＿＿

5. 海洋污染　　　　　　　＿＿＿＿＿＿＿＿＿＿

6. 海平面上升　　　　　　＿＿＿＿＿＿＿＿＿＿

7. 地面下沉　　　　　　　＿＿＿＿＿＿＿＿＿＿

8. 资源不足　　　　　　　＿＿＿＿＿＿＿＿＿＿

9. 工业废弃物　　　　　　＿＿＿＿＿＿＿＿＿＿

10. 有害废弃物　　　　　　＿＿＿＿＿＿＿＿＿＿

11. 农药残留　　　　　　　＿＿＿＿＿＿＿＿＿＿

12. 大批量生产　　　　　　＿＿＿＿＿＿＿＿＿＿

13. 地下水减少　　　　　　＿＿＿＿＿＿＿＿＿＿

14. 噪音　　　　　　　　　＿＿＿＿＿＿＿＿＿＿

15. 缺水　　　　　　　　　　＿＿＿＿＿＿＿＿

C. 地球温暖化や環境破壊を引き起こす原因：

　　　　日本語　　　　　　　　　中国語

1. 温室効果ガス　　　　　　＿＿＿＿＿＿＿＿
2. 一酸化炭素　　　　　　　＿＿＿＿＿＿＿＿
3. 二酸化炭素　　　　　　　＿＿＿＿＿＿＿＿
4. 二酸化硫黄　　　　　　　＿＿＿＿＿＿＿＿
5. フロン　　　　　　　　　＿＿＿＿＿＿＿＿
6. アンモニア窒素　　　　　＿＿＿＿＿＿＿＿
7. メタン　　　　　　　　　＿＿＿＿＿＿＿＿
8. 亜酸化窒素　　　　　　　＿＿＿＿＿＿＿＿
9. ダイオキシン　　　　　　＿＿＿＿＿＿＿＿
10. 鉛　　　　　　　　　　　＿＿＿＿＿＿＿＿
11. カドミウム　　　　　　　＿＿＿＿＿＿＿＿
12. 硫酸　　　　　　　　　　＿＿＿＿＿＿＿＿
13. 砒素　　　　　　　　　　＿＿＿＿＿＿＿＿
14. 水素　　　　　　　　　　＿＿＿＿＿＿＿＿
15. 頻繁な人間活動　　　　　＿＿＿＿＿＿＿＿

D. 環境保全の対策：

　　　　日本語　　　　　　　　　中国語

1. アメダス（AMEDAS＝地球気象観測装置）

　　　　　　　　　　　　　　＿＿＿＿＿＿＿＿
2. 家電リサイクル(4)法　　　＿＿＿＿＿＿＿＿
3. 容器包装リサイクル法　　＿＿＿＿＿＿＿＿

4. 持続可能な発展　　　　　　　_____
5. クリーン開発メカニズム(5)（CDM）_____
6. 排出抑制策　　　　　　　　_____
7. エコ(6)・カー（環境自動車）　_____
8. 発泡スチロールリサイクル　　_____
9. オゾン層保護対策　　　　　　_____
10. 環境保護ホットライン　　　_____
11. エネルギー利用方法の転換　_____
12. グリーン(7)電力　　　　　　_____
13. 低排出ガス車　　　　　　　_____
14. 循環型社会　　　　　　　　_____
15. ハイブリッド車　　　　　　_____

　　　　中国語　　　　　　　　　　日本語
1. 节能　　　　　　　　　　　_____
2. 可再生资源　　　　　　　　_____
3. 绿色产品　　　　　　　　　_____
4. 控制汽车排放尾气的对策　　_____
5. 生态净水系统　　　　　　　_____
6. 回收　　　　　　　　　　　_____
7. 环境保护基本法　　　　　　_____
8. 城市绿地保护法　　　　　　_____
9. 低公害车　　　　　　　　　_____
10. 清洁能源　　　　　　　　_____
11. 国际海岸清洁运动　　　　_____
12. 生态旅游　　　　　　　　_____

13. 再生纸
14. 无氟冰箱(8)
15. 燃料电池车

E. 相関機関と固有名称：

日本語　　　　　　　　　　　　中国語

1. 自然環境フォーラム
2. 先進国
3. (発展)途上国
4. 政府間パネル
5. 国連環境計画
6. 国家環境保護総局
7. 環境保護局
8. 自然保護区域
9. 生態モデル地区
10. ゼロエミッション
11. エミッションファクター
12. 京都議定書
13. バーゼル公約
14. 世界自然保護基金(WWF)
15. 国際エネルギー機関(IEA)

中国語　　　　　　　　　　　　日本語

1. 世界地球日
2. 世界环境日
3. 世界水日

4. 环境保护(9)　　　　　＿＿＿＿＿＿＿＿＿
5. 环境报告书　　　　　＿＿＿＿＿＿＿＿＿
6. 环境产品　　　　　　＿＿＿＿＿＿＿＿＿
7. 环境负责人　　　　　＿＿＿＿＿＿＿＿＿
8. 环境教育　　　　　　＿＿＿＿＿＿＿＿＿
9. 环境立法　　　　　　＿＿＿＿＿＿＿＿＿
10. 环境问题　　　　　　＿＿＿＿＿＿＿＿＿
11. 环境与健康　　　　　＿＿＿＿＿＿＿＿＿
12. 环境与开发政策　　　＿＿＿＿＿＿＿＿＿
13. 环境指标　　　　　　＿＿＿＿＿＿＿＿＿
14. 地域环境噪音　　　　＿＿＿＿＿＿＿＿＿
15. 削减比例　　　　　　＿＿＿＿＿＿＿＿＿

セクション2　背景知識：

A. 地球温暖化を紹介する日本語の背景知識を読んでください。また、読んだ後、質問について考えて、できるだけ自分の言葉で答えてみてください。

　　近年来、地球温暖化についての報道が相次いでおり、地球での日増しの温暖化傾向が世界各国によって重要視されるようになってきました。地球温暖化とは、人間の活動が活発になるにつれて、二酸化炭素（CO_2）、メタン（CH_4）、亜酸化窒素（N_2O）、CFC（クロロフルオロカーボン）などの「温室効果ガス」が大気中に大量に放出され、地球全体の平均気温が急激に上がり始めている現象のことを言います。

　　温暖化による平均気温の変化は、猛暑や暖冬など、年ごとに暑かったり寒かったりする変動ほど明らかではありません。地球全体の平均気温の変化が100年間で約1～3.5度前後と推定され、長期

にわたって非常にゆっくり変化するものです。過去100年間に地球全体の平均気温は0.3〜0.6度と急激に上昇しており、現在のペースで温室効果ガスが増え続けると、2100年には平均気温が約2度上昇すると予測されています。このため、毎年の平均気温をグラフに書けば、短い周期で変動する折れ線になり、それが長期的に上昇傾向を示すということになります。

　地球規模で気温が上昇すると、海水の膨張や氷河などの融解により海面が上昇したり、気候メカニズムの変化により異常気象が頻発したりする恐れがあります。その上、自然生態系や生活環境、農業などへの影響が懸念されています。過去100年間に、地球全体の海面は平均的に10〜25ミリも上がってきて、現在でも上昇しつつあります。そして、衛星観測によると、地球レベルの温暖化のため、地球規模では雪に覆われる範囲は春と秋において、70年代よりそれぞれ13％と9％減少しました。また、穀物生産、水資源とエネルギーの面においては、異常天候が多くの国に深刻(10)な影響を与え、特に干ばつ、洪水などの災害を受けた経済的な損失は更に深刻です。

　地球温暖化の対策を制定するため、1997年12月、国連は日本の京都で「地球温暖化を防止する京都会議」を開催しました。これは1992年国連環境開発会議が制定した「国連気候変更に関する枠組条約」に次いだ新たな行動です。京都会議では、「京都議定書」を通過させ、世界各国の炭素酸化物の排出量を抑制しようと取り組んでいます(11)。各国は1990年を基に、2008年〜2012年の間に温室ガスの総排出量を5.2％削減することを目指しています。ヨーロッパ連盟、アメリカ、日本という先進国の「三巨頭」は率先して温室効果を招致するガスの排出量を削減すべきであると同時に、資金と技術の面において、発展途上国が有害ガスの排出を減少するプロジェクトの実施を援助するようにと規定されています。しかし、ブッシュ政権になった米国は2001年、経済活動への制約を嫌って議定書を離脱しました。世界最大の排出国が抜けたことは、契

約国に大きな衝撃となりました。

B. Aの内容を基に、地球温暖化による氷河の急速解凍に関する中国語の文章を読んでください。

　　"由于地球变暖速度加快,包括喜马拉雅山脉在内的青藏高原的冰川以每年 10～15 米的速度迅速地融化。在过去的 40 年中,冰川体积缩小了 6 600 立方公里。其中大部分是在上世纪 80 年代中期开始融化的。"

　　世界自然基金会(WWF)中国、印度、尼泊尔办公室联合发表的关于冰川融化的报告令人震惊。该报告还预测"今后几十年中这一状况将继续恶化。由于冰川融化而抬高的河流水位可能会给经济和环境带来巨大的冲击。"

　　被称为"世界屋脊"的青藏高原其平均海拔高度超过 4 000 米。从山上滚落下来的雪堆积在山谷里,被挤压后形成了冰川。从全球来看,冰川主要集中在这一地区,它占到全球淡水的 70% 左右。其体积为 10.5 万立方公里,其中喜马拉雅山脉的冰川总量最大,有 3.5 万立方公里。这些冰川是横贯中国大陆的长江、黄河,东南亚最长的湄公河,流经印度和巴基斯坦的恒河及印度河等亚洲八大河流的发源地。另外,由于冰川融化,预计在这些流域会发生大范围的洪水,流域内还可能发生滑坡和土壤侵蚀,并导致数亿人的用水不足。

　　最近中国科学家们也同样发表了关于喜马拉雅冰川融化导致亚洲水资源严重匮乏的报告,对此表现出强烈的危机感。科学家们发现两年内冰川的雪线竟上升了约 50 米,其速度是常年的两倍!据说连 2002 年发现的巨大冰壁也已不复存在。该报告还指出了这一现象将给全球带来的危害:"在今后 100 年中气温会上升 1.4～5.8 摄氏度,由于海平面抬高,全世界的低地将有被淹之虞。"

　　对亚洲人民来说,冰川是人们生活和工农业生产所不可或缺的。它既可防洪,又可因降雪不足导致夏季干旱时补充水源。但由于受到全球变暖的影响,这一平衡局面正在打破。

質問：
1. 地球温暖化という言い方を聞いたことがありますか。その意味をまとめて言ってみてください。
2. 文中で言及された異常気候の現象以外に、またどんな異常現象がありますか。
3. お国では、異常気象が起きたことがありますか。
4. 地球温暖化は異常気象を起したほかに、またどんな影響をもたらしてきましたか。例を挙げて、説明してみてください。

セクション3　初級通訳練習（文の訳）：

A. 日中通訳

　テープをかけて、聞き取った文を繰り返してみてください。それから、中国語に訳してみてください。そして、❀の数が増えるにつれて、文が長くなり、難しさも増します。

例：

　❀世界各地で異常気象が相次いでいます。(18文字)

　（参考訳文）世界各地相继出现异常天气。

　説明：❀が一つある場合、語彙か文は短くて、簡単です。聞きながら、メモを取る必要はありません。訳す時、基本的な意味を理解すれば十分です。ある意味ではエキジビションゲームです。

　❀❀地球温暖化が一因とみられる異常気象が続くなか、国際経済への影響が広がっています。(39文字)

　（参考訳文）全球变暖造成持续的异常天气,对世界经济的影响正日益扩大。

　説明：❀が二つある場合、文は長くなり、少々難しくなります。必要によって、メモを取ることができます。訳す時、基本的な意味を理解・把握する上に、語の選びや語順の並べ方を考える必要があります。

✪✪✪ 地球レベルの気候変動のスピードが速くなると、気候変動の動きが大きくなり、局地的な豪雨や暴風雨、熱波、寒波などの異常気象が増えます。(65文字)

(参考訳文) 一旦全球气候变化的速度加快，其影响范围也会扩大，导致局部地区暴雨、暴风雨、连续高温以及气温骤降等异常天气的增加。

説明：✪が三つある場合、文は最も長く、難しいです。新しい単語も含まれています。文を聞き取るには、メモを取る必要があります。訳す時、文の意味を十分に理解・把握する上に、訳文の簡潔さや意味の伝達度なども考えてもらいたいです。

以上の説明に基づき、実践練習に入りましょう。各レベルの文はそれぞれ六つあります。

✪ 1. 海洋資源は今、深刻な危機にあります。(18文字)

✪ 2. 石油消費などの人間活動が温暖化を引き起こしています。(26文字)

✪ 3. 過去百年で地球全体の平均気温は0.6度上昇しました。(26文字)

✪ 4. 私たちは再生可能エネルギーの利用推進に力を入れています。(28文字)

❃ 5. エネルギー利用効率の優れた機器や装置を積極的に導入(12)します。（29文字）

❃ 6. 各国は温室効果ガスの削減が必要という認識で一致しました(13)。（28文字）

❃❃ 7. 産業革命以来、二酸化炭素など温暖化ガスの大気中濃度は急増しました。（33文字）

❃❃ 8. 新技術の移転や資金協力などを通じ、経済成長と環境保護を両立させます。（34文字）

❃❃ 9. 燃料電池は水素と酸素の化学反応を利用して電気エネルギーを作り出す装置です。（37文字）

❃❃ 10. スーパーやコンビニで無料で配布されているレジ袋を有料化する方針が検討されています。（41文字）

❃❃ 11. 経済成長が著しい途上国を含めた新たな枠組みを築くことが今後の大きな課題になります。（41文字）

✪✪ 12. 大量生産型社会、大量消費型社会から適正生産、適正消費社会へ転換するためには、国民の教育が必要です。（49 文字）

✪✪✪ 13. 京都議定書は先進国に二酸化炭素など温室効果ガスの削減目標を課し、排出量の上限枠を定めました。（46 文字）

✪✪✪ 14. 都市気候への影響を配慮せずに膨大な資源・エネルギーを消費して、巨大都市を造ったのはヒートアイランド深刻化の原因の一つです。（61 文字）

✪✪✪ 15. 温暖化対策の行動計画には、温暖化防止や省エネなどの技術開発促進や共同開発、再生可能エネルギーの導入など多くの項目が盛り込まれました。（66 文字）

✪✪✪ 16. 人間が豊かな自然と触れ合う機会を増やすことは大切ですが、観光客や観光産業が増えた結果、自然が破壊されるということがあっては本末転倒です。（68 文字）

❈❈❈ 17. 日本の自動車メーカーは70年代、90年代に積極的に電気自動車の開発に取り組みましたが、コスト、技術両面の課題から普及が進まず、04年度の国内販売は約300台に止まりました。(86文字)

❈❈❈ 18. 節約型社会の構築とは、社会再生産における生産から流通、消費に至る各段階の中で、健全なメカニズム、構造調整、技術の進歩、管理の強化、宣伝教育といった手段を通じて、社会全体による各種資源の節約と効率的な利用を促し、可能な限り少ない資源で、高い福祉水準の持続可能な社会発展モデルを支えることです。(145文字)

B. 中日通訳(星数えの通訳トレーニング)

　テープをかけて、聞き取った文を日本語に訳してみてください。文型の選択及び語感による差異から、同じ文には違う訳文が二つあります。自分が訳した文をこれらと比較してみて、どれが最も適切な訳なのかと考えてください。

例：
　　❈ 世界各地相继出现异常天气。(13文字)
　　(参考訳文) 世界各地で異常気象が相次いでいます。
　　世界各地で異常天候が次々と出てきました。
　　説明：❈が一つある場合、語彙か文は短くて、簡単です。聞

きながら、メモを取る必要はありません。訳す時、基本的な意味を理解すれば十分です。ある意味では❂はエキジビションゲームです。

❂❂全球変暖造成持続的異常天気，対世界経済的影响正日益扩大。（28文字）

（参考訳文）地球温暖化が一因とみられる異常気象が続くなか、国際経済への影響が広がっています。

地球温暖化による異常気象が続くにつれて、国際経済に対する影響がますます大きくなってきました。

説明：❂❂の場合、文は長くなり、少々難しくなります。必要によって、メモを取ることができます。訳す時、基本的な意味を理解・把握する上に、語の選びや語順の並べ方を考える必要があります。

❂❂❂一旦全球气候変化的速度加快，其影响范围也会扩大，导致局部地区暴雨、暴风雨、连续高温以及气温骤降等异常天气的増加。（56文字）

（参考訳文）地球レベルの気候変動のスピードが速くなると、気候変動の動きが大きくなり、局地的な豪雨や暴風雨、熱波、寒波などの異常気象が増えます。

地球レベルの気候異動の動きが速くなると、影響も広がってきます。これによる局地的な豪雨、暴風雨、連続高温及び気温激減などの異常気象が増えてきます。

説明：❂が三つある場合、文は最も長く、難しいです。新しい単語も含まれています。文を聞き取るには、メモを取る必要があります。訳す時、文の意味を十分に理解・把握する上に、訳文の簡潔さや意味の伝達度なども考えてもらいたいです。

以上の説明に基づき、実践練習に入りましょう。各レベルの文はそれぞれ六つあります。

◆ 1. 建筑行业消耗了大量的资源和能源。(16文字)

◆ 2. 将新设立各国温室气体排放量等数据报告制度。(21文字)

◆ 3. 为了防止全球性的环境破坏,发展中国家同发达国家的合作是不可或缺的。(32文字)

◆ 4. 6月下旬,法国和西班牙等国的最高气温超过35度,遭受到热浪的袭击。(32文字)

◆ 5. 据人造卫星观测所得的数据分析来看,从8月中旬开始臭氧层空洞迅速扩大。(34文字)

◆ 6. 像太阳能电池、风力发电、太阳能利用等可再生能源的规模也在不断扩大。(33文字)

◆◆ 7. 为了构建节约型社会,现有能源向节能和可再生能源的转变正成为重要的课题。(35文字)

◆◆ 8. 为了通过国际合作完成温室气体削减的指标,采用了被称为"京都机制"的制度。(36文字)

9. 气候变化给生态系统带来影响。1990年后,在北海道降雪厚度超过1米的下雪次数急剧减少。(40文字)

10. 随着热浪、干旱、洪水等被认为同全球气候变暖有关的异常天气的增加,经济损失也在不断扩大。(43文字)

11. 随着节能意识的增强,通过支持削减电费和燃料费而从中获益的"节能事业"开始有了生机。(41文字)

12. 考虑到环境因素的饭店从客房里撤掉了牙刷等一次性用品,以减少环境负荷。(34文字)

13. 据预测,如果全球继续变暖,并不采取任何对策的话,到本世纪末地球的平均气温最多会上升5.8度,因水温上升而引起的海水膨胀,最多会使海平面涨高88厘米。(73文字)

14. 8国首脑会议将同主要的新经济增长国合作,探索削减温室气体的方法。今后也会促进温室气体的技术革新,加快提高能源的使用效率及其技术推广。(66文字)

✪✪✪ 15. 自"第九个五年计划"实施以来,在经济快速发展的前提下,我国主要污染物排放总量迅速上升的势头基本得到抑制,环境污染加剧的趋势初步得到控制。(68文字)

✪✪✪ 16. 要实现国民经济翻两番(14)的目标,如果继续延续高投入、高消耗、高污染(15)的不可持续的经济增长方式,我国资源将难以为继,环境也不堪重负,全面建设小康社会的目标更不可能实现。(80文字)

✪✪✪ 17. 改革开放以来,中国把环境保护作为一项基本国策,确立实施可持续发展战略,通过加强环境法制建设,加大环境投入,依靠科技进步,强化环境宣传,不断地探索既发展经济、又保护环境的道路。(87文字)

✪✪✪ 18. 城市变暖问题也非常严峻。东京由于其城市化进程而导致排热量增加和绿地、水面减少,使得也被称为热污染的"城市变暖—热岛效应"日益加剧。东京正受到由城市自身所排放出来的积聚热量的困扰。(89文字)

セクション4　中級通訳練習(小段落の訳):

A. 日中通訳

テープをかけて、次の各段落を中国語に訳してみてください。ピッピッという音は区切り音で、ピーという音は終了音です。(注：区切り音を「/」で、終了音を「//」で表示します。)

1. スーパーやコンビニで無料で配布されているレジ袋を有料化する方針が検討されています。/レジ袋の有料化は、消費者自身が社会システムを支え、環境問題に参加、実践する意識を育てる大きな起爆剤になり、ゴミの発生抑制を前提とした社会を実現するチャンスにもなります。// (125文字)

2. オゾン層とは地表の上空にあるオゾン量の多い大気層のことです。/オゾン層には生物に有害な紫外線を吸収する役割があります。/でも、フロンガスなどの破壊物質によって、オゾン分子が破壊されました。/南極大陸上空で1980年代初め頃から毎年9〜11月にオゾンホールが発生しています。/オゾンの減少により紫外線が増え、皮膚がんの増加などの悪影響が懸念されています。// (172文字)

3. 黒潮は台湾付近から日本に流れる暖流です。/幅約100キロ、秒速約1メートルで、世界でも有数の強い海流です。/現在のまま、温室効果ガスの排出が続くと、今世紀末には温暖化によ

って黒潮の流れが現在より約30％も速くなり、海水温も最大で約3度上昇すると予測されました。／流れの変化は黒潮にのって成長するサンマなどの水産資源や気候に影響を与える可能性があります。∥(173文字)

4. 海岸を汚す大量のプラスチックゴミの被害が深刻になっています。／野生生物への影響も大きいです。／日本の沿岸には約10万トンの漂着ゴミがあるとみられ、その大半がプラスチック類です。／海のゴミ問題に世界規模で取り組むため、国際海岸クリーンアップキャンペーンが1986年から展開されています。／2003年は91ヵ国の45万人が参加しました。／ゴミが原因で海鳥やアザラシ、ウミガメなどが死亡または負傷した報告は237件にのぼりました。∥(207文字)

5. 先進39ヵ国・地域に二酸化炭素(CO_2)など温室効果ガス排出の削減を義務付ける京都議定書は1997年採択されました。／2005年2月、発効しました。／具体的には、2008年～2012年の平均排出量を1990年に比べ、欧州連合(EU)は8％、米国は7％、日本は6％削減するよう定めます。／中国、インドなど途上国に削減義務はありません。／世界最大の排出国である米国は2001年、削減義務化による経済への影響や温暖化メカニズム

の「科学的不確実性」を理由に、議定書からの離脱を表明しました。//（237文字）

6. 景色の美しい場所、珍しい特徴のある地形、絶滅しそうな動物が住む土地などのうち、国連の教育科学文化機関（ユネスコ）が「人類の資産として世界中に知ってもらい、守っていく必要がある」と認定したものが「世界自然遺産」です。/世界自然遺産に選ばれると、その自然をずっと守ると国が約束する必要があります。/地元にとっては観光客が増えることが期待できますが、保護のためにユネスコから特別な補助金が出るわけではありません。/その自然が壊されると、「危機遺産」に指定され、ユネスコなどが保護に乗り出します。/「観光」と「環境保護」のジレンマをどのように解決していくか、知恵の絞りどころです。//（282文字）

B. 中日通訳

テープをかけて、次の各段落を日本語に訳してみてください。ピッピッという音は区切り音で、ピーという音は終了音です。（注：区切り音を「/」で、終了音を「//」で表示します。）

1. 作为会议的课题,将强调运用现有技术、加大节能以及普及太阳

光、风力等可再生能源的重要性。/在开发氢燃料电池等新一代能源技术方面,也正加紧开展国际合作。//(73 文字)

2. 蒙古作为一个美丽的"草原国家"而闻名。/在这片草原上垃圾问题正变得严重起来。/山谷里埋着废弃物,因而有可能造成土壤污染。/草原这种世界上珍贵的自然资源正面临沙漠化的危机。//(85 文字)

3. 中国确定了全面建设小康社会的目标,计划到 2020 年,国内生产总值要比 2000 年翻两番,达到 4 万亿美元,可持续发展能力显著增强,环境质量得到改善。/为实现此目标,中国政府提出了树立和落实以人为本,全面、协调、可持续的科学发展观,要求经济、社会、环境均衡发展,人与自然和谐发展。//(130 文字)

4. 燃料电池车是依靠氢和氧的化学反应发电产生的电力能源转动马达行驶的汽车。/这种车排出的只有水,不同于耗费汽油和柴油的汽车,它并不排放有害气体。/虽然包括本田在内的世界主要汽车制造商通过租赁销售等方式推进其实用化,但由于一辆

燃料电池车售价达 1 亿多日元，所以降低其价格已成为一个课题。/确保燃料电池车的供氢系统是普及的关键所在。//（161文字）

5. 地球因为从太阳那里得到能源而变得温暖。/变暖的地表将热量释放到大气中。/吸收了这些热量，并又再将其释放到地表的就是温室气体。/现在地球的平均气温约 15 度，但要是没有温室气体的话，地球温度会降至近零下 20 度。/温室气体起到了让地球保温的作用。/但燃油、烧煤等人类活动导致二氧化碳的排放量增多，这一平衡被打破，地球的温度开始不断上升。//（165 文字）

6. 在全面建设小康社会的过程中，由于进一步扩大经济规模，推进工业化，调整消费结构，加快城市化步伐，资源供求的矛盾和环境的压力将增大。/建设节约型社会是缓解资源供求矛盾的根本出路，是贯彻科学发展观，走新型工业化道路的必然要求，是经济保持稳定和相对快速发展，全面建设小康社会的需要，是保障经济安全和国家安全的重要措施。/我们要认识到在新形势

下建设节约型社会的重要性、紧迫性,具有历史责任感和使命感,大力建设节约型社会。//（204文字）

セクション5　通訳の注意点：

1. 「地球温暖化」をそのまま訳したら、中国の聴衆は一瞬その表現の意味を理解できなくなるかもしれません。やはり「地球变暖」或いは「地球升温」と訳したほうが理解されやすいです。
2. 「過剰」は簡単に言えば、多すぎることです。直接に「过剩」と訳してもかまいませんが、「必要な量や程度を超える」という意味をつかむのは訳の鍵です。
   例えば、
人口過剰	人口过剩
自己意識過剰	自我意识过高
過剰生産	过度生产
過剰避難	过度避难
過剰防衛	防卫过当
過剰流動性	流动性过剩
自信過剰	过于自信
過剰アピール	过度宣传、过于宣传
供給過剰	供应过剩
過剰反応	反应过度　　等々
3. 「消費」は費やしてなくすること。動詞の場合は、「消耗、耗费」と、名詞の場合は、そのまま「消费」と訳していいです。

例えば、
電力を消費する　　　　　　消耗电力
エネルギーを消費する　　　消耗能源
消費者　　　　　　　　　　消费者
消費税　　　　　　　　　　消费税
消費都市　　　　　　　　　消费型城市　　等々

　　また、日本語の中で「消耗」という言い方もあります。これはよく体力・気力などを使い果たすことを指します。

4. 「リサイクル」という言葉は英語から来た外来語です。資源の節約や環境汚染防止などのために、不用品・廃棄物などを再生利用することを指します。日本語の「回収」と違って、廃棄物などを一度回収して、再利用することがキーポイントです。そのため、「回収」と訳すだけでは、意味が不十分です。「回収再利用」、「再生」と訳すのは普通です。本文で紹介されたもの以外、
建設資材リサイクル　　　　　建筑材料的回收再利用
食品リサイクル　　　　　　　食品的回收再利用
リサイクル書店　　　　　　　新型旧书店
ゴミのリサイクル　　　　　　垃圾的回收利用
汚水リサイクルプロジェクト　污水回收工程
などの言い方があります。

5. 「メカニズム」は簡単に言うと、「仕掛け、仕組み」という意味です。一般的に「机制」と訳します。
例えば、
補償メカニズム　　　　　　　补偿机制
経営メカニズム　　　　　　　经营机制
投資の自由化のメカニズム　　投资自由化机制
価格形成メカニズム　　　　　价格形成机制
評価メカニズム　　　　　　　评价机制
長期的な平和メカニズム　　　长期的和平机制

第四課

産業メカニズム	产业机制
協力メカニズム	合作机制
市場メカニズム	市场机制
国際的な核不拡散メカニズム	国际核不扩散机制　等々

6.「エコ」(eco)は環境、生態(学)の意です。具体的に「エコシステム(生態系)」、「エコロジー」などを指します。本来は「エコロジー」は生物とその環境を総合的に生態系として研究する学問で、「生態学」と訳す英語ですが、「環境を考えた暮らしのあり方」の考え方・思想として使われています。紹介された「エコ商品」、「エコツアー」以外、

エコサイド	生态破坏、环境破坏
エコシステム	生态系统
エコシティー	环保城市
エコマテリアル	环保材料
エコビジネス	环保产业
エコデザイン	环保型设计
エコラベル	环保标志
エコ・コンシャス	环保意识
エコセメント	环保水泥
エコカー	环保型汽车
エコステーション	（充电、天然气、甲醇等）环保燃料供应站
エコドライブ	环保驾驶(如经常利用空挡滑行等)
エコバンク	环保银行
エコホテル	环保型饭店
エコマーケティング	支持企业保护地球生态环境而采取的一系列市场行为
	等々

7.「グリーン」は英語の外来語です。「グリーン電力」の中の「グリーン」は色を指すではなく、「環境に優しい」、「環境保全を意

識する」という意味です。同じ使い方は下記の通りです。

グリーン購入	企业或团体带头购买环保型产品
グリーンコンシューマー	具有环保意识的消费者
グリーンパワー	绿色能源
グリーンマーケティング	支持企业保护地球生态环境而采取的一系列市场行为(エコマーケティングと同じ意味)
グリーンピース	绿色环保组织　等々

8. 「无氟冰箱」を日本語で「ノンフロン冷蔵庫」と言います。「ノンフロン」の「ノン」は接頭語で、「無」、「非」の意味です。例えば、

ノンフィクション	非小说类写实文学。如传记、报告文学等
ノンスーツ	假日便装
ノンストップ	直达、中途不停靠
ノンセクション	不分部门、不分领域
ノンセクト	无党派
ノンセンス	一派胡言
ノンプロ	非职业、业余选手
ノンアルコール	不含酒精
ノンバンク	非银行金融机构　等々

9. 「环境保护」を日本語に訳す場合、「環境保護」と「環境保全」という二つの言い方があります。両方ともできると思いますが、微妙なニュアンスがあります。「環境保護」は環境問題に気をつけて守るということを言いますが、「環境保全」は環境を守る上に、安全上のことも考えに入れていることを強調します。

10. 「深刻」について、中国語と日本語の表記形式が同じですが、意味がまったく違います。このような言葉を同形異義語と言います。そして、中日両言語には同じような語の存在は少なく

ありません。
例えば、

日本語	中国語の意味	日本語の意味
怪我	怪我	思いがけず傷つく、負傷
手紙	手紙	用事などを記して、他人に送る文書、書簡、書状
約束	约束	契約、約定
覚悟	觉悟	知ること
大丈夫	大丈夫	しっかりしているさま、ごく堅固なさま
妻子	妻子	妻と子
東西	东西、物品	東と西、東洋と西洋
野菜	野菜	蔬菜
勉強	勉强	学問や技術を学ぶこと
検討	检讨	調べたずねること
顔色	颜色	顔の色
批評	批评	評価し論ずること
心中	心中	相愛の男女が一緒に自殺すること
大家	大家	富んだ家／貸家の持主
地道	地道	着実な態度、真面目なこと
事情	事情	物事がある状態になった、細かな様子・次第
裁判	裁判	正邪・曲直を判定すること　等々

11. 「取り組む」は「真剣に事をする」という意です。「～に取り組む」という表現は普通「致力于～」と訳します。
12. 「導入」は「導き入れること。取り入れて役立てること。」を意味します。そのまま「导入」と訳してはおかしいです。「引进、引入、吸引」と訳すのが適切な言い方です。
    例えば、
    新しい機械を導入する　　　引进新设备

新技術を市場に導入する　　　将新技术引入市场
　　　外資導入　　　　　　　　　　吸引外资　　　等々
13. 「～で一致する」という言い方は通常「就～达成一致」と訳します。
14. 「翻両番」、「翻一番」という表現はよく中国の政府活動報告に登場する言葉です。「翻一番」、「翻両番」はそれぞれ「2倍増」、「4倍」という意味です。
15. 「高投入、高消耗、高污染」をもし「高い投入、高いエネルギー消費、高い汚染」と訳したら、ややこしいでしょう。これより接頭語「高」を前に置いたら、一目瞭然の代わりに、「一聞き明瞭」なのではないでしょうか。これは漢語の表現と似ているところがあるから、実に便利な訳し方です。
　　　例えば、
　　　高収入、高学歴、高身長、高発病、高消費、高速度、高周波、高精度、高密度、高感度、高震度、高気圧、高強度、高レベル　　　等々

セクション6　知識の泉：

A. 今日の話題——通訳のプロセス

　　口译是一种即席性很强的语言符号转换活动（母语—外语，外语—母语），译员一般是在无具体准备的情况下即刻投入双语转码的作业，因此，其不可预测性程度很高，而译员又必须始终保持清醒的头脑。口译过程虽然很短，但却主要由三个部分组成：
　　1. 接收与理解。
　　指的是要求译员做到如下几点：
　　1) 具备良好的听力和理解力；
　　2) 熟悉和听懂讲话者的语言；
　　3) 熟悉和了解讲话者国家的文化背景知识；
　　4) 熟悉和精通讲话者所在国的语言表达特点并有很强的语感；
　　5) 具有很强的大脑记忆能力和笔记能力；

6) 具有广博的知识和较高的文化修养。

2. 语义和结构的转换

指的是译员在听到讲话者的发言之后，即刻在理解的基础上将来源语的信息转换成目的语的表达形式。这种转换不是字对字、词对词或句对句的机械转换，而是将来源语的意思按目的语的习惯表达形式重新组合，用尽量简洁的方式进行表达。这是因为口译的最终目的是让听讲者能准确地了解讲话者所要表达的意思。

3. 表达

不仅仅指单纯的双语转码表达过程，还包括在准确、完整的基础上，进行自然、流畅的表达。这种流畅的表达要求口译者好像是一个训练有素的演说家在演说一样。

B. 日本語の豆知識——「気」に関する慣用句

1. 気が合う
   感じ方や考え方が似通っていて、親しみがもてる。
   合得来，意气相投。
2. 気が改まる
   気分が新しくなる。慣れてだれた気持ちがひきしまる。
   容光焕发，焕然一新。
3. 気が多い
   あれこれと気をひかれるものが多い。
   见异思迁，三心二意。
4. 気が大きい↔気が小さい
   ささいな事は問題にせず、心がゆったりしている。↔ささいな事を気にする性質である。小心である。
   宽宏大量，豁达大度。↔肚量小，小心眼。
5. 気が重い↔気が軽い
   悪い結果が予想されたり、負担に感じられたりして、気が晴れない。↔そのことが負担に感じられず、気持が晴れ晴れとし

ている。
心情沉重,闷闷不乐。↔心情舒畅,快活。

6. 気が利く
その場に応じた適切な判断が素早くできる。心が行き届く。
机灵。

7. 気が気でない
気にかかって落ち着いていられない。
着急,坐立不安。

8. 気が知れない
その人の気持ちが理解できない。
难以捉摸,摸不透心思。

9. 気が進まない
そうしようという気にならない。気乗りがしない。
不想做,不乐意干。

10. 気が済む
気がかりがなくなり落ち着く。気持ちがおさまる。
心满意足。

11. 気が立つ
不満があっていらいらする。
激动,激愤。

12. 気が散る
気持ちが一つのことに集中できない。散漫になる。
精力分散,走神。

13. 気が付く
そのことに考えが及ぶ。気づく。
細かなところまで配慮が行き届く。よく気がまわる。
ぼんやりした状態、意識を失った状態から正気に返る。
意识到,注意到。
仔细,细心。
恢复神志,苏醒。

第四課

14. 気が強い↔気が弱い
    自分の気持ちを主張して曲げない性格である。
    生性好强,倔强。↔胆怯,懦弱。
15. 気が咎める
    自分の気持ちにやましさを感じる。気が差す。
    内疚,自责,于心不安。
16. 気が長い↔気が短い
    あせらず、ゆったりとしている。悠長である。↔せっかちである。短気である。
    有耐性。↔急性子。
17. 気が乗る
    ある物事に対して興味や関心がわき、積極的になる。乗り気になる。
    感兴趣,有兴致。
18. 気が張る
    気持ちを引きしめていなければならない状態である。緊張している。
    紧张,兴奋。
19. 気が晴れる
    明るくさわやかな気持ちになる。
    无忧无虑,心情舒畅。
20. 気が若い
    年齢のわりに考え方が前向きで若々しい。
    人老心不老。

第五課
ディスカバリー
（科学技術篇）

セクション1　基本語彙：

このセクションにはA、B、C、D、Eの五つの部分があります。テープについて、科学技術に関する基本的語彙を読んでください。そして、横の線に日本語か、中国語の意味を書いてみてください。

A. 医学・バイオテクノロジーに関する用語：

日本語	中国語
1. クローン技術	_____
2. クローン動物	_____
3. 品種改良	_____
4. 遺伝子導入	_____
5. バイオ食品	_____
6. バイオ医薬品	_____
7. 突然変異	_____
8. DNA鑑定	_____
9. 拒絶反応	_____
10. 生物時計	_____
11. ワクチン	_____
12. 再生医学	_____
13. アレルギー	_____

14. タンパク質

15. 新型インフルエンザ

中国語	日本語
1. DNA 转基因技术	
2. 糖尿病	
3. 帕金森病	
4. 胰岛素	
5. 荷尔蒙	
6. 预防接种	
7. 体检	
8. 短期综合体检(1)	
9. 早发现，早治疗	
10. 后遗症	
11. 自我免疫	
12. 长寿基因	
13. 心脏移植	
14. 人造器官	
15. 远程医疗	

B. パソコン・インターネットに関する用語：

日本語	中国語
1. ブロードバンド	
2. ドメイン	
3. アンチ(2)ウイルス	
4. ハードウェア	
5. ソフトウエア	

6. ウィンドウズ
7. データベース
8. IP電話
9. 電子署名
10. マルチメディア
11. 仮想メモリ
12. チップ
13. ネチズン(3)
14. バージョンアップ(4)
15. ハッカー

中国語	日本語
1. 密码	
2. 下载	
3. 主页	
4. 聊天	
5. 笔记本电脑	
6. 信息化社会	
7. 浏览器	
8. 联机	
9. 上网	
10. 备份	
11. 杀毒	
12. 终端	
13. 防火墙	
14. 电子书籍	

15. 退出　　　　　　　　　　＿＿＿＿＿＿＿

C. 航空・宇宙開発に関する用語：

　　　日本語　　　　　　　　　　中国語
1. 宇宙開発体制　　　　　　＿＿＿＿＿＿＿
2. スペースシャトル　　　　＿＿＿＿＿＿＿
3. 打ち上げ　　　　　　　　＿＿＿＿＿＿＿
4. 帰還　　　　　　　　　　＿＿＿＿＿＿＿
5. 離陸　　　　　　　　　　＿＿＿＿＿＿＿
6. 着陸　　　　　　　　　　＿＿＿＿＿＿＿
7. エアバス　　　　　　　　＿＿＿＿＿＿＿
8. ジェット旅客機　　　　　＿＿＿＿＿＿＿
9. 宇宙飛行士　　　　　　　＿＿＿＿＿＿＿
10. 宇宙遊泳(5)　　　　　　＿＿＿＿＿＿＿
11. 惑星(6)探索　　　　　　＿＿＿＿＿＿＿
12. 大気圏　　　　　　　　　＿＿＿＿＿＿＿
13. 月面着陸船　　　　　　　＿＿＿＿＿＿＿
14. 月着陸計画　　　　　　　＿＿＿＿＿＿＿
15. 三段式ロケット　　　　　＿＿＿＿＿＿＿

　　　中国語　　　　　　　　　　日本語
1. 航天服　　　　　　　　　＿＿＿＿＿＿＿
2. 太空观光　　　　　　　　＿＿＿＿＿＿＿
3. 国际宇宙空间站　　　　　＿＿＿＿＿＿＿
4. 宇宙机器人　　　　　　　＿＿＿＿＿＿＿
5. 人造卫星　　　　　　　　＿＿＿＿＿＿＿
6. 卫星通信　　　　　　　　＿＿＿＿＿＿＿

7. 探察金星　　　　　　　＿＿＿＿＿＿＿＿
8. 超音速引擎　　　　　　＿＿＿＿＿＿＿＿
9. 无人驾驶探察机　　　　＿＿＿＿＿＿＿＿
10. 一次性火箭　　　　　　＿＿＿＿＿＿＿＿
11. 长征系列火箭　　　　　＿＿＿＿＿＿＿＿
12. 航测遥感　　　　　　　＿＿＿＿＿＿＿＿
13. 远距离操纵／遥控　　　＿＿＿＿＿＿＿＿
14. 直升飞机　　　　　　　＿＿＿＿＿＿＿＿
15. 黑匣子　　　　　　　　＿＿＿＿＿＿＿＿

D. エレクトロニクス・電子技術に関する用語：

　　　　日本語　　　　　　　中国語
1. インバーター・エアコン　　　＿＿＿＿＿＿＿＿
2. 液晶ディスプレー　　　　　　＿＿＿＿＿＿＿＿
3. オートマチック車（AT 車）　＿＿＿＿＿＿＿＿
4. 音声多重テレビ　　　　　　　＿＿＿＿＿＿＿＿
5. ケーブルテレビ　　　　　　　＿＿＿＿＿＿＿＿
6. プラズマテレビ　　　　　　　＿＿＿＿＿＿＿＿
7. カーナビゲーション（カーナビ）　＿＿＿＿＿＿＿＿
8. カメラ付き(7)携帯　　　　　　＿＿＿＿＿＿＿＿
9. 光ファイバー　　　　　　　　＿＿＿＿＿＿＿＿
10. 無線 LAN　　　　　　　　　　＿＿＿＿＿＿＿＿
11. ブラウン管　　　　　　　　　＿＿＿＿＿＿＿＿
12. ホームシアター　　　　　　　＿＿＿＿＿＿＿＿
13. サラウンド　　　　　　　　　＿＿＿＿＿＿＿＿
14. ハイ(8)ビジョン　　　　　　　＿＿＿＿＿＿＿＿

15. フラッシュメモリー _____

中国語	日本語
1. 数码家电	_____
2. 数码播映	_____
3. 投影仪	_____
4. 生物芯片	_____
5. 内部对讲机	_____
6. 集成块	_____
7. 镭射	_____
8. 超(9)大规模集成电路	_____
9. 薄型电视机	_____
10. 液晶电视机	_____
11. 电磁波	_____
12. 天线	_____
13. 新一代DVD	_____
14. 半导体	_____
15. 晶体管	_____

E. **相関機関と固有名称：**

日本語	中国語
1. サイエンス	_____
2. 米国航空宇宙局（NASA）	_____
3. シリコンバレー	_____
4. ディスカバリー	_____
5. コロンビア号	_____
6. アポロ計画	_____

7. ハッブル宇宙望遠鏡　　　　＿＿＿＿＿＿＿
8. 国際学術連合会議(ICSU)　＿＿＿＿＿＿＿
9. パラダイム　　　　　　　　＿＿＿＿＿＿＿
10. ノーベル賞　　　　　　　　＿＿＿＿＿＿＿
11. アインシュタイン　　　　　＿＿＿＿＿＿＿
12. 進化論　　　　　　　　　　＿＿＿＿＿＿＿
13. ハイテク　　　　　　　　　＿＿＿＿＿＿＿
14. 産業革命　　　　　　　　　＿＿＿＿＿＿＿
15. IT革命　　　　　　　　　　＿＿＿＿＿＿＿

セクション2　背景知識：

A. バイオテクノロジーを紹介する日本語の背景知識を読んでください。

　バイオテクノロジーとは、生物技術という言葉通り、生物の持っている機能を上手に利用する技術です。遺伝子組み換え技術も広い意味でその中の一つです。

　遺伝子は、生物すべての細胞の中に入っています。例えば、人の体は60兆個を超える細胞からできていますが、その細胞の一つ一つの核の中に染色体が存在しています。この染色体に親から子へと受け継がれていく遺伝をつかさどるDNAという物質が含まれているのです。DNAの中で、遺伝のための役割を実際に果たしているものだけを遺伝子と呼んでいます。このように、DNAは「命の設計図」として働きます。生物によって、細胞の数や遺伝子の量、並び方こそ違いますが、DNAの構造や遺伝情報の暗号化と解読の仕組みなどは、地球上に住むすべての生物に共通しています。

　私たちの食卓に並ぶ魚や肉、野菜などの細胞の中にも、遺伝子は入っています。いったんそれを口に入れると、遺伝子組み換え食品

第五課

でも遺伝子組み換えでない食品でも、遺伝子が作ったタンパク質は消化酵素によって分解されます。また、遺伝子そのものもタンパク質とともに分解されます。

　遺伝子組み換え技術とは、ある生物が持つ有用な遺伝子を、他の生物のDNA配列の中に組み入れて、新たな性質を加える技術です。農業面においては、品種の改良のために使われます。別の生物が品種改良のために役立つ遺伝子を持っている場合、その遺伝子だけを取り出してきて、品種改良したい作物に加えるのです。

　このように「よりすぐれた農作物を作りたい」とする目的は、これまで行われてきた交配などの品種改良技術と同じです。違うのは、必要とする遺伝子だけを農作物に組み入れることができることで、この点から言えば交配などの品種改良よりも効率がよいと言えます。

　遺伝子組み換え技術を用いれば、ある生物が持つ遺伝子のうち有用な部分だけを付け加えることができるため、早く、しかも確実にゴールにたどり着きます。ゴールデン・ライスのように、種にとらわれずに有用な遺伝子が利用できるため、これまでの品種改良では不可能だった新しい品種を開発することも可能となります。

　この遺伝子組み換え農作物を使った食品が、現在世界各国に流通しています。遺伝子組み換え食品は果たして安全なのでしょうか。これは我々が遺伝子組み換え食品に対して抱いている懸念です。この問題を理解するには、まず食品の「安全性」という概念について語らなければなりません。「経済協力開発機構」は1991年に安全な食物についての定義を「予期され得る条件の下で食した場合に有害でないと論理的に認められるなら、その食品は安全だと見なされる」としました。どのように遺伝子組み換え食物の安全性を評価するかについては、国際的に広く受け入れられ、用いられている「実質的同等」という原則があります。この原則は、遺伝子組み換え食品の安全性を評価する目的は食品の絶対的安全性を

知ることではなく、遺伝子組み換えではない同種の食品と比較した場合の相対的安全性を評価することであると強調しています。評価の際には「個別分析」を重視し、遺伝子組み換え食品について十把一絡げに論じることはしていません。「実質的同等」の原則に基づき、「個別分析」を行えば、現在商品化のために生産が認可されている遺伝子組み換え食品はすべて安全なものであるという結論を導き出すことは難しくありません。

B. 中国の宇宙開発分野における現状を紹介する中国語の文章を読んでください。また、読んだ後、Aの内容を参考に、下記の質問について考えてください。できるだけ自分の表現で答えてみてください。

　　许多航天工作者认为,在载人航天的成功面前,应当看到存在的差距与不足。
　　一方面,在载人航天领域,美国、俄罗斯领先多年,如今已在进行星际探测。航天技术吸引了越来越多的国家、跨国公司和非政府组织参与,一些私营企业也在实施载人航天计划,并研制出了样机,计划在近年内将飞船送上太空。另一方面,世界科技发展突飞猛进,我国的科技水平尽管有所提高,但在一些核心技术上仍然受制于人,和印度、巴西等国一起被列入"科学边缘国家",在"科学核心国"、"科学强国"、"科学大国"、"科学边缘国家"和"科学不发达国家"五个层次中位居第四。
　　"我国的差距主要是科技创新能力不足,投入总量不够,缺乏一批具有世界影响的大师级科学家。"中国科学院一位专家表示,和美、俄相比,我国航天产业虽然在卫星回收技术、航天测控等局部水平上处于世界前列,但总体水平差距较大。
　　中国空间技术研究院的一位工作人员表示:"我们还不能骄傲。一个很大的问题,是载人航天的许多技术突破如何尽快转化为生产力,实现对技术的牵引和对国民经济的带动作用。这些技术要尽快推广。"

国家自然科学基金支持的一项研究表明，我国虽然初步形成了较为完整的航空航天工业体系，但资源转化能力、市场化能力和产业技术能力仍然较弱，总体竞争实力不强，难以全面参与国际竞争。

资金渠道单一、管理体制条块分割等问题仍然制约着我国航天事业的进一步发展。空间专家闵桂荣院士认为，多年来我国比较重视航天技术的发展，却忽视了卫星应用产业的配套发展。他建议将卫星应用产业的发展列入国民经济和信息化总体战略，统一制定中长期天地一体化发展战略，建立长期稳定运行的空间基础设施，制定政策，鼓励民间企业积极投资卫星应用产业，同时加紧先进技术的研发工作。

早在20世纪80年代末，钱学森就提出了发展"航天飞机"的战略设想。"高技术航天领域的跟踪……要把眼光放远一点，看到21世纪中叶去……这样到下个世纪中叶，我们在航天飞机技术的某些方面，也许能达到世界先进水平，也就有资格加入到国际合作了。"

老一辈科学家的重托和期望，在今天已经实现了第一步。我国下一步还将实现航天员出舱活动，完成空间飞行器的交会对接，并根据需要建造空间站。

面对激烈的航天竞争态势，中国科学院穆荣平等专家建议，作为一种战略产业，我国航天器制造业需要国家明确的总体发展战略的指导，需要明确的国际合作战略和高效、精干的科研体系支撑，需要杰出人才和优秀团队。

質問：
1. 身の回りに遺伝子組み換え食品がありますか。食べたことはありますか。安心して食べられますか。
2. 技術の発達につれ、人間は神様のように遺伝子が操作できるようになりました。実際人間は大昔から生物を利用して物を作ってきました。簡単にいくつか挙げてみてください。
3. 中国では「神舟5号」、「神舟6号」宇宙船の打ち上げに成功しました。宇宙開発分野における画期的な一歩を踏み出しまし

た。三人の宇宙飛行士の名前を覚えていますか。そして、宇宙飛行士になることを夢見たことがありますか。
4. 子供の頃、空に憧れたことがある子が少なくないでしょう。あなたはパイロット或いはスチュワーデスに憧れたことがありますか。
5. UFOを自分の目で見たことがありますか。『スターウォーズ(Star Wars)』などのSF映画を見たことがあるでしょう。この世の中に宇宙人が本当に存在しているのでしょうか。

セクション3　初級通訳練習(文の訳):

A. 日中通訳

　テープをかけて、聞き取った文を繰り返してみてください。それから、中国語に訳してみてください。そして、❀の数が増えるにつれて、文が長くなり、難しさも増します。

例:

　　❀鳥インフルエンザウイルスは変異しやすいです。(22文字)
　　(参考訳文)禽流感病毒容易变异。
　　説明:❀が一つある場合、語彙か文は短くて、簡単です。聞きながら、メモを取る必要はありません。訳す時、基本的な意味を理解すれば十分です。ある意味ではエキジビションゲームです。

　　❀❀DNAの中で、遺伝のための役割を実際に果たしているものだけを遺伝子と呼んでいます。(38文字)
　　(参考訳文)我们把DNA中实际起到遗传作用的物质才称为基因。
　　説明:❀が二つある場合、文は長くなり、少々難しくなります。必要によって、メモを取ることができます。訳す時、基本的な意味を理解・把握する上に、語の選びや語順の並べ方を考える必要があります。

❀❀❀ 遺伝子組み換え技術とは、ある生物が持つ有用な遺伝子を、他の生物のDNA配列の中に組み入れて、新たな性質を加える技術です。(57文字)
(参考訳文) 转基因技术是指将某一生物中的有用基因转移到其他生物的DNA排列中,使其具有新特征的一种技术。
説明：❀が三つある場合、文は最も長く、難しいです。新しい単語も含まれています。文を聞き取るには、メモを取る必要があります。訳す時、文の意味を十分に理解・把握する上に、訳文の簡潔さや意味の伝達度なども考えてもらいたいです。

以上の説明に基づき、実践練習に入りましょう。各レベルの文はそれぞれ六つあります。

❀ 1. 嗅覚は五感の中でも特別な感覚です。(17文字)

❀ 2. 人間でも約4万種のにおいをかぎ分けられます。(22文字)

❀ 3. 生体認証は体の特徴で識別する認証技術です。(21文字)

❀ 4. カルシウムは丈夫な骨と歯を作るために必要なものです。(26文字)

❀ 5. ユビキタス社会(10)への潮流は、時代の必然なのです。(23文字)

❀ 6. 生まれたばかりの赤ちゃんは一日16時間以上も眠ります。(27文字)

❀❀ 7. 日本脳炎はインフルエンザや新型肺炎と違い、人から人にも感染しません。(34文字)

❀❀ 8. 高血圧は放置すると、心筋梗塞や脳梗塞などの病気につながります。(31文字)

❀❀ 9. 大気は磁場の壁に守られており、大気圏の外に大気が出ることはありません。(35文字)

❀❀ 10. 電子マネーはかざすだけで通れるため、改札口の混雑を緩和できるのが決め手です。(38文字)

❀❀ 11. 現在のコンピューター技術なら数十億年かかる計算が、秒単位でできる場合もあります。(40文字)

❀❀ 12. クローン動物は1996年のクローン羊「ドリー」以来、牛やハツカネズミ、猫などで作られています。(47文字)

第五課

✪✪✪ 13. イカ墨にはアミノ酸が大量に含まれ、甘みやうまみがあるのに対し、タコ墨には味があまりありません。(47文字)

✪✪✪ 14. H5N1型の致死率は50％ですが、人には感染しにくく、人から人への感染例もほとんどありません。(44文字)

✪✪✪ 15. コンビニエンスストアなどで、電子マネーの入ったICカードを使って支払いを済ませる人が増えています。(48文字)

✪✪✪ 16. 味覚障害はお年寄りに多く、患者の大幅増は高齢化が進んだ影響が大きいと見られます。(40文字)

✪✪✪ 17. 植物の呼吸や水分の蒸散に使われる「気孔」は直径数マイクロメートルの穴で、葉の裏側などに無数にあります。(51文字)

❂❂❂ 18. 鳥インフルエンザウイルスは変異しやすく、鳥から鳥、鳥から人へと感染が繰り返されるうちに、人から人への伝播力の高いウイルスが現れ、新型ウイルスとして大流行する恐れがあります。(86文字)

B. 中日通訳(星数えの通訳トレーニング)
　テープをかけて、聞き取った文を日本語に訳してみてください。文型の選択及び語感による差異から、同じ文には違う訳文が二つあります。自分が訳した文をこれらと比較してみて、どれが最も適切な訳なのかと考えてください。

例：

　❂ 禽流感病毒容易变异。(10文字)
　(参考訳文) 鳥インフルエンザウイルスは変異しやすいです。
　鳥インフルエンザウイルスは変わりやすいです。
　説明：❂が一つある場合、語彙か文は短くて、簡単です。聞きながら、メモを取る必要はありません。訳す時、基本的な意味を理解すれば十分です。ある意味では❂はエキジビションゲームです。

　❂❂ 我们把DNA中实际起到遗传作用的物质才称为基因。(22文字)
　(参考訳文) DNAの中で、遺伝のための役割を実際に果たしているものだけを遺伝子と呼んでいます。
　DNAの中で、実際に遺伝の働きを果たしている物質だけは遺伝子と呼ばれています。
　説明：❂❂の場合、文は長くなり、少々難しくなります。必要によって、メモを取ることができます。訳す時、基本

的な意味を理解・把握する上に、語の選びや語順の並べ方を考える必要があります。

✿✿✿ 转基因技术是指将某一生物中的有用基因转移到其他生物的DNA排列中,使其具有新特征的一种技术。(44文字)

(参考訳文)遺伝子組み換え技術とは、ある生物が持つ有用な遺伝子を、他の生物のDNA配列の中に組み入れて、新たな性質を加える技術です。

遺伝子組み換え技術とは、ある生物の持っている役立つ遺伝子を、ほかの生物のDNA配列に導入し、新しい特徴を付け加える技術です。

説明：✿が三つある場合、文は最も長く、難しいです。新しい単語も含まれています。文を聞き取るには、メモを取る必要があります。訳す時、文の意味を十分に理解・把握する上に、訳文の簡潔さや意味の伝達度なども考えてもらいたいです。

以上の説明に基づき、実践練習に入りましょう。各レベルの文はそれぞれ六つあります。

✿ 1. 味觉障碍会影响生活质量。(12文字)

✿ 2. 地球好像是一个巨大的磁石。(13文字)

✿ 3. 决定睡眠质量的是睡眠的熟睡程度。(16文字)

✿ 4. 会喷墨汁的海洋生物不光是乌贼和章鱼。(18文字)

✿ 5. 嗅觉会无意识地对感情和行动产生影响。(18 文字)

✿ 6. 为确保生物资源,正开展国家间合作。(17 文字)

✿✿ 7. 即使是同一个人,其睡眠时间也会因年龄而变化。(22 文字)

✿✿ 8. 地球一直不断地从内部产生出 40 万亿瓦的热量。(21 文字)

✿✿ 9. 鸟类同仅用肺来呼吸的爬行类和哺乳类动物有很大不同。(25 文字)

✿✿ 10. 每深 10 米,水压就会增加 1 个气压。(15 文字)

✿✿ 11. 流泪时由于副交感神经的作用,能消除人的精神紧张。(24 文字)

✿✿ 12. 一年之中都受到紫外线的照射,但 5 月到 8 月的量尤其多。(26 文字)

✿✿✿ 13. 1公斤的海水里平均约有35克的氯化钠等盐分溶解在里面。(26文字)

✿✿✿ 14. 根据浓度不同,相同化学物质的气味有时会由芳香变成难以忍受的恶臭。(32文字)

✿✿✿ 15. 迄今为止,各国的研究者们都成功地进行了羊、猫和牛等动物的无性繁殖试验。(35文字)

✿✿✿ 16. 由于上空的臭氧层遭到破坏,照射到地面的有害紫外线"UV-B"的数量增多。(33文字)

✿✿✿ 17. 地磁保护着地球不受太阳喷发出的高速质子和电子的影响(11),但19世纪以后其强度减弱了约10%。(45文字)

✿✿✿ 18. 据说利用转基因技术以植物细胞为基础制造的疫苗的安全性要比用动物细胞制造的高,也不用担心会对生态系统产生影响。(54文字)

セクション4　中級通訳練習（小段落の訳）：

A. 日中通訳

　　テープをかけて、次の各段落を中国語に訳してみてください。ピッピッという音は区切り音で、ピーという音は終了音です。（注：区切り音を「／」で、終了音を「／／」で表示します。）

1. 70年代後半には暗号化技術が登場しましたが、当時の研究者は何に応用すればいいか分かりませんでした。／ネットと電子マネーの登場で一気に応用が進みました。／／（74文字）

2. 情報産業部は今後10年から15年かけて世界の情報産業強国、即ち電信と製造面での強国を目指しています。／この構想は情報産業部の「第11次5ヵ年規画」の総合目標です。／／（80文字）

3. 抗HIV薬とはエイズウイルスが体内で増えるのを防ぎ、発病を抑える薬のことです。／ウイルスを完全に体から消すことはできません。／副作用が多い、一生飲み続ける必要があるなどの難点もあります。／値段が高く、途上国での普及が課題になっています。／／（113文字）

4. PSPは単なる携帯ゲーム機ではありません。／音楽を楽しんだり、高画質の映像を見ることもできます。／過去ウォークマンが人々の音楽ライフスタイルを変えたように、PSPは現代の若い世代の人たちのライフスタイルを大きく変えることでしょう。∥(113文字)

5. 生体認証は体の特徴で識別する認証技術です。／指紋のほか、指や手のひらの静脈、瞳の虹彩、顔など、個々人によって異なるものを利用します。／日本国内では、大手マンション開発業者が防犯対策として生体認証を共用玄関に採用し始めました。∥(110文字)

6. ソニーは世界初の商品を世に出し続けてきたことにより、その中にも変えがたいソニーのブラントを築いてきました。／現在のソニーは、電子製品だけでなく、映画・音楽・金融など幅広いビジネスを行っています。／しかし、ソニーのコア(12)ビジネス領域は何と言いましてもコンシユーマー家電製品です。∥(134文字)

B. 中日通訳

　テープをかけて、次の各段落を日本語に訳してみてください。ピッピッという音は区切り音で、ピーという音は終了音です。（注：区切り音を「／」で、終了音を「∥」で表示します。）

1. 候鸟利用地球磁场辨别方向决定前进路线。／而且地球磁场能防止太阳射出的电子和质子线,还起到保护地球上生命的屏障作用。∥(56文字)

2. 普通的计算机将有电子和无电子的状态分别设定为数字1和0后再进行计算。／而量子计算机的特征就是应用量子物理学,一个电子可同时表示0和1。∥(67文字)

3. 科学家开发出一种方法,可将数码信息记录在人的一小片指甲中。／用一根手指就能容纳相当于半张软盘的信息量。／如能将个人识别信息写入指甲里的话,就不用担心遗失和被盗。／它也许会取代银行现金卡和各种会员证。∥(96文字)

4. 过去曾出现过西班牙流感、亚洲流感、香港流感。/估计全世界有6亿人感染了西班牙流感，3 000万人死亡。/虽然现在卫生环境和医疗水平得到改善，但由于交通工具的发达及城市化、老龄化等原因，在短期内新型流感有可能会蔓延。//(103文字)

5. 这颗被发现位于太阳系以外的行星距离地球有2.2万光年。/绕着一颗重量是太阳五分之一的恒星转动。/它同恒星的距离是太阳同地球距离的2.6倍。/科学家认为这颗行星像地球一样由岩石或冰组成。/但据说表面温度为零下220度，看上去并没有生命存在的可能性。//(121文字)

6. 日本脑炎病毒能在猪和水鸟等动物体内存活，再由叮咬了这些动物的蚊子传染给人类。/人即使受到感染，引起高烧和神志不清等情况的比率是1%到1‰，大多数情况下不会出现病症。/但一旦发病，死亡率将高达20%，以东南亚为中心，世界上每年有5万名患者，1万人因此丧命。//(123文字)

セクション5　通訳の注意点：

1. 「短期综合体检」を日本語で「人間ドック」と言います。「ドック」は中国語で「船坞」と言い、艦船の建造・修理に用いる築造物です。「人間ドック」は船がドックに入るように、短期間入院して、全身の精密検査を行い、疾病の早期発見・健康指導などを行うこと、また、その施設を指します。
2. 「アンチウイルス」の「アンチ」は接頭語で、「反」、「反対」の意味です。「反～」、「抗～」と訳すのが普通です。
   例えば、

アンチハッカー	反黑客
アンチミリタリズム	反军国主义
アンチコドン	反密码
アンチテーゼ	反命题
アンチノック剤	抗爆剂、抗震剂
アンチノック性	抗爆性、抗震性
アンチトラスト法	反托拉斯法
アンチテアトル	反戏剧运动　等々

3. 「ネチズン」は「ネット・シチズン」の意です。ここの「ネット」は「インターネット」のことを指します。
   例えば、

ネット・サーフィン	网上冲浪
ネットワーク	网络
ネットワーク・コンピューター	网上邻居
ネット・カフェ	网吧
ネット恋	网恋
ネット友	网友
ネットの虫	网虫
（インター）ネット販売	网上销售

インターネットバンキング	网上银行业务
インターネット調査	网上调查
インターネット電話	网络电话
インターネットオークション	网上竞拍　等々

4. 「バージョンアップ」の「アップ」は「上へ」、「上の」の意です。訳す時、「提高」、「提升」などの意味をつかむのが鍵です。反対語は「ダウン」です。

例えば、

リズムアップ	加快节奏
イメージアップ	提升形象
スピードアップ	加速
グレードアップ	升级
ベースアップ	提高基本工资
コストアップ	提高成本
ウォームアップ	热身
パワーアップ	用力、使劲；增加、加大
ブラッシュアップ	精益求精
レベルアップ	提高水平　等々

5. 「宇宙遊泳」は文字通り、宇宙で泳ぐという意味ではなく、「スペースシャトルの船外活動」のことを指します。

6. 太陽系では、地球以外、水星(すいせい)、金星(きんせい)、火星(かせい)、木星(もくせい)、土星(どせい)、天王星(てんおうせい)、海王星(かいおうせい)、などの惑星があります。

7. 「カメラ付き携帯」の「付き」は接尾語で、上の語の表わすものが附属している意を示します。中国語で「带」、「附带」などと訳します。

例えば、

風呂付きの部屋	带浴室的房间
条件付き	附带条件　等々

8. 「ハイビジョン」の「ハイ」は接頭語のような使い方で、程度の大

きいさまを表わします。
例えば、

ハイクラス	上流社会、上流阶层
ハイエンド	高端
ハイレベル	高水平
ハイテク	高科技
ハイグレード	高级别
ハイセンス	高品味　　　等々

9. 「超大規模集成电路」の「超」は中国語の中でも接頭語的な使い方です。日本語と同じように、程度いっぱいをさらに超える意を表します。
例えば、

超大作	超级大作
超満員	超满座
超特急	超特快
超一流	超一流
超ミニスカート	超级短裙
超うれしい	乐坏了
超愉快	极其快乐　　　等々

10. インターネットは日常生活の一部になっていて、海外の人とも交信できます。「いつでもどこでも利用できる環境になったら、もっと便利になる」との要望に応えるのが「ユビキタス社会」という考え方です。
「ユビキタス」とは「いたるところに存在する」という意味のラテン語です。現在では、「いたるところにネットワークの入り口が存在する」という意味で使われています。ユビキタス社会では、テレビや冷蔵庫、クーラーなどの家電製品のほか、自動車や自動販売機など、あらゆるものがインターネットで接続されます。現在、「ユビキタス」が「遍在」、「泛在」などと訳されますが、「泛网」という訳が一番分かりやすいのではないかと

思います。
11. 「地磁保护着地球不受太阳喷发出的高速质子和电子的影响」という文を「地磁気は、太陽から飛んでくる高速の陽子や電子から地球を守っている」と訳すのはなかなか日本語らしい訳です。「〜から〜を守る」という表現は、「不受……的影响、侵袭或伤害」などの意です。

例えば、
- 雪で鉄道交通を守ります。

使铁路交通免受下雪的影响。
- イカ、タコなどの海洋生物は外敵から身を守るために、墨を吐くことで敵の目をくらまし、その隙に逃げるのです。

为使自己不受外敌的伤害，乌贼、章鱼等海洋生物喷出墨汁来迷惑外敌的视线，趁机逃走。

12. 「コアビジネス」の「コア」は「物の中心部、中核、核心」の意です。中国語で「核心」、「关键」と言っていいです。

例えば、

コア技術	核心技术
コアシステム	核心设计法
コア分野	核心领域
コアカリキュラム	核心课程
コアグループ	核心小组
コアタイム	核心工作时间
コアメモリー	核心存储器　等々

セクション6　知識の泉：

A. 今日の話題——通訳のテクニック

如前所述，口译的形式有"同传"和"交传"两种。同传要求在接收一种语言的同时立即把其翻译成另一种语言，因此，充其量也只能保持原来的水平。相比之下，"交传"有时则可以把一篇讲话译得相

当流畅。这里就口译的一般技巧作一简述：

1. 笔记辅助法

笔记的目的在于补救记忆的不足，译员一定要养成记笔记的良好习惯。当然，译员如有过耳不忘的能力，也就无须做笔记了。因此，做笔记与否和如何做笔记是因人而异的。单就记笔记的一般方法而言，无论是什么发言，都应该从一开始就边听边记。但在任何情况下，要做到记忆为主，笔记为辅，不能因过分注重笔记而影响甚至是忽略了接收与理解。要提高记笔记的能力，可以按下列步骤进行训练，并且可以此来衡量记笔记水准的高低：

1）教师以正常发言速度朗读一段话，字数可以逐步增加；
2）将听到内容的关键字记下来；
3）根据所记笔记说出原文并录音；
4）与原文进行对照；
5）找出每一处错误和遗漏的原因；
6）总结出改进的方法。

也许此种训练方法难度较高，但通过训练可逐步做到快、准、好。另外，记笔记时字迹应当清楚，易于辨认，否则会欲速则不达。

2. 不译出、减译或压缩译法

在翻译长段讲话时，要求译员思想高度集中，并且做到高度的概括。这样在不影响意思传达的基础上，可采取不译出、减译或压缩译法，但也要防止漏译或任意省略不译的做法。

3. 加译或扩展式译法

要求译员在理解讲话者内容的基础上，根据目的语的表达方式适当地作一些补充翻译；有时可视情况，增加一些双方所认同的内容。但要切忌贸然加译，歪曲讲话者的内容。

4. 说明（注释、举例）译法

要求译员具有瞬间的应变能力，如碰到无对应词语或由于文化背景差异而无对应的表达方式时，可在口译时采取解释的方法进行具体说明。在处理一些成语或谚语、辞赋时，亦可采取这种方式。

当然，所有的技巧都必须建立在"诚实翻译"的基础上。

B. 日本語の豆知識——人体部位に関する慣用句(1)
1. 頭が上がらない
   相手に負い目があったり、権威に圧迫されたりして、対等に振る舞えない。
   (因愧疚,感激或在权势面前)抬不起头。比不上。
2. 頭を抱える
   よい考えが浮かばず、考え込む。
   抱头苦思,伤脑筋。
3. 頭を絞る
   苦心して色々考える。知恵を絞る。
   绞尽脑汁。
4. 腕が上がる
   腕前・技量が上達する。
   酒の飲める量がふえる。
   手艺提高,技术水平提高。
   酒量增加。
5. 腕を揮(ふる)う
   手腕を発揮する。腕前を十分にあらわす。
   一显身手。
6. 腕を磨く
   腕前・技量が上達するように励む。
   磨炼技术、本领。
7. 顔が利く
   よく知られていて、特別な便宜が受けられる。
   面子大。吃得开。有权势。
8. 顔が広い
   交際範囲が広い。知人が多い。
   认识的人多。交际广。各方面都有熟人。
9. 顔から火が出る

深く恥じ入って赤面する。
差得脸上火辣辣的。
10. 顔に泥を塗る
あんめ を失わせる。恥をかかせる。
脸上抹黑。丢脸。蒙受耻辱。
11. 肩の荷が下りる
責任や負担から解放されて楽な気分になる。
肩上的担子放下了，卸下重任。
12. 口が堅い↔口が軽い
秘密をむやみに口外しない性格である。あまり物を言わないたちである。
↔秘密にすべき事をとかく口外しがちな性格である。おしゃべりである。
嘴巴紧。守口如瓶。↔爱说话，嘴快。
13. 腰が低い↔腰が高い
他人に対して態度が謙虚である。↔他人に対して態度が尊大・横柄である。
平易近人，谦恭。↔狂妄，骄傲自大。
14. 手が出ない
自分の能力を超えていて、施す手だてがない。
无法对抗力量强大的对手。
15. 手に汗を握る
危ない物事や激しい争いを見てはらはらする。
捏一把汗，提心吊胆。
16. 手を尽くす
あらゆる手段を講じて努力する。
想尽办法。
17. 手を抜く
手数を省き、いい加減に事をする。手抜きをする。
马虎了事，偷工减料。

18. 喉から手が出る
    ほしくてたまらないたとえ。
    做梦都想要，垂涎三尺。
19. 歯に衣(きぬ)を着せぬ
    相手に遠慮せず、思っていることをつつみかくさずに言う。へつらわずに率直に言う。
    口没遮拦，直言不讳。
20. 目から鱗(うろこ)が落ちる
    あることをきっかけとして、急にものごとの真相や本質が分かるようになる。
    恍然大悟，茅塞顿开。

第六課
経済のグローバル化
（経済貿易篇）

セクション1　基本語彙：

このセクションにはA、B、C、D、Eの五つの部分があります。テープについて、経済貿易に関する基本的語彙を読んでください。そして、横の線に日本語か、中国語の意味を書いてみてください。

A. 中国経済・貿易に関する実用言葉：

日本語	中国語
1. 社会主義市場経済	_____
2. 企業再編	_____
3. 国営企業改革	_____
4. 外資誘致(1)	_____
5. マクロコントロール	_____
6. ウィンウィン(2)	_____
7. 市場開放	_____
8. 所得分配制度	_____
9. 経済成長方式	_____
10. 経済過熱の防止	_____
11. 東北旧工業地帯の振興	_____
12. 産業(3)構造の調整	_____
13. 資源配置の最適化	_____

14. バランスのとれた発展
15. 経済の乱高下の防止

　　　中国語　　　　　　　　　　　　日本語

1. 入世
2. 稳步发展
3. 扩大内需
4. 东西合作
5. 温饱
6. 自负盈亏
7. 私营企业
8. 住房制度改革
9. 供求平衡
10. 软着陆
11. 进口配额
12. 国际港运中心
13. 减免税制度
14. 开发商
15. 降低关税率(4)

B. 日本経済・貿易に関する実用言葉：

　　　日本語　　　　　　　　　　　　中国語

1. バブル経済崩壊
2. 日経商品指数
3. 郵政民営化
4. 景気回復
5. 対中円借款

6. 緊急経済対策 ＿＿＿＿＿＿＿
7. 経済財政白書 ＿＿＿＿＿＿＿
8. セーフティーネット ＿＿＿＿＿＿＿
9. 経済10ヵ年計画 ＿＿＿＿＿＿＿
10. ベンチャー企業 ＿＿＿＿＿＿＿
11. 円高 ＿＿＿＿＿＿＿
12. 在庫調整 ＿＿＿＿＿＿＿
13. 三つの過剰 ＿＿＿＿＿＿＿
14. 財務省 ＿＿＿＿＿＿＿
15. IT戦略会議 ＿＿＿＿＿＿＿

中国語　　　　　　　　　　日本語

1. 经济低迷 ＿＿＿＿＿＿＿
2. 公司法 ＿＿＿＿＿＿＿
3. 产业再生法 ＿＿＿＿＿＿＿
4. 破产 ＿＿＿＿＿＿＿
5. 创业者 ＿＿＿＿＿＿＿
6. 对外纯资产 ＿＿＿＿＿＿＿
7. 消费税 ＿＿＿＿＿＿＿
8. 不良债权 ＿＿＿＿＿＿＿
9. 论资排辈 ＿＿＿＿＿＿＿
10. 活力门事件 ＿＿＿＿＿＿＿
11. 保险公司不正当漏赔、拒赔问题 ＿＿＿＿＿＿＿
12. 便利店商品降价 ＿＿＿＿＿＿＿
13. 日本银行短期经济观察报告 ＿＿＿＿＿＿＿
14. 经济产业省 ＿＿＿＿＿＿＿

15. 日美放宽限制协议 _____

C. 世界経済・貿易に関する実用言葉：

日本語　　　　　　　　　　　　　　中国語

1. グローバル化 _____
2. 国際資本移動 _____
3. 非関税障壁 _____
4. 多角的貿易体制 _____
5. 貿易摩擦 _____
6. 反ダンピング _____
7. ゼロ関税 _____
8. リコール _____
9. コンテナターミナル _____
10. コンテナ取扱量 _____
11. 貨物輸出入総額 _____
12. オンライン取引 _____
13. ビジネスチャンス _____
14. 入札 _____
15. 業績 _____

中国語　　　　　　　　　　　　　　日本語

1. 销售额 _____
2. 效益 _____
3. 贸易摩擦警戒线 _____
4. 报复性关税 _____
5. 紧急进口限制措施 _____
6. 供应商 _____

7. 市場占有率
8. 貿易順差
9. 貿易逆差
10. 固定资产投资
11. 中标
12. 折旧
13. 发货
14. 房屋空置率
15. 竞争战略

D. 経営管理に関する実用言葉：

日本語　　　　　　　　　　　　中国語

1. 社外取締役
2. 執行役員制度
3. 多国籍企業(MNC)
4. 品質管理(QC)
5. 人的資源管理(HRM)
6. グローバルスタンダード
7. 自主ブランド
8. スケール経営
9. 経営不振(5)
10. 連鎖債務
11. 資産回転率
12. プレミアムセール
13. フレックス・タイム制
14. 年俸制

15. 職場定員制

中国語	日本語
1. 企业并购	
2. 首席执行官(6)	
3. 首席财务官	
4. 每周五天工作制	
5. 裁员	
6. 售后服务	
7. 旗舰店	
8. 价格垄断	
9. 独家代理	
10. 倒(7)卖	
11. 筹集资金	
12. 厂方建议零售价	
13. 批发	
14. 分红	
15. 营业执照	

E. 相関機関と固有名称：

日本語	中国語
1. 自由貿易協定(FTA)	
2. 経済連携協定(EPA)	
3. ASEAN自由貿易地域(AFTA)	
4. 国内総生産(GDP)	
5. 国民総生産(GNP)	
6. 国民一人当たり所得(GNI)	

7. 南北格差　　　　　　　　＿＿＿＿＿＿＿＿
8. 南南協力　　　　　　　　＿＿＿＿＿＿＿＿
9. 新興工業経済地域(NIES)　＿＿＿＿＿＿＿＿
10. BRICs(ブラジル、ロシア、インド、中国)

　　　　　　　　　　　　　　＿＿＿＿＿＿＿＿
11. 石油輸出国機構(OPEC)　＿＿＿＿＿＿＿＿
12. アジア太平洋経済協力会議(APEC)

　　　　　　　　　　　　　　＿＿＿＿＿＿＿＿
13. 国連開発計画(UNDP)　　＿＿＿＿＿＿＿＿
14. 企業ブランド知覚指数(PQ)＿＿＿＿＿＿＿＿
15. 企業の社会的責任/CSR　＿＿＿＿＿＿＿＿
16. 消費者物価指数(CPI)　　＿＿＿＿＿＿＿＿
17. ビル・ゲイツ　　　　　　＿＿＿＿＿＿＿＿
18. アジア経済の回復　　　　＿＿＿＿＿＿＿＿
19. 長江デルタ　　　　　　　＿＿＿＿＿＿＿＿
20. 新多角的貿易交渉(ドーハ・ラウンド)

　　　　　　　　　　　　　　＿＿＿＿＿＿＿＿

セクション2　背景知識:

A. 中国の対外貿易事情を紹介する日本語の背景知識を読んでください。

　今日、世界のいたるところで「MADE IN CHINA(メード・イン・チャイナ)」の製品を目にすることができます。関連の中国製品統計によると、100余種の製品生産量が世界一であります。全世界で販売されているカメラの50％以上、エアコンとテレビの30％、洗濯機の25％、冷蔵庫の20％近くが中国で生産されたもので

第六課

あります。

　税関の統計によると、中国はここ数年連続して、繊維製品、衣料品、靴、時計、自転車、ミシンなど労働集約型製品の最大輸出国となっています。近年、デジタルの携帯電話、CDディスプレイ、エアコン、電動工具、小型家電なども世界一で、テレビ、オートバイなどの輸出は世界二位であります。

　中国の輸出入貿易は、1978年から、年平均15％前後の伸びを示し、この伸び率は、中国の国民経済の同期における成長率を上回り、世界貿易の年平均成長率を8％以上も上回っています。1978年、中国の輸出入は世界で32番目でありましたが、2003年には、中国の輸出入総額、輸出額と輸入額はともに世界四位となり、輸出入総額は8 512億ドルに達しました。

　中国の低コスト、優れた労働力の素質という優位性が、世界各国の消費者に利益をもたらしています。中国製品は、質がよく、値段が安く、数量も多く、国際市場において長年割高であった大口商品(8)の価格が、これによって下がってきています。世界銀行の1994年の分析報告は、アメリカの消費者が、中国以外の国から同じ商品を輸入するなら、毎年支出を140億ドル増やす必要があると指摘しています。今日のように、中米貿易が倍規模で拡大しているもとでは、アメリカの消費者が節約できる支出はもっと多いです。ほかの国・地域の消費者についても同じことが言えます。

　80年代末、中国は主要な輸出を一次製品から工業完成品へと転換しました。続いて第二の転換、即ち主として半製品、低付加価値製品輸出から高度加工品、高付加価値製品の輸出への転換であります。2003年、中国の輸出商品総額に占める一次製品の比率は7.9％に下がり、工業製品の比率は92.1％に達しました。1995年から8年連続して、付加価値の高い機械、電子製品が繊維製品と衣料品にかわって、中国の上位輸出商品となりました。近年、ハイテク製品が新しい輸出の成長ポイントになっています。2003年、機械・電子製品とハイテク製品は、それぞれ輸出総額の51.9％と

25.2％を占めています。衣料、靴、玩具など伝統の大口労働集約型製品は、依然として成長を保っているものの、明らかに成長にかげりが出ています。輸入商品総額のうち、一次製品が18.8％、工業製品が81.2％を占め、国内で必要に迫られている先進技術、重要設備と不足原材料の輸入は、比較的速い伸びを維持しています。輸出入商品総額に占める機械・電子製品の比率は40％以上であります。

　中国の対外貿易形態は多種多様であります。新しく発展している貿易形態の中では、加工貿易の発展が最も目覚しく、外資の導入とともに発展してきました。20数年の発展を経て、加工貿易は中国最大の貿易形態となり、2003年、中国の加工貿易の輸出入総額は4 047.9億ドルに達し、対外貿易総額の47.6％を占めました。

　中国の対外貿易が目下直面している主な問題点は、輸出商品構造のランクが低く、輸出競争力を高める必要があることであります。中国の輸出商品における科学技術要素の含有量と付加価値はまだ高くありません。80年代半ばから、大きく発展してきた労働集約型製品は、国際市場で相当のシェアを占め、更に発展する余地と空間はあまり残されていません。

B. 会社の経営管理に関する中国語の文章を読んでください。また、読んだ後、Aの内容を参考に、下記の質問について考えてください。できるだけ自分の表現で答えてみてください。

　管理者的工作是什么呢？
　在日语中"管理"一般表示不太好的意思，那么在汉语里是怎么一回事呢？在日本一说到"管理"就是指"不能做什么"、"一定要怎么做"之类含有束缚人的意思。但真正意义上的"企业管理"应该是能让人鼓起干劲，充分发挥能力和技术，从而使员工和企业一同成长。

　管理者的工作可以大致分为三个方面。第一，制定整个企业或部门的目标。第二，根据这一目标确定明确的实施细则，让部下去工作。第三，恰当地评价工作结果，明确主攻方向、目标。用英语表述

的话就是"PLAN""DO""SEE"这三点。如此循环往复，设立更高的目标，就能推动企业发展。

　　第一点"制定整个企业或部门的目标"，这是指至少要考虑一年的工作，明确必须实现怎样的目标，并指示给部下。管理者应该考虑为实现全公司的目标，各部门应该做些什么，同时也要考虑和决定该部门独立面向将来又应该实现怎样的目标。

　　第二点"根据这一目标确定明确的实施细则，让部下去工作"，恐怕不需要说明。这也就是制定实现目标的具体战略或方法再指示给部下。工作千头万绪，究竟什么是最重要的，如何分配工作，这是管理者所要考虑的。

　　第三点"恰当地评价工作成果，明确主攻目标"，就是指认真地评价一年中的工作，确认是否达到了目标，分析为什么没有达到目标，并考虑对策。当最初的目标没有实现时，如果只是发一通感慨"真遗憾啊，明年再努力吧"，那么很容易会再犯同样的失败或错误。为什么没实现呢，是不是应该在环境中找原因，是不是自己的方法有问题，是不是当初设立的目标本身就是错误的？一定要明确原因，考虑怎么做才能改正。同时也应该考虑下一个目标又应该如何制定。

　　这些就是管理者对"事业"和对"人"应该开展的工作。

質問：
1. 中国は現在いささか経済が過熱気味であると言う人もいますが、あなたはどう思いますか。
2. 中国は「世界の工場」とよく言われています。「MADE IN CHINA」から「CREAT IN CHINA」へイメージアップするのに、中国企業はどんな措置を取るべきでしょうか。
3. お国では就職する場合、学歴が大切ですか。あなたが一番大切なのは何だと思いますか。
4. あなたが日系企業に勤めている方であれば、あなたの体験から言えば、日系企業のメリットとデメリットについて話してみ

てください。
5. 次の言葉の意味を調べてください。
   (1) 求人広告　　(2) 配置転換　　(3) 昇進
   (4) 管理職　　　(5) 終身雇用制度　(6) 左遷

セクション3　初級通訳練習（文の訳）：

A. 日中通訳

テープをかけて、聞き取った文を繰り返してみてください。それから、中国語に訳してみてください。そして、✿の数が増えるにつれて、文が長くなり、難しさも増します。

例：
　✿中国は世界第二位の石油消費国です。（17文字）
　（参考訳文）中国是世界第二大石油消费国。
　説明：✿が一つある場合、語彙か文は短くて、簡単です。聞きながら、メモを取る必要はありません。訳す時、基本的な意味を理解すれば十分です。ある意味ではエキジビションゲームです。
　✿✿技術革新と持続可能な発展の能力は国としての強い競争力の現われであります。（36文字）
　（参考訳文）技术创新和可持续发展的能力是一个国家竞争优势的重要体现。
　説明：✿が二つある場合、文は長くなり、少々難しくなります。必要によって、メモを取ることができます。訳す時、基本的な意味を理解・把握する上に、語の選びや語順の並べ方を考える必要があります。
　✿✿✿中国は世界貿易機関（WTO）に加盟後、さらに国際化の歩みを促し、経済建設は高度成長を呈しています。（49文字）
　（参考訳文）中国加入世界贸易组织以后，进一步推动中国的国际化进程，经济建设呈现快速发展。

第六課

説明：✪が三つある場合、文は最も長く、難しいです。新しい単語も含まれています。文を聞き取るには、メモを取る必要があります。訳す時、文の意味を十分に理解・把握する上に、訳文の簡潔さや意味の伝達度なども考えてもらいたいです。

以上の説明に基づき、実践練習に入りましょう。各レベルの文はそれぞれ六つあります。

✪ 1. 欧米や中国でタイヤ販売が好調です。(18文字)

✪ 2. 連続15年の業界トップを維持しています。(20文字)

✪ 3. 日産自動車は上海と広州に開発拠点を設置しています。(26文字)

✪ 4. 2005年6月の中間決算が4億7500万元の赤字でした。(28文字)

✪ 5. 中国では経済成長と共に、エネルギー消費量が急増しています。(29文字)

✪ 6. 中国の対米貿易黒字は一部のアメリカ人の気をもませました。(28文字)

❂❂ 7. 中国の石炭消費は2010年時点で22億トンを超えると見通されています。(35文字)

❂❂ 8. 世界の自動車メーカーは消費拡大が続く中国に相次いで進出しています。(33文字)

❂❂ 9. 中米両政府は摩擦拡大を避けて共通利益を追求することで一致しています。(34文字)

❂❂ 10. 改革開放以来、中国の対外貿易が世界貿易に占める割合は増大し続けています。(36文字)

❂❂ 11. 世界貿易機関(WTO)の多角的貿易交渉(ドーハ・ラウンド)が危機を迎えました。(39文字)

❂❂ 12. 石油輸出国機構(OPEC)は2005年の世界の原油需要予想を下方修正(9)しました。(39文字)

❂❂❂ 13. 対中円借款は当該年度中に閣議決定され、翌年度に実施されます。(30文字)

❀❀❀ 14. 東北地方の振興は、中国政府が西部大開発に続いて掲げた国家プロジェクトであります。(40文字)

❀❀❀ 15. 中国政府は、公平且つ公正で透明な輸入割当管理体制を確立しようと試みています。(38文字)

❀❀❀ 16. 四つ星、五つ星ホテルは宿泊料が2005年上期に27％も上がったのに、稼働率は8割を超しました。(47文字)

❀❀❀ 17. 長江デルタなど沿海部の都市で土地不足が顕著になるにつれ、透明性の高い公平な取引制度の確立が急務となっています。(55文字)

❀❀❀ 18. マイクロソフトやノキアのような大手と同じように、新興ソフトウエア企業もモバイル用メールソフトの開発に乗り出しています。(59文字)

B. 中日通訳（星数えの通訳トレーニング）

　テープをかけて、聞き取った文を日本語に訳してみてください。文型の選択及び語感による差異から、同じ文には違う訳文が二つあります。自分が訳した文をこれらと比較してみて、どれが最も適切な訳なのかと考えてください。

例：

　　❀ 中国是世界第二大石油消費国。（14文字）
　　（参考訳文）中国は世界第二位の石油消費国です。
　　中国は世界二番目の石油消費国です。
　　説明：❀が一つある場合、語彙か文は短くて、簡単です。聞きながら、メモを取る必要はありません。訳す時、基本的な意味を理解すれば十分です。ある意味ではウォーミングアップです。

　　❀❀ 技術創新和可持続発展的能力是一个国家競争優勢的重要体現。（28文字）
　　（参考訳文）技術革新と持続可能な発展の能力は国としての強い競争力の現われであります。
　　技術革新と持続可能な発展の実力は国家の競争優位の大切な現われです。
　　説明：❀が二つある場合、文は長くなり、少々難しくなります。必要によって、メモを取ることができます。訳す時、基本的な意味を理解・把握する上に、語の選びや語順の並べ方を考える必要があります。

　　❀❀❀ 中国加入世界貿易組織以後，進一歩推動中国的国際化進程，経済建設呈現快速発展。（38文字）
　　（参考訳文）中国は世界貿易機関（WTO）に加盟後、さらに国際化の歩みを促し、経済建設は高度成長を呈しています。
　　中国はWTOのメンバーになった後、中国の国際化プロセスを更に加速し、経済建設は飛躍的な発展を見せています。
　　説明：❀が三つある場合、文は最も長く、難しいです。新し

い単語も含まれています。文を聞き取るには、メモを取る必要があります。訳す時、文の意味を十分に理解・把握する上に、訳文の簡潔さや意味の伝達度なども考えてもらいたいです。

以上の説明に基づき、実践練習に入りましょう。各レベルの文はそれぞれ六つあります。

✪ 1. 中国国内刷卡消费最多的城市是上海。(17 文字)

✪ 2. 这一商品目前处于供不应求(10)的状态。(16 文字)

✪ 3. 入世给中国带来了机遇,同时也带来了挑战。(20 文字)

✪ 4. 农产品供过于求(10),必然导致其价格下跌。(18 文字)

✪ 5. 中国作为新兴贸易大国对世界的影响正日益增大。(21 文字)

✪ 6. 2001年中国入世后,中日两国的经济联系变得更加密切。(24 文字)

✪✪ 7. 日本国内这几年液晶、等离子电视的门市价每年下跌20%～30%。(28 文字)

✪✪ 8. 据石油输出国组织（OPEC）预测，2006 年世界石油需求的增长将趋缓。(27 文字)

✪✪ 9. 对外贸易规模超过 1 万亿美元标志着中国的对外贸易发展已进入新的阶段。(33 文字)

✪✪ 10. 据预测，今后 10 年里中国的奢侈品需求将以每年 10％以上的速度递增。(30 文字)

✪✪ 11. 随着日本经济的发展，日本国内的劳动密集型行业纷纷(11)向中国大陆转移。(32 文字)

✪✪ 12. 直接投资的对象中，计算机、通信设备、电子设备的制造等高科技领域增长显著。(36 文字)

✪✪✪ 13. 在中国经济快速发展的背景下，俄罗斯国内对中国制造的价廉物美的工业品需求量猛增。(39 文字)

✦✦✦ 14. 因为我们国家还有不少贫困地区,因此全面实现小康社会(12)仍然是我们国家目前的重要目标。(44文字)

✦✦✦ 15. 入世后,中国国内通过降低进口车关税和国产车车价,使1.5升以下、10万元左右的轿车数有所增加。(46文字)

✦✦✦ 16. 投诉电话响个不停,公司领导不得不决定立即召开记者招待会,宣布召回所有存在缺陷的产品。(42文字)

✦✦✦ 17. 6年里中国的国内生产总值(GDP)翻了一番(13),超过法国,排在美、日、德、英之后居世界第五位。(45文字)

✦✦✦ 18. 日本作为中国的近邻和最大的经贸合作伙伴,在开展对华合作方面具有得天独厚的优越条件,也积累了丰富的经验。(51文字)

セクション4　中級通訳練習(小段落の訳):

A. 日中通訳

　　テープをかけて、次の各段落を中国語に訳してみてください。ピッピッという音は区切り音で、ピーという音は終了音です。(注: 区切り音を「/」で、終了音を「//」で表示します。)

1. 日本国内で通信各社の競争が激しくなってきました。/公衆無線LAN、携帯電話、PHSが、サービス地域の拡大や通信速度で競っています。//(64文字)

2. 貿易の自由化は国境を越えた競争を促し、消費者の利益にもつながります。/長い目で見れば大きなメリットがあるものの、保護されていた国内産業は打撃を受けます。//(75文字)

3. 天然繊維の国際価格が反発しています。/中国をはじめ輸入国の買いが活発になり、綿花は3ヵ月ぶり、羊毛も4ヵ月ぶりの高値に上昇しました。/国際価格の上昇は国内価格にも波及しています。//(87文字)

4. 日本貿易振興機構(ジェトロ)の発表によると、2005年の日中貿易総額は7年連続で過去最高となりました。/2006年の日中貿易額は8年連続で最高を更新し、2 000億ドルを突破すると見込んでいます。/(96文字)

5. 上海港の2005年上半期のコンテナ取扱量が初めて1千万TEUを突破し、前年同期と比べて約18％増えました。/この数字は昨年のコンテナ取扱量で世界一位と二位にランクされたシンガポール港並びに香港港に迫るものであります。//(108文字)

6. 2005年の中国への直接投資は前年比19.5％増え、二年連続の二ケタ増と伸びました。/英国、米国に次ぎ世界三位でした。/分析では、投資の比重が製造業からサービス業に移っています。/そして、中国企業による国外への投資も増えています。//(112文字)

B. 中日通訳

　　テープをかけて、次の各段落を日本語に訳してみてください。ピッピッという音は区切り音で、ピーという音は終了音です。（注：区切り音を「／」で、終了音を「∥」で表示します。）

1. 日本国内正盛行通过手机进行"移动通信购物"。／由于年轻女性的使用量猛增，市场规模已逼近1万亿日元。∥（49文字）

2. 作为对反倾销关税分配法的抵制措施，对美国产品将启动报复性关税。／对象是钢铁等10个品种，税率按15％进行调整。∥（51文字）

3. 现在世界的贸易框架基本上分布在北美、欧盟（15国）及东亚这三大区域。／2003年世界出口贸易中所占比例分别为15.5％、38.8％、25.4％。∥（65文字）

4. 在新兴经济体国内市场，建立零部件供应基地和销售网需要大量资金，光靠一家公司的话风险很大。／而且在新兴经济增长国的市场争夺战越来越激烈，制造商之间的合作已必不可少。∥（80文字）

第六課

5. 从近几年的情况来看,在华外资企业持续发展。/来华投资的大型跨国企业数增多,世界 500 强跨国公司中已有近 400 家来华投资。/其他的跨国企业也加强对中国市场的分析和研究,正积极准备来华投资。//(87 文字)

6. 西部大开发战略是转换优先发展东部沿海地区的方针,将开发重点转移到社会、经济发展落后的西部地区,是面向 21 世纪的发展战略。/对保持国民经济持续增长和地区间和谐的经济发展、维护民族团结和社会安定具有重大的经济意义和政治意义。//(108 文字)

セクション5　通訳の注意点:

1. 「外資誘致」の「誘致」は誘い寄せることです。中国語で「招揽」、「吸引」と言います。
   例えば、
   企業誘致　　　　招商
   投資誘致　　　　吸引投資　等々
2. 「ウィンウィン」という言葉を中国語で「双赢」と言います。即ち、「双方の利益になる」、「両方の得」という意味ですが、「ダブルウィン」と訳しても、別に差し支えがないでしょう。
3. 「産業」という言葉は日本語の中で二つの意味があります。① は生活してゆくための仕事。なりわい。② は生産を営む仕事、即ち自然物に人力を加えて、その使用価値を創造し、ま

た、これを増大するため、その形態を変更し、若しくはこれを移転する経済的行為。例えば、農業・牧畜業・工業・商業及び貿易など。この解釈から、日本語では「産業」の使用範囲が「工業」より広いことが分かりました。「産業」という言葉はそのまま「产业」と訳すことが多いが、「工业」と訳す場合もあります。

例えば、

産業医	产业医师
産業革命	产业(工业)革命
産業関連社会資本	产业关联社会资本
産業組合	产业工会
産業公害	产业公害、工业污染
産業構造	产业结构
産業合理化	产业(工业)合理化
産業国家	工业国家
産業資本	产业(工业)资本
産業スパイ	产业密探、工业间谍
産業政策	产业(工业)政策
産業組織	产业(工业)组织
産業廃棄物	工业废弃物
産業道路	产业(工业)道路　　等々

4.「～率」は中国語でも日本語でも接尾語として使われます。

例えば、

使用率、普及率、増加率、出産率、伸び率、百分率、合格率、貯蓄率、視聴率、流動率、生存率、致死率、欠勤率、利用率、失業率、就職率、増加率、稼働率、成長率、回復率、産卵率、発症率　　等々

5.「～不振」という表現は日本語の中でよくあります。「不振」は勢いが振るわないという意です。中国語で「不振」、「不佳」と訳すのは普通です。

例えば、

業績不振	业绩不佳
調子不振	状态不佳
販売不振	销售情况不佳
食欲不振	食欲不振
打撃不振	一蹶不振　　等々

6. 「首席执行官」と言われたら、ふと頭に浮かんだのは「CEO」という英語の略語でしょう。これはごく簡単な例ですが、もし「首席信息官(CIO)」、「首席运营官(COO)」、「首席知识官(CKO)」、「首席技术官(CTO)」など一連続の経営管理者の固有名称を話しかけられたら、対応する言い方はピント思い出せますか。通訳する時、言葉の表現が簡潔になりますから、なるべく英語の略語表現を使うほうがいいです。このため、通訳者には、この常識をぜひ覚えてもらいたいです。

7. 「倒卖」の「倒」はどう訳せばいいのか、きっと脳味噌を絞って考えたでしょう。実はここの「倒」は「投機的」の意です。
   例えば、

倒爷	投機家/投機ブローカー
倒买倒卖	投機的売買　　等々

8. 日本語の中で、「大口商品」はとても多い商品のことを指します。これに対して「小口商品」という言い方もあります。このほか、売買取引などの多額なことを「大口」と、小額、少量のことを「小口」と言います。
   例えば、

大口の注文	大批订货
大口取引	大宗生意
大口の預金	大额存款
小口現金	小额现款
小口注文	小批订货
小口の寄付金	小额交易　　等々

9. 「下方修正」を中国語で「下调」と言います。これに対して、「上

方修正」という言い方もあります。
10. 「供不应求」、「供过于求」の「供」と「求」は「供給」、「需要」の意味です。そして、それぞれいくつかの訳があります。「供不应求」を「供給が需要に追いつかない」と直訳しますが、「供給不足」若しくは「需要超過」などの訳は簡潔な言い方です。同じように、「供过于求」は「供給が需要を上回る」と訳せますが、「供給過剰」とも言います。
11. 「纷纷」は普通「続々と」、「次々に」と訳します。
例えば、
 • みんなが次々に意見を出しました。
大家纷纷提出意见。
12. 「小康社会」を「ややゆとりのある社会」と訳すのが普通です。
13. 「翻了一番」という表現を日本語で説明したら、つまり「2倍に増加する」という意味です。この訳より「倍増する」という言葉のほうが簡潔明瞭です。

セクション6　知識の泉：

A. 今日の話題——通訳のトレーニング方法

　　为帮助学生提高口译的综合技能和素质,应该通过在高校外语教学中的高级口译训练课程,促成学生在接收、理解、记忆、对译(传译)和表达方面有一个飞跃。建议是否从以下几个方面来考虑:

　　1. 词汇扩充训练法

　　把汉、外词汇按文化娱乐、社会焦点、教育培训、环境保护、高新技术、商务发展、金融证券、经贸合作、改革开放和国际关系等内容有机地进行课堂汉外、外汉的自由接龙。通过反复的操练,一则可达到增加词汇量的效果;另外也可促进大学生有意识地去扩充自己在各个层面上的词汇量。

　　2. 记忆增量训练法

　　通过听写、口述和两者混合的方式,用来源语进行复述,在字数

不断增加的基础上要求记忆和表达的准确性及其流利性。

3. 容量叠加训练法

在词汇扩充训练法和记忆增量训练法的基础上，发展到一句一译、一段一译、一篇一译的对译练习，形式可以多样化，要求学生在紧张的气氛中跟上教师的节奏，通过快速、大量的训练，培养大学生口译的综合技能和素质。

4. 定位浓缩训练法

译员除了心记，更要学会不少具有技巧性的记忆。一般可根据本人的特长，如绘画、数字、音符、记号等来为自己定位。这种以笔记来辅助口译训练的方法叫做"定位浓缩法"。

5. 互动训练法

以两人为一组进行互动训练，要求其中一方将来源语译成自己的目的语，而另一方以同伴的目的语作为自己的来源语并将其译成目的语，然后通过比较双方原始的来源语与最终的目的语之间的差异来分析两人的口译过程，找出差距，确定今后的努力方向。

B. 日本語の豆知識——人体部位に関する慣用句(2)

1. 腹が据わる

   心が決まっていて、物事に動じない。覚悟する。度胸が据わる。

   下决心，不动摇。

2. 腹が減っては戦(いくさ)はできぬ

   空腹では活動ができない。

   饿着肚子打不了仗，人是铁饭是钢，人不吃饭没精神。

3. 腹に一物(いちもつ)

   心中に何かたくらみがある。胸に一物。

   心藏诡计，心怀叵测。

4. 腹が太い

   度量や胆力が大きい。

   横着である。

度量大。
刁横,不讲理。
5. 腹の虫がおさまらない
腹立たしくて我慢できない。
忍无可忍。
6. 肝胆を砕く
心労のかぎりを尽くす。
煞费苦心,殚精竭虑。
7. 胆がすわる
ものごとに恐れたり驚きあわてないようになる。大胆になる。きもがすわる。
有胆量。
8. 胆は大ならんことを欲し、心は小ならんことを欲す
人は度胸を大きく持つ一方で、細かいことにも注意を払うべきである。
胆大心细。
9. 骨を惜しむ
苦労をいとう。骨惜しみをする。骨を盗む。
懒惰,不肯卖力。
10. 骨を埋める
その土地で死ぬ。また、死ぬまでその仕事をする。
从某时起一直在一个地方生活。
一生专心从事某事。
11. 骨を刺す
(寒気や諷刺などが)痛烈である。
(寒冷)刺骨。
(批评)极其严厉。
12. 胸を撫で下ろす
ほっと安堵する。
松了一口气。

13. 胸をふくらませる
    喜びや希望で心が一杯になる。
    满怀希望与喜悦。
14. 胸を打つ
    感嘆する。感動させられる。
    受感动,使感动。
15. 心を許す
    気持ちを大きくして相手を受け入れる。信頼する。
    信人不疑。
16. 心を寄せる
    ある人または物が好きになる。思いをかける。
    倾心,爱慕。
17. 心を鬼にする
    相手に同情しがちな気持ちを抑えて厳然たる態度で接する。
    铁石心肠,硬着心肠。
18. 心臓が強い↔心臓が弱い
    恥ずかしがらず平然としている。厚かましい。
    脸皮厚,不知害臊。↔脸皮薄,知羞耻。
19. 腑(ふ)に落ちない
    合点がいかない。納得できない。
    不能理解,不能领会。
20. 腑が抜ける
    元気がなくなり、ぼんやりする。根性がなくなる。
    无精打采,发呆。

第七課
もうかりまっか
(金融証券篇)

セクション1　基本語彙:

このセクションにはA、B、C、D、Eの五つの部分があります。テープについて、金融・証券に関する基本的語彙を読んでください。そして、横の線に日本語か、中国語の意味を書いてみてください。

A. 通貨類:

	日本語	中国語
1.	外貨準備高	_____
2.	管理変動相場制	_____
3.	通貨バスケット(1)	_____
4.	外貨取引市場建設	_____
5.	金融の引き締め	_____
6.	金融緩和	_____
7.	為替レート	_____
8.	外貨建て	_____
9.	平価切り上げ	_____
10.	金回り	_____
11.	国際収支バランス	_____
12.	米ドル売り	_____
13.	ヤミ(2)相場	_____

14. キャッシュフロー
15. 円の対ドル相場

中国語	日本語
1. 纸币	
2. 硬币	
3. 货币统一	
4. 欧元圈	
5. 人民币行情	
6. 货币供应量(M2)	
7. 兑换	
8. 美元结算	
9. 收盘价	
10. 基准汇价	
11. 汇率浮动	
12. 换算、折合	
13. 现金库存	
14. 货币回笼	
15. 洗钱	

B. 株式・証券・基金類：

日本語	中国語
1. 個人保有株	
2. 持ち株比率	
3. 株式売買高	
4. 株主総会	
5. 収益比率	

6. ダウ工業株(3)   _____
7. 上場企業   _____
8. 買い手市場   _____
9. 弱気の市場   _____
10. 強気の市場   _____
11. 株の大口個人投資家   _____
12. 新規株式公開(IPO)   _____
13. 発行株式数   _____
14. ファンドマネージメント会社 _____
15. 株市場でマネーゲームをする _____

      中国語　　　　　　　　　　日本語

1. 股份制公司   _____
2. 股本   _____
3. 非流通股   _____
4. 股价   _____
5. 股市行情   _____
6. 新股   _____
7. 增加分红   _____
8. 时价   _____
9. 有价证券   _____
10. 国库券   _____
11. 不良债权   _____
12. 公司债券   _____
13. 证券交易所   _____
14. 涨幅   _____

第七課

15. 籌集資金 _____

C. 銀行関連の実用言葉：

日本語 　　　　　　　　　　　　　中国語
1. 定期預金金利 _____
2. 融資担保 _____
3. 量的緩和政策 _____
4. ゼロ金利 _____
5. 分割払い _____
6. 滞納 _____
7. 信用貸付 _____
8. 公定歩合 _____
9. 貸し倒れ _____
10. 頭金 _____
11. 住宅ローン返済額 _____
12. 当座貸し越し _____
13. 銀行振込み _____
14. チープ・マネー _____
15. マルチリージョナルバンク _____

中国語 　　　　　　　　　　　　　日本語
1. 银行存折 _____
2. 户头 _____
3. 储蓄率 _____
4. 贷款、按揭 _____
5. 邮政储蓄(4) _____
6. 利率自由化 _____

7. 不良资产
8. 跨国银行
9. 提高利率、加息
10. 转账
11. 理财
12. 信用卡
13. 支票
14. 活期存款
15. 无息贷款

D. その他の実用言葉：

　　　　日本語　　　　　　　　　中国語

1. 金融制度整備
2. 公的資本
3. 不動産投資信託(REIT)
4. デリバティブ(金融派生商品)
5. 先物
6. オプション
7. 連鎖債務
8. 取り立て会社
9. ノンバンク(5)
10. 申告漏れ
11. 脱税
12. バランスシート
13. リテール(個人取引)
14. インシュアランス

15. 買いオペ(レーション)

中国語	日本語
1. 高风险	
2. 高回报	
3. 伤害保险	
4. 寿险	
5. 金融机构	
6. 普通投资者	
7. 金融服务	
8. 转让	
9. 外债余额	
10. 资产负债比率	
11. 金融大改革	
12. 分析师	
13. 经济学家	
14. 自动存取款机	
15. 会计监察	

E. 相関機関と固有名称：

日本語	中国語
1. 国際金融公社(IFC)	
2. 国際金融フォーラム	
3. 米連邦公開市場委員会(FOMC)	
4. 米連邦準備制度理事会(FRB)	
5. 米連邦準備制度(FRS)	
6. 有資格海外機関投資家(QFII)	

7. 適格国内投資家(QDII)　　　_____
8. プルーデンス会計原則　　　_____
9. ロンドン金属取引所(LME)　　_____
10. ニューヨーク商業取引所(NYMEX)　_____
11. 欧州中央銀行(ECB)　　　_____
12. 中国外貨取引センター　　_____
13. アジア通貨・金融危機　　_____
14. ウォール街　　　_____
15. ナスダック(NASDAQ)　　_____
16. 香港ハンセン指数　　_____
17. フランクフルトDAX　　_____
18. 国際通貨基金(IMF)　　_____
19. モルガンスタンレー　　_____
20. グリーンスパン　　_____

セクション2　背景知識：

A. 中国人民元為替レート改革を紹介する日本語の背景知識を読んでください。

　中国人民銀行スポークスマンが発表した人民元為替レート改革[6]に関する説明の骨子は次の通りです。

　Q：なぜ改革が必要なのですか。

　A：人民元を切り上げることで、対外貿易の不均衡緩和に対し内需拡大、企業の国際競争力向上、対外開放水準の引き上げなどの必要性をアピールすることができます。中国の経常、貿易における黒字は増加を続け、国際収支の不均衡は拡大しています。2005年6月末の中国の外貨準備高は7 110億ドル

まで達しました。貿易黒字は急速に拡大しており、貿易摩擦も激化しました。人民元相場の水準調整は、内需主導の持続可能な発展戦略に有益で、貨幣政策の独立性強化、輸出入バランスの維持、物価安定、外貨利用効果の向上などにも役立ちます。

Q：改革の目標と原則は何ですか。

A：全体の目標は、市場の需要と供給に基づいた管理変動相場制を確立し、人民元相場の合理的で均衡の取れた水準で安定を維持することにあります。また、主動性、コントロール性、漸進性の原則を守らねばなりません。主動性とは中国の必要性に応じて改革のやり方、内容、時期を決めることを指します。コントロール性とはレート変動はマクロ的な管理の上から統制可能であることが必要で、金融市場や経済に大きな波が現れてはなりません。漸進性とは市場の変化や各方面の受け入れ能力を考慮し、段取りよく改革を進めなければなりません。

Q：改革の中身と特徴は何ですか。

A：米ドルだけでなく、我が国の経済発展情況に照らし合わせ、日本円を含めたいくつかの主要通貨を選択し、一つの通貨バスケットを形成します。同時に国内外の経済金融情勢と市場の需給に基づき、人民元相場の管理・調節を行い、合理的で均衡の取れた水準のレートの基本的な安定を維持します。通貨バスケットを参考にするというのは、外貨間の為替レートの変化が人民元に影響を与えることを示し、通貨バスケットに固定することと同じではありません。切り上げ幅は中国の貿易黒字の程度と構造調整の必要性から決めました。中国国内企業の構造調整への対応能力も考慮しました。

Q：なぜ今の時期を選択したのですか。

A：外貨管理の緩和や外貨市場建設が進み、市場ツールも増え、

様々な金融改革は実質的に進展しています。マクロコントロールの成果は著しく、国民経済は、安定しつつも速い成長の勢いを継続しています。世界経済の歩みは安定しており、米ドルの金利も上昇しています。こうしたことは、改革に有利な条件となりました。

Q：改革がもたらす影響に各方面はどのように対処したらいいのですか。

A：短期的にみれば、経済成長や雇用に一定の影響を与えますが、全体では弊害より利益が大きいです。銀行や外貨管理部門は金融サービスを改善し、外貨管理を強化し、企業の発展を大いに支援する必要があります。企業は、構造調整を積極的に進め、経営メカニズムを転換し、為替変動に対応する能力を高める必要があります。

Q：改革後、人民元レートは大幅に変動しますか。

A：人民元相場の大幅変動は、中国の経済と金融の安定に大きな衝撃を与えかねず、中国の根本的利益に合致しません。だが、そのような状況にはなりません。

　第一に、人民元相場の改革後は人民元いかなる単一通貨にもペッグされず、市場の需給に基づいて通貨バスケットのレートを参考に調節を行います。国際市場における主要通貨のレートは相互に変動しており、客観的には人民元レートの大幅な変動可能性は減少します。第二に、為替レートの需給関係は良くなり、国際収支の調節メカニズムも、次第に健全化します。国際収支バランスは平衡に向かいます。第三に、中国のマクロ経済政策も歩調を合わせ、各種改革を進めます。レート安定には良好な政策環境を提供します。人民銀行は外貨管理を改善し、人民元レートを合理的で均衡のとれた水準に保つよう努めます。

B. WTO加盟により、中国の金融業界にも大きな影響を及ぼしてきます。これに関する中国語の文章を読んでください。また、読んだ後、Aの内容を参考に、下記の質問について考えてください。できるだけ自分の表現で答えてみてください。

中国加入世界贸易组织（WTO）后，对中国金融业将会产生深远影响。不仅表现在金融业务竞争、金融从业人员的流动、金融业务市场的变化、金融产品等创新方面，同时对整个中国金融业的金融运行体系的改革与深化也有着重大影响。具体表现在以下几方面：

① 对风险评估体系的影响

目前国内金融业对金融风险的控制已日益受到重视，各商业银行都建立了相对完善的风险评估体系，但在实际的风险评估运作中仍存在一些不足之处。企业规模、企业发展阶段、企业产品成熟期、企业的产品研发创新能力及业务市场占有率等诸多因素都会对项目的风险系数评估产生各种影响，因此我们应注意综合的、全方位的风险评估。不仅要对企业的短期经营风险进行评估，更应强调对企业进行长期的、动态的评估。建立动态的、长期的、客观的风险评估体系是我国金融业风险评估改革的中心工作。因此应该吸收国际金融业的先进经验，逐步完善风险评估体系，以控制不良资产，并对高风险项目进行有效防范。

② 对综合性业务拓展体系的影响

目前国内金融业十分重视对业务市场的拓展，但效果并不理想。主要表现在业务拓展方向比较单一狭窄，业务品种及业务创新能力不能充分满足企业的发展需求。金融业务拓展往往侧重于负债业务或单一品种的业务，例如信贷、外汇、结算等。但大型公司，尤其是跨国公司对银行的服务需求是综合的、多样性的，因此对于不同类型的公司应设定不同类型的金融产品组合，使提供的业务能较好地满足企业的发展需要。而且，金融业的发展方向也正是以逐步提供完善、合理的金融产品为目标的。国际上大型跨国金融集团在这方面的成功经验，是值得我们学习和借鉴的。

③ 对金融产品创新体系的影响

目前我国金融业仍是以传统的银行业务为主。加入 WTO 之后,随着市场竞争的日趋激烈,如果国有商业银行和国内股份制银行在金融产品的创新能力上没有做出相应改善的话,那都将会处于不利局面。经济全球化和投资贸易的跨国发展必然会对金融产品的需求提出更全面、更综合的要求,而国际金融集团的业务发展和创新能力很强,会对国内金融业构成很大压力。因此,我国金融业的金融产品创新体系亟待改革与完善。

入世对于我国金融业的总体发展是利大于弊,金融业的竞争会进一步促进我国金融业的健康发展。只有在风险评估体系、综合性业务拓展体系、金融产品创新体系等方面的改革取得实质性突破,我国金融业的竞争能力才可能获得全面的提升。

質問:
1. 中国語で毎月の給料を全部使いきった人を「月光族」と言います。あなたはこのタイプの人ですか。
2. あなたは貯金好きのタイプですか。
3. あなたは株やファンドなどを買ったりして、投資活動を行ったことがありますか。いいもうけをしましたか。
4. 住宅ローンを借りていますか。負担に感じますか。

セクション3　初級通訳練習(文の訳):

A. 日中通訳

CDをかけて、聞き取った文を繰り返してみてください。それから、中国語に訳してみてください。そして、◎の数が増えるにつれて、文が長くなり、難しさも増します。

例:

◎ 調達資金は航空機 45 機の新規購入などに充てます。(24文字)

(参考訳文) 筹集所得的资金将用于新购置 45 架飞机。

説明：❂が一つある場合、語彙か文は短くて、簡単です。聞きながら、メモを取る必要はありません。訳す時、基本的な意味を理解すれば十分です。ある意味ではエキジビションゲームです。

❂❂ 2005年12月以降、上海ガニの価格が跳ね上がり、9年ぶりの高値水準となりました。(41文字)
(参考訳文) 2005年12月以后,大闸蟹价格暴涨,为9年来新高。

説明：❂が二つある場合、文は長くなり、少々難しくなります。必要によって、メモを取ることができます。訳す時、基本的な意味を理解・把握する上に、語の選びや語順の並べ方を考える必要があります。

❂❂❂ 30日の東京株式市場は、米国市場で利上げ継続懸念が薄らいで株価が上昇した流れを受け、ほぼ全面高の展開になりました。(57文字)
(参考訳文) 由于人们对美国市场再次加息的忧虑减小,所以股价一路攀升,30日的东京股市几乎全面上扬。

説明：❂が三つある場合、文は最も長く、難しいです。新しい単語も含まれています。文を聞き取るには、メモを取る必要があります。訳す時、文の意味を十分に理解・把握する上に、訳文の簡潔さや意味の伝達度なども考えてもらいたいです。

以上の説明に基づき、実践練習に入りましょう。各レベルの文はそれぞれ六つあります。

❂ 1. 東証1部の午前の出来高は7億9200万株です。(23文字)

❂ 2. 取引価格が乱高下しています。(14文字)

✿ 3. 26日の米株式相場は揉み合いました。(18文字)

✿ 4. ユーロ圏でも、経済は少しずつ回復しつつあります。(24文字)

✿ 5. 債券相場は小幅反発し、円相場は三日続落(7)しました。(24文字)

✿ 6. 国の外貨準備が安定して増え、人民元相場が安定を維持しました。(30文字)

✿✿ 7. ドル建て金価格は、為替市場でのドル安が金の上昇につながります。(31文字)

✿✿ 8. 元切り上げによる資産価値の上昇も、積極投資を後押します。(28文字)

✿✿ 9. 外貨準備の管理を改善し、積極的に有効な資産運用手段を模索します。(32文字)

✿✿ 10. ブッシュ米政権は中国政府が人民元の切り上げに踏み切ったことを歓迎しています。(38文字)

❂❂ 11. ニューヨーク株式市場は、発表された6月の米雇用統計を好感して大幅続伸しました。(39文字)

❂❂ 12. 銅は21日のロンドン相場が一時、過去最高値に跳ね上がりましたが、その後下げに転じました。(44文字)

❂❂❂ 13. 預金が増える一方で、貸し出しが伸ばせなければ銀行の収益力は落ち、経営は圧迫されます。(42文字)

❂❂❂ 14. 株式、債券、外国為替などの取引に伴うリスク回避手段として先物やオプションは不可欠です。(43文字)

❂❂❂ 15. 買い注文が相次ぎ、株価は一時、売り出し価格の約5.6倍にあたる151.21ドルまで高騰しました。(48文字)

❂❂❂ 16. この4年間、金融の改革、是正(8)、発展は、積極的成果を挙げ、国内の金融の安定を維持し、経済発展を強力に支援しました。(56文字)

❀❀❀ 17. 第2四半期に続いて、主な株相場では値上がりを維持しており、ドル対ユーロとドル対日本円などの主要な対ドルレートが再び下落しました。(64文字)

❀❀❀ 18. 世界経済の発展は今日に至っては、経済の安定成長は金融業のサポートと先取りが必要であることが、普遍的な規則として認識されています。(64文字)

B. 中日通訳(星数えの通訳トレーニング)
　テープをかけて、聞き取った文を日本語に訳してみてください。文型の選択及び語感による差異から、同じ文には違う訳文が二つあります。自分が訳した文をこれらと比較してみて、どれが最も適切な訳なのかと考えてください。
例：
　　❀ 筹集所得的资金将用于新购置45驾飞机(9)。(17文字)
　　(参考訳文) 調達資金は航空機45機の新規購入などに充てます。
　　調達した資金は飛行機を45台の購買に使われています。
　　説明：❀が一つある場合、語彙か文は短くて、簡単です。聞きながら、メモを取る必要はありません。訳す時、基本的な意味を理解すれば十分です。ある意味ではウォーミングアップです。

第七課

◎◎ 2005年12月以后,大闸蟹价格暴涨,为9年来的新高。(21文字)

(参考訳文) 2005年12月以降、上海ガニの価格が跳ね上がり、9年ぶりの高値水準となりました。

2005年12月以後、上海ガニの価格が高騰し、過去9年の最高値となりました。

説明:◎が二つある場合、文は長くなり、少々難しくなります。必要によって、メモを取ることができます。訳す時、基本的な意味を理解・把握する上に、語の選びや語順の並べ方を考える必要があります。

◎◎◎ 由于人们对美国市场再次加息的忧虑减小,所以股价一路攀升,30日的东京股市几乎全面上扬。(42文字)

(参考訳文) 30日の東京株式市場は、米国市場で利上げ継続懸念が薄らいで株価が上昇した流れを受け、ほぼ全面高の展開になりました。

米国市場で追加利上げへの懸念が後退し株価が上昇したことを受けて、30日の東京株式市場は、ほとんど全面的に値上がりました。

説明:◎が三つある場合、文は最も長く、難しいです。新しい単語も含まれています。文を聞き取るには、メモを取る必要があります。訳す時、文の意味を十分に理解・把握する上に、訳文の簡潔さや意味の伝達度なども考えてもらいたいです。

以上の説明に基づき、実践練習に入りましょう。各レベルの文はそれぞれ六つあります。

◎ 1. 上市首日的股价上涨率为5年来之最。(17文字)

◎ 2. 我们对国有银行不良资产的问题不能坐视不管。(21文字)

✿ 3. 经上海中华会计师事务所验资,注册资本已全部到位。(24文字)

✿ 4. 27日人民币兑美元收盘于1美元兑8.1128元人民币。(26文字)

✿ 5. 有人开始预测美国的储蓄率可能会与日本持平或超过日本。(26文字)

✿ 6. 中外合资企业(10)在其经营活动中,可直接向外国银行筹措资金。(27文字)

✿✿ 7. 由于也存在物价上涨的征兆,因此欧洲中央银行(ECB)有可能会在12月调高利率。(34文字)

✿✿ 8. 外汇储备不是单纯的经济问题,也是政治问题,必须考虑国家整体的战略。(33文字)

✿✿ 9. 董事会上决定最多发行27亿股A股,相当于现在已发行股票的28.6%。(33文字)

❀❀ 10. 中国政府将遵守入世时的承诺,于 2006 年底向外资银行开放大部分银行业务。(33 文字)

❀❀ 11. 人民币兑美元的现钞卖出价为 1 美元兑 7.999 7 元人民币,首次跌破 8 元大关。(34 文字)

❀❀ 12. 为抑制房价的过度上涨,自 2006 年 6 月起个人住房贷款的首付比例(11)最低为 30％。(33 文字)

❀❀❀ 13. 网络检索业美国雅虎和美国谷歌的股价也处于高位,网络股正越来越受到关注。(35 文字)

❀❀❀ 14. 一个国家的汇率政策取决于它的经济发展阶段、金融监督管理水平、企业承受能力等要素。(40 文字)

❀❀❀ 15. 由于升值幅度仅为约 2％,且市场反应也很冷静,所以日本大部分民间企业认为现阶段"这样的变动对业绩没有影响"。(52 文字)

✪✪✪ 16. 在日本,没有工作的老年人手中的金融资产余额虽然很高,但由于收入少,所以估计其储蓄率占可支配收入的负15％左右。(53文字)

✪✪✪ 17. 中国金融业不仅为促进经济发展提供了大量的资金,而且金融业本身在国内生产总值中的比重(12)增加,显示了中国经济货币化的迅猛进程。(60文字)

✪✪✪ 18. 据中小企业金融公库的调查,在2006年度设备投资资金计划中,向银行借款的比例占整体的64.2％,比上一年实际业绩上升了1.9个百分点,达到1998年以来的最高水准。(76文字)

セクション4 中級通訳練習(小段落の訳):

A. 日中通訳

　　テープをかけて、次の各段落を中国語に訳してみてください。ピッピッという音は区切り音で、ピーという音は終了音です。(注:区切り音を「/」で、終了音を「//」で表示します。)

1. 同日の香港株式市場は続落しました。/ハンセン指数の終値

は211.62ポイント安の15 645.27でした。／売買代金の概算は540億4 000万HKドルでした。／／(76文字)

2. 製造業を中心に中小企業の資金需要が拡大し始めました。／日銀の調べでは中小企業に対する銀行の貸出残高は3月に2000年以降初めてプラスに転じ、5月まで3ヵ月連続で増加しました。／／(86文字)

3. 日本が貿易立国戦略を実施した当時の日本円為替レートは1：360であったのが、今では1：100～110の水準になっています。／当初は外貨が少なかったのですが、現在の外貨準備高は1兆ドルに近いです。／／(96文字)

4. 株式会社制度は、リスクを極小に、利益を最大にするために考えられたシステムであります。／「効率」だけを考えれば、これをしのぐ制度はありません。／資本主義の発達は株式会社の歴史とオーバーラップ(13)します。／／(96文字)

5. 切り上げは人民元の価値を高めることです。／中日間の輸出入に当てはめると、日本のメーカーが輸出していた製品に対して、中国の輸入元はより少ない元の支払いで済みます。／反対に中国のメーカーの輸出品に対して、日本の輸入元はより多くの円を支払うことになります。∥（123文字）

6. 1990年代になると、保険業は市場経済化の波に乗って発展段階を迎え、市場が大きく拡大しました。／特に1990年代後半になると、国有企業改革や社会保障改革などの社会構造の変化にともない市民の保険意識が芽生え、生命保険の貯蓄性が注目されて生命保険が飛躍的に成長しました。∥（130文字）

B. 中日通訳

テープをかけて、次の各段落を日本語に訳してみてください。ピッピッという音は区切り音で、ピーという音は終了音です。（注：区切り音を「／」で、終了音を「∥」で表示します。）

1. 中东欧股市继续保持活跃。／主要7国的股指从年初开始平均上升了3成,时价总额也大大增加。∥（42文字）

2. 到2005年底,中国国内的个人储蓄达到约15万亿元,创历史新高。╱人均储蓄突破1万元。╱自去年起,个人储蓄持续增长,12月单月增长约4 800亿元。╱╱(61文字)

3. 据日生基础研究所称,老年人的人口比例如果增加1%,储蓄率就会下降0.5%以上。╱这证明近几年来老龄化的加速是储蓄率急剧下降的原因。╱╱(63文字)

4. 现代日本金融政策的主要手段是公开市场操作。╱为实现政策目标,日本银行每天关注着短期金融市场上形成的短期利率,同时,进行金融调节。╱╱(62文字)

5. 必须把银行转变为现代金融企业。╱推进国有商业银行的综合改革是金融改革的重点。╱国有商业银行在中国的经济社会发展中具有重要地位,事关国民经济的命脉和经济安全。╱╱(76文字)

6. 自古以来日本就有"资产三分法"这一想法。／也就是资产的三分之一为不动产,三分之一为储蓄和存款,剩余的三分之一是有价证券。／其意思并非像文字所说的那样要各占三分之一,这一想法的重要之处在于分散风险。∥(96文字)

セクション5　通訳の注意点：

1. 「通貨バスケット」とは、ある国が自国通貨の交換レートを決める際、複数の他国通貨をかご(バスケット)に入れるように選び、一定の式で算出したレートを基準にすることを指します。ドルが大きく動いても他の通貨の動きに相殺されるため、為替リスクが小さくなる利点があります。
2. 「やみ」の本意は「暗いこと、暗闇」。この本意から「世人の目にふれないところ」という意味が派生しました。中国語で「黒市」と言います。
   例えば、
   闇取引　　　　　　　　黑市交易
   闇商い　　　　　　　　黑市买卖
   闇市　　　　　　　　　黑市
   闇再販　　　　　　　　黑市转售
   闇米　　　　　　　　　黑市米
   闇値　　　　　　　　　黑市价　　　等々
3. 「ダウ工業株」は多くの株式の一種です。この他に、まだ色々な株があります。
   例えば、
   A株(人民元建て)　　　　A股(以人民币计价)

B株(米ドル建て)	B股(以美元计价)
H株	H股
浮動株	流动股
ハイテク株	高科技股
レッドチップ	红筹股
ブルーチップ	蓝筹股
成長株/グロース株/有望株	成长股
ジャンク株	垃圾股
優良株	绩优股
低位株	低价股
値がさ株	高价股
中・低位株	中低价股
大型株	大公司股票
小型株	小公司股票
無配株	无红利的股票
外国株	外国公司的股票
仕手株	大批投机股
新規発行株	新发行的股票
従業員株	职工股
増資株	増资股
親株	老股票
子株	新股票
人気株/花形株	人气股、受市场追捧的股票
端株(はかぶ)	散股
採算株	收益多的股票　　等々

4. 郵便局に預けた金銭の言い方と銀行などの金融機関に預けた金銭の言い方が違います。日本語では、それぞれ「貯金」、「預金」と言います。中国語では「(郵政)儲蓄」、「(銀行)存款」と言います。

5. 「ノンバンク」とは、銀行以外で、貸金業務を行う企業の総称で

す。預金を集め得ません。中国語で「非銀行金融企業」と言います。
6. 2005年7月21日夕、中国人民銀行は人民元の為替レートを1ドル＝8.28から1ドル＝8.11元に切り上げると発表しました。人民元為替レート改革に関する中国人民銀発表の要旨は下記のとおりです。

中国の社会主義市場経済を発展させ、管理された変動相場制を確立するため、政府の許可を受け、以下を発表します。

① 2005年7月21日から市場の需給に基づき、通貨バスケットを参考に調整する管理フロート制度を始めます。人民元は対米ドル固定相場ではなく、より弾力性のある制度にします。

② 中国人民銀行は各営業日の市場終了後に銀行間市場での米ドルなど外貨との交換レートの終値を公表します。翌営業日の基準値とします。

③ 21日午後7時時点で人民元の対米ドルレートを1ドル＝8.11元とします。

④ 現段階では毎日の銀行間市場の対米ドルレートの変動幅は引き続き基準値の上下0.3％の範囲とします。他通貨も一定範囲内の変動とします。

中国人民銀行は市場の発展状況と経済金融情勢に基づき、適切な時期に変動幅を調整します。内外の経済金融情勢に責任を持ち、市場の需給に基づき、バスケット通貨のレート変動を参考に、人民元相場の管理調整を行い、相場の正常な変動を維持、合理的で均衡のとれた水準に安定させ、国際収支バランスを保ち、マクロ経済と金融市場の安定を守ります。

7. 相場の値動きを表わす表現を覚えておく必要があります。

↗：上がる、値上がり、続伸、上回る、急伸、暴騰、上昇、急上昇、高騰、伸びる、跳ね上がる、全面高、小（幅）反発、反発、回復する

等々

↘：下がる、値下がり、続落、下回る、急落、暴落、下落、急落、低落、反落、落ちる、落ち込む　等々

その他：揉み合う／小動き（小幅波动）、乱高下（大幅波动）、軟調（疲软）、高値（高价）、安値（低价）　等々

8. 「是正」は「悪い点を改めただすこと」。中国語で「更正」、「矯正」、「修正」などと言います。

例えば、
誤りを是正する	改正错误
行き過ぎを是正する	纠正过分的地方
給与体系を是正する	改进工资体系
国際的な貿易不均衡を是正する	纠正全球贸易失衡

等々

9. ここでは、「飞机」を「航空機」、「飛行機」と両方とも訳すことができます。でも、「飛行機」は「航空機」の一種です。「航空機」は大気中を飛行する機械の総称です。気球、飛行船などの軽航空機とグライダー・飛行機などの重航空機とに分けます。そして、数え方は「台」ではなく、「機」です。

10. 中国で言う「合资企业」を「合弁企業」と訳すべきです。そのまま「合資会社」と訳したら、意味がうまく伝えなくなります。日本で言う「合資会社」は無限責任社員と有限責任社員とで組織される会社を指します。

11. 「比例」という言葉は、日本語では「1：2」というように、二つの数を挙げて比べることです。ところが中国語には、その意味もあり、同じ用例もありますが、よりよく使われるのは、日本語で「比率」という時に、この中国語の「比例」が使われます。一方、中国語で「比率」という単語を見かけることは滅多にありません。

例えば、
- 中国国家統計局の調べでは、2004年の中国の国内総生産（GDP）に占める第三次産業の比率は40.7％です。

据中国国家统计局统计,第三产业在 2004 年中国国内生产总值中所占的比例为 40.7%。

12. 中国語の「比重」は、あるものが全体に対して占める重み(割合)を指します。このため、日本語の「比率」と同じように使われます。でも、日本語の「比重」は中国語の単語と意味が違って、ある物質の密度と標準物の密度との比を指します。
例えば、
- 改革開放以来、中国の対外貿易が世界貿易に占める割合は増大し続けています。

改革开放以来,中国的外贸在世界贸易中所占的比重正不断扩大。

13. 「オーバーラップ」は簡単に言うと、「重ねる」の意です。つまり、二つの記憶や印象が重なり合って意識にのぼることです。中国語で「重叠」と言います。

セクション6 　知識の泉:

A. 今日の話題——通訳と外国語教育

　　口译即口头翻译,就是要把讲话者的内容迅速而又准确地表达出来,必要时可采用一些相应的技巧,使口头表达更加通顺和流畅。所以,口译活动不仅仅是以两种不同语言体系为基础的双语转换作业,同时又是转达和表述某一方思想内容的一种带有技巧性的活动。这一行为过程是不以自己的主观意识而转移的。
　　以往的外语教学并不太重视口译课程,是因为有了笔译课而不需要口译了呢,还是因为口语课或会话课能取而代之呢？若只是因口译课程稍有难度而少有人问津,倒也成为一个理由。与口译相比,外语教学中的口语或者是会话课,指的是在课堂内围绕不同的话题,在教师的指导下,进行相对自由交谈或发言的一种形式。这种形式注重的是内容表达及其流利性,不存在转换,而且技巧性不是很强。在此,不妨把两者关系暂定为:口译活动＝被动的转换与表达;口语

会话＝主动的表达与发挥。

　　不管怎么说，外语教学应该对口译课程给予足够的重视，理由如下：

　　1. 口译是一门难度较高的课程，它涉及外语教学的各个方面，注重的是训练方法和技巧培养；

　　2. 即便目前不是作为一门学问来研究，但口译的整个过程同样涉及到社会语言学、心理学、符号学、文化学等不同领域；

　　3. 口译应该与外语教学中的笔译并驾齐驱，而且强调要在学好笔译的基础上，不折不扣地学好口译，这样才能把翻译的理念贯穿到整个外语教学过程中；

　　4. 如何在口译教学过程中探索"接收与理解、语义和结构的转换以及表达"等的方法和技巧，是每一个外语教学工作者值得深思的问题。

B. 日本語の豆知識——四字熟語

1. 臥薪嘗胆（がしんしょうたん）
   将来の成功のために、長い間苦労すること。とくに復讐のためにあらゆる苦難に耐えること。
   説明：「臥薪」は薪の上に寝ること。「嘗胆」は獣の胆を嘗めること。
   卧薪尝胆。

2. 鶏鳴狗盗（けいめいくとう）
   上等とは言えない技術・才能の持ち主のたとえ。一見くだらない技術でも、役立つことがあるというたとえ。
   説明：「鶏鳴」は鶏の鳴きまねのうまい者。「狗盗」は犬のように人の家に忍び込んで物を盗んでくる者。
   鸡鸣狗盗。

3. 一日千秋（いちにちせんしゅう）
   一日会わないと千年も会わないように、とても長く感じられること。待ち焦がれるさま。待ち遠しく思う気持ち。

説明:「秋」は季節の秋ではなく、年という意味。
一日不見如隔三秋。

4. 金科玉条(きんかぎょくじょう)
いちばん大切な法律や規則。転じて、最も大切なものとして守らなければならない、自分の主義や主張、また、そのよりどころ。
説明:「科」、「条」は、法律や規則。金や玉のように貴い法律というのが、もともとの意味。
金科玉律。

5. 温故知新(おんこちしん)
昔の物事を研究し吟味して、そこから新しい知識や見解を得ること。古きを訪ねて新しきを知る。先人の知恵に学ぶこと。
説明:『論語』の中にあることばで「故(ふる)きを温(たず)ねて新しきを知る」と読む。孔子が、師たる者の資格を説いたもの。
温故知新。

6. 晴耕雨読(せいこううどく)
晴れた日には外に出て田畑を耕し、雨の日は家で読書をして過ごすこと。悠々自適の生活のたとえ。
晴耕雨读。

7. 馬耳東風(ばじとうふう)
快い春風が吹いても馬の耳は何も感じないことから、人の言うことに全く耳を貸さないこと。他人の意見などを気にとめず、聞き流すこと。
説明:「東風」は春風のこと。春風が吹けば、ふつうは喜ぶものだが、馬は全く感動しないということから。
耳边风,置若罔闻。

8. 百家争鳴(ひゃっかそうめい)
多くの学者や有識者が、活発に議論をたたかわせること。学

術上の各派が自由に論争を展開すること。様々な花が一斉に咲き誇る「百花斉放(ひゃっかせいほう)」と併せて用いられる。
百家争鸣。

9. 大器晩成(たいきばんせい)
大きな器は完成が晩いから全容が分からない。つまり、偉大な人物は、その力量を発揮するまでに時間がかかるが、遅くなっても必ず頭角を現し、大成するものであるということ。
大器晩成。

10. 意馬心猿(いばしんえん)
人の心というものは、欲望や情欲、煩悩のために抑えがたいものであるということ。
説明:「意」も「心」も、人の心。走り回る馬や騒ぎ立てる猿が抑えられないように、人の心の乱れも抑えられないものだということ。
心猿意马。

11. 三面六臂(さんめんろっぴ)
一つの体に、三つの顔と六本の腕があるということから、一人で何人分もの働きがあることのたとえ。また、多方面に活躍することのたとえ。
説明:「面」は顔で、眼や頭脳を意味し、「臂」はひじのことで、腕、手を表わす。
三头六臂。

12. 試行錯誤(しこうさくご)
ある目的に向かって、失敗を積み重ねながら少しずつ進むこと。試みと失敗を繰り返しながら目的の達成に向かって進むこと。
试行错误。反复试验。

13. 百折不撓(ひゃくせつふとう)
何度も何度も挫折しても、望みを失わないで立ち向かっていくこと。くじけないで最初の意志を貫こうとするさま。同じ意

味に、「不撓不屈(ふとうふくつ)」、「七転八起(しちてんはっき)」がある。
百折不撓。

14. 三寒四温(さんかんしおん)
寒い日が三日ほど続くと四日ほど暖かい日が続き、これを繰り返す晩冬の気象現象をいう。
三寒四温。

15. 鰥寡孤独(かんかこどく)
妻のない男と、夫のいない女、みなし児と独り暮らしの老人など、身寄りのない独り者のこと。
説明：「鰥」は妻のない者。「寡」は夫のない女性。「孤」は孤児。「独」は年をとって子のない者。
鰥寡孤独。

16. 日進月歩(にっしんげっぽ)
時とともに絶えず進歩し発展すること。
説明：「日進」は日ごとに進歩すること。「日進月歩」で日ごと月ごとに絶えず進歩するの意。
日新月異。

17. 才子佳人(さいしかじん)
才知の優れた男性と美しい女性。似合いの男女をほめるときのことば。最近は「佳人」にして「才子」な才色兼備の女性が多く、男性は立場がない。
才子佳人。

18. 桃李成蹊(とうりせいけい)
立派な人物の周りには、自然に人が集まってくることのたとえ。
説明：「桃李(とうり)物言わざれども、下自(しもおのずか)ら蹊(こみち)を成す」といい、桃や李(すもも)は花が美しく実が美味しいので、その木の下には自然に人が集まってくるから、道ができるという意味。「蹊」は小道のこと。

桃李不言，下自成蹊。

19. 百尺竿頭（ひゃくしゃくかんとう）
百尺もある長い竿の先端ということから、到達し得る極点。向上し得る最高の地点。
説明：百尺は約30メートルで、非常に長いこと。「百尺竿頭一歩を進める」という言い方がよくなされるが、これは到達した極点よりさらに一歩前進するということで、いっそう意味の強まった表現となる。
百尺竿头。

20. 立身出世（りっしんしゅっせ）
成功して社会的に認められること。社会的に高い地位につき、世間に名前を知られること。
出人头地。

第八課
平和と繁栄に向かって
（国際関係篇）

セクション1　基本語彙：

　このセクションにはA、B、C、D、Eの五つの部分があります。テープについて、国際関係に関する基本的語彙を読んでみてください。そして、横の線に日本語か、中国語の意味を書いてみてください。

A. 戦争と平和：

日本語	中国語
1. 民族紛争	_____
2. 香港返還	_____
3. 核兵器	_____
4. 反テロ(1)	_____
5. 自爆テロ	_____
6. 6ヵ国協議	_____
7. "9・11"同時多発テロ	_____
8. 軍縮	_____
9. 湾岸戦争	_____
10. 中東平和プロセス	_____
11. 原爆	_____
12. 平和維持活動(PKO)	_____
13. 平和維持軍(PKF)	_____

14. 原子力発電所
15. ウラン

中国語	日本語
1. 安全保障体制	
2. 民族主义	
3. 共识	
4. 导弹	
5. 联合国改革	
6. 边境冲突	
7. 联合国安理会	
8. 伊朗核问题	
9. 防止核扩散	
10. 成为常任理事国	
11. 军备管理	
12. 霸权主义	
13. 和平崛起	
14. 大规模杀伤性武器	
15. 解除武装	

B. 貧困と繁栄：

日本語	中国語
1. 貧困問題	
2. 寄付	
3. 余剰労働力	
4. 雇用促進	
5. 産業空洞化	

6. 工業団地(2) _____
7. 経済制裁 _____
8. 内需拡大 _____
9. 過当競争 _____
10. 景気循環サイクル _____
11. 商品をボイコットする _____
12. 債務減免 _____
13. 石油価格の高騰 _____
14. 互恵 _____
15. 南北経済回廊 _____

中国語	日本語
1. 国际合作	_____
2. 石油危机	_____
3. 能源多样化	_____
4. 不平衡	_____
5. 资金援助	_____
6. 通货膨胀	_____
7. 通货紧缩	_____
8. 削减贫困	_____
9. 竞争优势	_____
10. 难民	_____
11. 提高生产力	_____
12. 粮食问题	_____
13. 赞助商	_____
14. 经济萧条	_____

15. 国際分工

C. 国際関係に関する実用言葉(1)：

日本語　　　　　　　　　　　　中国語
1. 最高指導者
2. サミット
3. 斡旋
4. 調印
5. 枠組み
6. 呼びかける
7. 非難
8. 覚書
9. 善処
10. 戦略的パートナーシップ
11. 国交正常化
12. スポークスマン
13. 独裁政権
14. 内政干渉
15. 多国間協議

中国語　　　　　　　　　　　　日本語
1. 联合声明
2. 主权国家
3. 互访
4. 缔约国
5. 非正式磋商
6. 决议案

7. 分歧 _____
8. 争端 _____
9. 工作组 _____
10. 维护 _____
11. 双边关系 _____
12. 和谈 _____
13. 领土完整 _____
14. 战略合作 _____
15. 妥善解决 _____

D. 国際関係に関する実用言葉(2)：

日本語 　　　　　　　　　中国語

1. ハイレベルの往来 _____
2. 大規模合同軍事演習 _____
3. 模様眺め _____
4. 談合 _____
5. たらいまわし _____
6. 水掛け論 _____
7. 原則合意 _____
8. 棚上げ _____
9. 得策 _____
10. オブザーバー _____
11. 反発 _____
12. 即時停戦 _____
13. マージナル化 _____
14. ボーダレス _____

15. 信頼醸成　　　　　　　　　　　＿＿＿＿＿＿＿

　　　　　中国語　　　　　　　　　　日本語

1. 表面形式　　　　　　　　　　　＿＿＿＿＿＿＿
2. 民主选举　　　　　　　　　　　＿＿＿＿＿＿＿
3. 紧急国际援助　　　　　　　　　＿＿＿＿＿＿＿
4. 人道主义　　　　　　　　　　　＿＿＿＿＿＿＿
5. 不经投票　　　　　　　　　　　＿＿＿＿＿＿＿
6. 表决时多数通过　　　　　　　　＿＿＿＿＿＿＿
7. 国际友人　　　　　　　　　　　＿＿＿＿＿＿＿
8. 拥护　　　　　　　　　　　　　＿＿＿＿＿＿＿
9. 建设性意见　　　　　　　　　　＿＿＿＿＿＿＿
10. 强制遣送回国　　　　　　　　　＿＿＿＿＿＿＿
11. 关键时刻，紧要关头　　　　　　＿＿＿＿＿＿＿
12. 议程　　　　　　　　　　　　　＿＿＿＿＿＿＿
13. 圆桌会议　　　　　　　　　　　＿＿＿＿＿＿＿
14. 东道主　　　　　　　　　　　　＿＿＿＿＿＿＿
15. 白皮书　　　　　　　　　　　　＿＿＿＿＿＿＿

E. 相関機関と固有名称：

　　　　　日本語　　　　　　　　　　中国語

1. ペンタゴン(国防総省／DOD)　　＿＿＿＿＿＿＿
2. 上海協力機構(SCO)　　　　　　＿＿＿＿＿＿＿
3. 国際原子力機関(IAEA)　　　　　＿＿＿＿＿＿＿
4. ASEAN 地域フォーラム(ARF)　　＿＿＿＿＿＿＿
5. ハーグ国際司法裁判所　　　　　＿＿＿＿＿＿＿

6. 核不拡散条約/核拡散防止条約(NPT)

7. G8サミット(主要国首脳会議) _____
8. G4(4ヵ国グループ) _____
9. 欧州連合(EU) _____
10. アフリカ連合(AU) _____
11. 輸出加工区(ETZ) _____
12. 非政府組織(NGO) _____
13. 政府開発援助(ODA) _____
14. 歴史を鑑とし、未来に目を向ける _____
15. 隣国を友とし、隣国と仲良く付き合う

_____
16. 小異を捨てて大同につく _____
17. 大所高所に立つ _____
18. 歴史的経験を総括する _____
19. 平和五原則 _____
20. ジュネーブ _____

セクション2　背景知識：

A. 冷戦後の国際情勢を紹介する日本語の背景知識を読んでください。

　冷戦終焉後、国際情勢の変化とは何か？新しい歴史を作る根拠とは何か？

　第一は、国家間関係において、戦争が紛争の最終解決手段であった時代はとっくに終了したことです。それは戦争のもたらす破壊が巨大になりすぎたからです。問題は核兵器だけに限りません

が、典型的に現されるのが核兵器の出現です。この状況の下で、核戦争にエスカレートする可能性のあるような国家間では、戦争は自殺行為になっています。第二次大戦後、大国間では戦争が無く、核戦争にエスカレートする危険のない戦争のみが戦われてきました。しかも、それらの局地的戦争は多大の犠牲を払っても獲得しなければならないような価値、例えば、独立とか革命、解放、より重大な損害の回避等のために戦われることが普通でした。

　第二に、そのような情勢の下で、国際間には、紛争の平和的解決のためのいくつもの手段、例えば、経済的協力関係の進展に伴う共通の価値、共通の利益、共通の認識等の下に、国家、NGO等が協力し、ルール、レジーム等を形成する努力を払うことが一般的になってきたことです。これは、いわゆる「覇権国家」が自分の思うようなルールやレジームを作るということに限られない現象が現れてきていることを意味します。人類が自分で作り出した核のもたらす大災害や経済のグローバル化に伴う諸困難を避けるために、達成してきた知恵であると言えるでしょう。これらの新現象が、国際政治の主現象となりつつあるのに伴って、国際協力、国際協調が通常の状態になりつつあるのです。この状態の下でも、まだ完全に戦争がなくなるという保障はありません。従って、各国は自衛のための軍備は依然保有しています。しかし、これらの軍事力を用いて、侵略的な目的を達成することはもはやできなくなったし、国民の安全保障でも国際的に協力してはじめて達成できるようになってきました。

　冷戦時代において、敵味方の「共通の安全保障」が生まれており、冷戦後には敵を想定しない協調的安全保障、或いは国連の集団安全保障を実現しようという努力が世界範囲で普遍的になってきているのです。この段階で、人類にとって安全保障上の脅威は、もはやこのような情況をはっきりと認識している責任ある国家ではなく、国家以外の「テロリスト」になってきています。「テロリスト」については、まだ世界中の責任ある人々に共通の「定義」が出来て

いるわけではありませんが、それによって生じる被害の大きさが認識されつつあります。

　中日関係(3)は、そのような国際環境の下で、少なくとも共通の利害、即ち平和な国際環境を求めるという共通の願望を軸にした協調関係が作られるべきだし、それを作る条件は整っています。アジア太平洋という次元に関して言えば、ここではアメリカの存在を除外して考えることはできません。アメリカを含んだ国際協調関係が作られ、作用することによって、中日関係をはじめとするアジアの平和共同体・利益共同体を形成することが可能になるのです。それは30年前に中日米の指導者たちが望んだことでもありました。不幸にして、共通の利害認識が形成されなかったり、誤解が生じたりして、この平和共同体は未完成であり、助走期間を終えてから完全に止まっています。しかし、21世紀の初頭にあって、既に国家間の戦争が事実上不可能になってきたことが今までになくはっきりと認識されるようになってきました。もちろん、古い国際政治観にしがみついている人々、即ち「一国安全保障」や「軍事力による支配権確保」を考える人々が残っています。これらの人々に今日の国際情勢を新たに認識してもらい、新しい国際組織によって平和と持続可能な発展を確保することが、今日の最大の課題です。

B. 国連に関する中国語の文章を読んでください。また、読んだ後、Aの内容を参考に、下記の質問について考えてください。できるだけ自分の表現で答えてみてください。

　联合国成立于1945年10月,在第二次世界大战结束后的两个月。"从此创造一个和平的世界",在这一宗旨下最初由51个国家组成。类似的组织在第二次世界大战之前也曾有过。就是第一次世界大战后成立的"国际联盟"。但由于美国没有加入,且未能防止第二次世界大战的爆发,所以经过反省之后便成立了现在的联合国。联合国的成员国不断增加,如今已有191个国家。

所有成员国进行对话的场所即"联合国大会"。除了决定各国缴纳的经费用途之外,还广泛地就全球问题进行磋商。协调联合国各种活动的机构就是"秘书处"。那里的负责人就是秘书长(4)。

当国与国之间发生对立时,联合国将做些什么呢?

决定和平调解的机构即"联合国安全理事会(安理会)"。由中、美、英、法、俄这5个固定成员(常任理事国)和由选举产生的10个任期为两年的非常任理事国组成。首先,安理会寻求通过对话和平解决。有时联合国秘书长也会出面调解。若这样仍无法避免战争的话,联合国将立即要求停战。许多国家会停止对该国的贸易,从而敦促停火。即便用尽各种方法战争或混乱仍继续时,有时也允许由多国组成的多国部队以武力来停止战争或混乱。

一旦决定停战,联合国就开始进行维和活动(PKO),避免战火再起。至今为止已经进行了60次维和活动(PKO)。由各国军队组成的维和部队(PKF)在停火双方之间进行警戒,帮助重建家园和选举。

近来除了国与国之间的冲突之外,在同一国家内部的民族、宗教团体间也发生了纠纷。例如,2002年在已从印尼独立出来的东帝汶,支持独立的多数派同反对派互不相让,发生暴动。安理会在派出多国部队和维和部队的同时,还帮助其进行独立的工作。

有人提出安理会的构成上存在问题。在2005年9月21日召开的联合国大会上,有关安理会改革的问题成为一个重要的讨论议题。近年来,随着国际形势的发展,人类正面临各种全球性问题。许多国家希望安理会能更多地发挥保障国际安全的作用。与此同时,一些国家在安理会改革建议的相关报告出台之前,先各自表明立场,形成舆论,以求在未来的安理会改革中占优势。当前,安理会改革的焦点在于扩大问题,即扩大安理会成员队伍,增设安理会常任理事国席位。其次是否决权问题。

另外,全球有10亿以上的贫困人口每日生活费不足1美元。有1.4亿儿童失学。为解决这些问题,联合国的一些专门机构也在发挥作用。由54个国家组成的"经社理事会"对各个机构的活动进行调整,使它们能更好地运转。

比如，世界粮食计划署(WFP)每年提供400万吨粮食援助。联合国儿童基金会(UNICEF)使儿童免受疾病和暴力的侵害。世界卫生组织(WHO)正致力于防治艾滋病。联合国教科文组织(UNESCO)努力使孩子们能上学。它也负有保护重要文化和自然的职责。在苏门答腊岛附近海域大地震并引发海啸之后，联合国人道主义事务协调厅(OCHA)向各机构分配从世界各地寄来的捐款。2000年联合国制定了目标，到2015年为止使世界贫困人口减少一半，让所有的儿童小学毕业。

質問：
1. 国連はどんな組織なのか、どんな働きをしているのか、自分の言葉でまとめてみてください。
2. 中国がいつ国連に加盟したのですか。
3. 中国が日本と国交正常化されたのはいつですか。
4. あなたは普段新聞を読んだりして、国家の大事や国際社会の動きに関心を持っていますか。最近、起こった大事件をいくつか挙げてみてください。
5. 中日友好の架け橋として、あなたが何か貢献できることはありますか。

セクション3　初級通訳練習（文の訳）：

A. 日中通訳

　　テープをかけて、聞き取った文を繰り返してみてください。それから、中国語に訳してみてください。そして、✪の数が増えるにつれて、文が長くなり、難しさも増します。

例：
　　　✪中日は友好の長い歴史があります。(18文字)
　　　（参考訳文）中日友好历史悠久。
　　　説明：✪が一つある場合、語彙か文は短くて、簡単です。聞

きながら、メモを取る必要はありません。訳す時、基本的な意味を理解すれば十分です。ある意味ではエキジビションゲームです。

❋❋ 朝鮮半島の非核化の具体論では北朝鮮と米国との間に大きな溝があります。(37文字)

(参考訳文) 在朝鲜半岛无核化的具体问题上朝美之间存在很大分歧。

説明：❋が二つある場合、文は長くなり、少々難しくなります。必要によって、メモを取ることができます。訳す時、基本的な意味を理解・把握する上に、語の選びや語順の並べ方を考える必要があります。

❋❋❋ ロンドン、エジプト、イラクで爆弾テロが続発しており、国際社会では「対テロ戦争」が続いています。(50文字)

(参考訳文) 伦敦、埃及、伊拉克相继发生炸弹爆炸恐怖袭击事件，在国际社会"反恐战争"仍在继续。

説明：❋が三つある場合、文は最も長く、難しいです。新しい単語も含まれています。文を聞き取るには、メモを取る必要があります。訳す時、文の意味を十分に理解・把握する上に、訳文の簡潔さや意味の伝達度なども考えてもらいたいです。

以上の説明に基づき、実践練習に入りましょう。各レベルの文はそれぞれ六つあります。

❋ 1. 中露印(5)3国の首脳会談は初めてです。(17文字)

❋ 2. 全世界の人々が本会談に大きな期待を寄せています。(24文字)

❂ 3. 中日両国の経済貿易は相互補完性がとても強いです。(24文字)

❂ 4. 双方は地域の安全保障や経済協力について協議します。(27文字)

❂ 5. 冷戦後の世界は、以前よりも複雑な様相を呈しています。(26文字)

❂ 6. 小泉、ブッシュ時代、日米経済関係で唯一の懸案が牛肉問題です。(30文字)

❂❂ 7. アジアを含む他の諸国は、経済発展の成功体験を共有することが大切です。(34文字)

❂❂ 8. 北朝鮮(6)の核開発問題などを巡る6ヵ国協議が北京で再開されました。(31文字)

❂❂ 9. テレビを含め世界でW杯を観戦する人はのべ(7)400億人を超すとも言われます。(36文字)

✿✿ 10. 中国とインドは北京で、石油・天然ガス分野での協力強化に関する覚書に調印しました。(40文字)

✿✿ 11. 中国は発展途上国の大国として、国際実務でますます重要な役割を果たしつつあります。(40文字)

✿✿ 12. G8各国とほかの国々との間のエネルギー問題に関する新たな対話を開始しました。(38文字)

✿✿✿ 13. 3首脳は国際・地域問題への対応など政治分野でも提携を強めることで一致しました。(39文字)

✿✿✿ 14. テロリストは国境を越えて活動するため、国内機関および国家間でより効果的に連携することが必要です。(48文字)

✿✿✿ 15. 中国とASEAN(8)は2002年に経済貿易協定を締結し、2010年までには自由貿易地域が構築される見込みです。(53文字)

❂❂❂ 16. 会議の期間中、ASEAN＋3(中日韓)の非公式会議が開かれたほか、中日、日韓の二国間外相会議も行われました。(53文字)

❂❂❂ 17. 長期的にテロとの戦いに勝つためには、現在のテロリストの活動阻止だけでなく、人々が新たにテロリストとなることを阻止することが重要です。(66文字)

❂❂❂ 18. 民間の文化交流で接点を見つけ、新しい外交手段を図ることも、外交関係を築き上げることにおいては、大事だとされています。(58文字)

B. 中日通訳(星数えの通訳トレーニング)

　　テープをかけて、聞き取った文を日本語に訳してみてください。文型の選択及び語感による差異から、同じ文には違う訳文が二つあります。自分が訳した文をこれらと比較してみて、どれが最も適切な訳なのかと考えてください。

例：
　　　❂ 中日友好歴史悠久。(9文字)
　　　(参考訳文) 中日は友好の長い歴史があります。
　　　中日は歴史が長い友好関係を持っています。
　　　説明：❂が一つある場合、語彙か文は短くて、簡単です。聞

きながら、メモを取る必要はありません。訳す時、基本的な意味を理解すれば十分です。ある意味ではウォーミングアップです。

✿✿ 在朝鲜半岛无核化的具体问题上朝美之间存在较大分歧。（25文字）

（参考訳文）朝鮮半島の非核化の具体論では北朝鮮と米国との間に大きな溝があります。

朝鮮半島非核化に関する具体的な面においては、北朝鮮と米国との間に大きなズレがあります。

説明：✿が二つある場合、文は長くなり、少々難しくなります。必要によって、メモを取ることができます。訳す時、基本的な意味を理解・把握する上に、語の選びや語順の並べ方を考える必要があります。

✿✿✿ 伦敦、埃及、伊拉克相继发生炸弹爆炸恐怖袭击事件，在国际社会"反恐战争"仍在继续。（40文字）

（参考訳文）ロンドン、エジプト、イラクで爆弾テロが続発しており、国際社会では「対テロ戦争」が続いています。

ロンドン、エジプト、イラクで爆弾テロが相次いでおり、国際社会における「反テロ戦争」が続いていきます。

説明：✿が三つある場合、文は最も長く、難しいです。新しい単語も含まれています。文を聞き取るには、メモを取る必要があります。訳す時、文の意味を十分に理解・把握する上に、訳文の簡潔さや意味の伝達度なども考えてもらいたいです。

以上の説明に基づき、実践練習に入りましょう。各レベルの文はそれぞれ六つあります。

✿ 1. 在朝鲜半岛，铁路问题正成为焦点。（16文字）

✱ 2. 4年一度的足球盛会——世界杯的开幕正日益临近。(23文字)

✱ 3. 发展两国间的贸易是一个双赢的举措。(17文字)

✱ 4. 随着互联网的普及,电子商务的前景将越来越光明。(23文字)

✱ 5. 我们认为双方加强协商和合作是解决问题的最好途径。(24文字)

✱ 6. 在中途双方的意见出现了分歧,合作项目无法继续进行。(25文字)

✱✱ 7. 20世纪给人类带来了经济上的飞跃,同时也几次让人经历了悲惨的战争。(32文字)

✱✱ 8. 谁在世界汽车市场上占有优势,谁的国家经济地位就显赫。(26文字)

✱✱ 9. 联合国教科文组织开始建立包括全球所有地震、海啸发生地区在内的海啸报警系统。(37文字)

✦✦ 10. 中国正在加强同俄罗斯的经贸关系，俄罗斯已从去年的第十位上升到中国的第八位贸易国。（40文字）

✦✦ 11. 一个公平、公正、开放和非歧视的多边贸易体制有利于世界经济的长期稳定发展。（36文字）

✦✦ 12. 通过过去三次的6方会谈，已就坚持朝鲜半岛的无核化目标，维护半岛的和平与稳定达成共识。（42文字）

✦✦✦ 13. 中日保持睦邻友好关系，进行互惠合作，既有益于两国人民，也有益于亚洲乃至(9)世界的和平和繁荣。（46文字）

✦✦✦ 14. 在伊拉克军队维持治安的能力得到提高的前提下，英军可能在12个月以内开始从伊拉克撤军。（41文字）

✦✦✦ 15. 共同声明草案以到2020年确立东盟共同体为视野，强调了缩小东盟各成员国之间差距的必要性。（41文字）

❖❖❖ 16. 决议不仅对伊朗核开发表示深切担忧，还要求全面停止包括研发在内的所有铀浓缩相关活动和再处理活动。（47文字）

❖❖❖ 17. 中印战略合作伙伴关系的确立体现了两国政治上相互信赖的战略观点和紧密合作的共同愿望，标志着两国关系进入了新的发展阶段。（58文字）

❖❖❖ 18. 不用说理解他国的历史、文化、经济、国际关系等情况固然重要，但更重要的是理解他国更广义上的文化，即对事物的看法、行动时的思维模式及其产生的文化根源等。（74文字）

セクション4　中級通訳練習（小段落の訳）：

A. 日中通訳

　　テープをかけて、次の各段落を中国語に訳してみてください。ピッピッという音は区切り音で、ピーという音は終了音です。（注：区切り音を「／」で、終了音を「〃」で表示します。）

1. 中国と日本の文化には相違がありますが、同時に相通じるものがあることも事実です。／これがまた両国人民の相互理解

の増進を大いに可能にしているのです。∥（71文字）

2. 中日両国政府は東海(10)ガス田開発などをめぐり、北京で局長級による非公式協議を開催しました。/非公式協議では、中日関係全般についても意見を交換しました。∥（72文字）

3. アフリカが近年相当の進歩を成し遂げました。/さらに多くの国が、民主的な選挙を実施しました。/経済成長は加速しています。/長年の紛争は、終結に向かおうとしています。∥（78文字）

4. 米日欧と旧ソ連(11)など原子力先進国が原子力供給国グループ（NSG）を設立しました。/原子力技術や核燃料の輸出を管理・規制することで核拡散の防止を図ります。/中国は2004年、参加しています。∥（91文字）

5. ジュネーブの高等国際問題研究所は小型武器の現状をまとめた年次報告書を発表しました。／世界各地の紛争による死者は年間8万～10万8000人で、うち60％～90％が小型武器の被害者と見られると指摘しました。∥（99文字）

6. 2004年12月26日、インドネシアのスマトラ沖で巨大地震が発生し、大規模な津波が起こり、かなり多数の死傷者と経済的損失が生じました。／インドネシア政府の求めに応じ、中国国際救援隊が2回に分けて、計70名派遣され、インドネシアで救援活動を行いました。∥（124文字）

B. 中日通訳

　テープをかけて、次の各段落を日本語に訳してみてください。ピッピッという音は区切り音で、ピーという音は終了音です。（注：区切り音を「／」で、終了音を「∥」で表示します。）

1. 据经济合作与发展组织（OECD）称，2010年前对所有发展中国家的援助将增加500亿美元。／其中，至少250亿美元将用于非洲。∥（50文字）

2. 联合国于1945年10月24日正式成立(12)，但当时的成员国仅51个国家。／而如今其成员国已增至191个国家。／至今还没有

第八課

一个国家退出联合国。//（58文字）

3. 据估计,全球艾滋病病毒(HIV)感染者上升到约4 000万人,在东欧、中亚、东亚感染人数猛增。/照这样感染人数以每年500万人的规模继续增加的话,将对世界经济产生严重的不良影响。//（78文字）

4. 世界卫生组织(WHO)发出警告,少女吸烟人数正迅速增加。/在日本虽然男性吸烟人数有所减少,但女性,尤其是年轻女性的吸烟人数有上升势头。/如今在二三十岁的人群里,每5人中就有1人(13)吸烟。//（87文字）

5. 慢性的全球发展不平衡也是一个重要的问题。/欧洲的许多地区国内需求小。/出口占主导且经济持续增长的亚洲,其储蓄率很高。/美国的消费形势看好。/这些因素扩大了全球经常收支的不平衡。//（84文字）

6. 中美两国的领导人就中美关系以及重大的国际、地区问题深入地交换了意见。／中方愿与美方共同努力，将两国领导人达成的共识积极地付诸于实践，全面推进中美21世纪建设性合作关系。／／(82文字)

セクション5　通訳の注意点：

1. 「反テロ」の「テロ」は「テロリズム」の略です。同じ意味に「テロ取締り」という言い方もあります。
2. 「団地」は住宅・工場などが計画的に集団を成して建っている土地の意です。住宅を指す場合、中国語で「新村」、「小区」と、工場を指す場合、「工业园区」と言います。
3. 「中日関係」という言い方は中国の立場からです。日本の立場から言えば、「日中関係」です。外交上、これは立場に関わる重要な問題なので、間違えないようにしてください。
4. 「联合国秘书长」を「国連事務総長」と訳します。でも、日本語の「事務総長」を中国語にどう訳したらいいか、これはケースバイケースで訳すしかありません。
   例えば、
   国連教育科学文化機関の「事務総長」　　秘书长
   国際通貨基金の「事務総長」　　　　　　总裁
   世界貿易機関の「事務総長」　　　　　　总干事
   これはやはり日頃から関連知識を蓄積する必要があります。
   会議や議会の運営・採決をし、またこれを代表する人は、日本語は「議長」という表現を使います。議会以外にそれはほとんど「主席」と訳したほうが望ましい。もし議会以外の場合にそのまま「议长」と訳したら、中国人はさぞ理解に苦しむでしょ

う。同じように、「評議会」と国会の中の色々な「小委員会」をそれぞれ「委員会」、「小组委员会」と訳したら、中国人は理解しやすいでしょう。「選考委員会」を「评委会」と訳さないと、中国人はさっぱり分からないかもしれません。

5. 「中露印」はそれぞれ中国、ロシア、インド3カ国の国名の略です。国名の略が分かれば、訳が簡潔になるから、なるべく使ってください。このため、主要国の国名の略を覚えておくことが必要です。

例えば、

国名（英語のアルファベット順）	略
米国	米
オーストラリア	豪州
カナダ	加
中国	中
イギリス	英
フランス	仏
ドイツ	独
インド	印
イタリア	伊
韓国	韓
日本	日
ロシア	ロ/露　等々

6. 「北朝鮮」は「朝鮮民主主義人民共和国」を指します。中国語で「朝鲜」と言います。「北朝鲜」と言う人もいます。これに対して、中国語で「南朝鲜」という言い方より、「韩国」と言う人が多い。日本語でも「韓国」と言います。

7. 「のべ(延べ)」は同一のものが何回も含まれていても、そのそれぞれを1単位に数えた総計です。「延べ～人」という表現を普通「共计～人次」と訳します。

例えば、

- 香港の観光局(HKTB)は、2006年香港旅行年のテーマに合わせて、一連の大型イベントを計画しており、今年の香港への訪問旅客数の目標を延べ2 700万人としているという。

  訳文：为配合2006年香港旅游年的主题,香港观光局(HKTB)计划了一系列的大型活动,据说今年赴港游客人数的目标是2 700万人次。

8. 「ASEAN」、「WTO」などの英語の略名を読む時、読み方に注意してください。すべての略名は英語のアルファベットどおり、読むとは限りません。英語のアルファベットどおり、読める主要な組織名は下記のとおりです。

中国語名(ピンイン順)	日本語名	英語の略名
巴勒斯坦解放组织	パレスチナ解放機構	PLO
非洲统一组织	アフリカ統一機構	OAU
国际奥林匹克委员会	国際オリンピック委員会	IOC
国际复兴开发银行	国際復興開発銀行	
世界银行	世界銀行	IBRD
国际货币基金组织	国際通貨基金	IMF
国际金融公司	国際金融公社	IFC
国际劳工组织	国際労働機構	ILO
国际原子能机构	国際原子力機関	IAEA
经济合作与发展组织	経済協力開発機構	OECD
联合国	国際連合(国連)	UN
欧洲联盟	欧州連合	EU
世界卫生组织	世界保健機構	WHO
世界贸易组织	世界貿易機関	WTO
亚洲开发银行	アジア開発銀行	ADB

等々

英語のアルファベットどおり、読めない主要な組織名は下記のようです。

中国語名(ピンイン順)	日本語名	英語の略名

北大西洋公约组织	北大西洋条約機構	NATO(ナトー)
北美自由贸易协定	北米自由貿易協定	NAFTA(ナフタ)
东盟	東南アジア諸国連合	ASEAN(アセアン)
经济互助委员会	経済相互援助会議	COMECOM(コメコン)
联合国儿童基金	国連児童救済基金	UNICEF(ユニセフ)
联合国教育科学及文化组织	国連教育科学文化機関	UNESCO(ユネスコ)
联合国粮食及农业组织	国連食糧農業機関	FAO(ファオ)
石油输出国组织	石油輸出国機構	OPEC(オペック)
亚太经济合作组织	アジア太平洋経済協力組織	APEC(エイペック)
		等々

9.「乃至」は日本語で「ひいては」と言います。
例えば、
- 这一事件轰动了全中国乃至全世界。
訳文：この事件は全中国、ひいては全世界を驚かせました。

10. 国家の主権問題に関わる訳にあう時、特に注意が必要です。立場によって、できる訳とできない訳が両方ともあります。中国の立場から、「东海」を「東海」と、日本の立場だったら、「東シナ海」と訳します。我々は「东海」を必ず「東海」と訳してください。「東シナ海」という日本的な言い方に訳してはいけません。同じように、

中国名	中国の立場	日本の立場
钓鱼岛	釣魚島(ちょうぎょとう)	尖閣諸島(せんかくしょとう)
南沙群岛	南沙群島(なんさぐんとう)	スプラトリー諸島

日中対訳をする時、「尖閣諸島」を「钓鱼岛」と訳してください。文字通りのまま、「尖阁诸岛」と訳してはだめです。

11.「旧ソ連」の「旧」は過去、昔の意味です。ソ連は1991年12月に、ロシアなど11カ国が独立国家共同体(CIS)を結成したによ

って、崩壊しました。このため、現在「ソ連」を言及する時、よく「旧」を最初に置き、「旧ソ連」と言うのです。同じように、今、「ユーゴスラビア」を言う時、よく「旧ユーゴスラビア」という言い方を使います。
12. 組織・機関などが作られてその活動を始める時、「成立する」より、よく「発足する」、「創立される」という言葉をよく使います。
13. 「每5人中就有1人」という表現は習慣的に「5人に1人」というふうに訳します。

セクション6　知識の泉：

A. 今日の話題——プロ通訳者からのアドバイス

1. 巧妇难为无米之炊。口译是即兴翻译，自己不具备的常识、知识，在口译中遇到此类问题是绝对译不出来的。因此，平时的学习与积累是十分重要的。
2. 语言就是文化，单纯地替换单词，是不能够在另一种文化体系中产生意义的。所以，语言所要表达的是文化内涵。
3. 有志于从事口译工作的人应该积极借鉴、学习前辈的翻译经验，包括从前辈的失败之处吸取教训。
4. 进步不会是直线式的，而是如同爬楼梯一样。对现在的自己不满足，才会上升到新的高度。
5. 辞典要反复查，不要一找到适当的词就罢手。应当从以前学过的地方，找到新的用法。
6. 口译结束之后的整理工作十分重要。口译常常是即兴发挥，译得十全十美的时候并不多见。而事后回忆，找出最佳译法，是非常必要的。
7. 一个生词，第一次不懂，可以原谅，但不应该出现第二次还不懂的情况。
8. 不要忘记口译是一种服务行业。
9. 为了不至于产生一喜一忧的心态，自我评价至关重要。自己应

当清楚,即便受到夸奖,也应戒骄戒躁。
10. 在现有的条件下尽最大的努力,做到临场发挥恰到好处。有时事先得到的资料不充分,讲话者事先并不提供讲话稿,有时会遇到扩音设备出现故障、睡眠不足、身体不适等情况,但一定要战胜这些不利因素,在有限的条件下,充分发挥自己的潜能,争取成功。

B. 日本語の豆知識——中国の成語・ことわざ

1. 悪事千里を走る(あくじせんりをはしる)
「好事門を出でず、悪事千里を行く(走る)」の略。
悪い行いや評判は、隠そうとしてもたちまち世間に広がってしまうものだ、というたとえ。だから、悪いことをしてはいけないという戒め。
坏事传千里。

2. 雨垂れ石を穿つ(あまだれいしをうがつ)
「点滴石を穿つ」、「水滴石を穿つ」とも言います。
どんなに小さな力でも、根気よく辛抱して努力すれば、いつかはきっと大きな成果が得られることのたとえ。
滴水穿石。

3. 千里の馬は常にあれども、伯楽は常にはあらず
(せんりのうまはつねにあれども、はくらくはつねにはあらず)
日に千里を走る名馬は常にいるが、それを見つけて育てる伯楽のような人物は常にはいない。人材を見抜いて育てる人が先である、という意味。
千里马常有,伯乐不常有。

4. 天網恢々疎にして漏らさず(てんもうかいかいそにしてもらさず)
どんな小さな悪事でも、それを犯したものは必ず天罰を受けるものだ、というたとえ。大小を問わず、たとえどんな悪事でもしてはならないという戒め。

天网恢恢,疏而不漏。
5. 千里の行も足下に始まる(せんりのこうもそっかにはじまる)
遠い旅路も足元の一歩から始まる。即ち遠大な事業も手近いことから始まる。
千里之行始于足下。
6. 棺を蓋いて事定まる(かんをおおいてことさだまる)
人間、生きているうちは利害や感情が絡んで、公正な評価は下せない。その人に対する真の評価は死んだ後にはじめて決まるものだということ。
盖棺论定。
7. 奇貨居くべし(きかおくべし)
珍しい品物は、将来、うまいもうけをうむだろうから買っておくべきだ。転じて、与えられたチャンスは逃すな、得がたい機会はそれをうまく利用すべきだ、という意味。「奇貨」は珍品、掘り出し物。転じて、思いがけないチャンスの意。
奇货可居。
8. 天知る、地知る、子知る、我知る(てんしる、ちしる、ししる、われしる)
誰も知るまいと思っても、天地の神々も君も私も知っている。隠し事は必ず露顕するものであるということ。
天知、地知、你知、我知。
9. 人間到る処青山有り(にんげんいたるところせいざんあり)
自分の志を達成するためには、広い世間に出て大いに活躍するべきだということ。雄飛の志を持つことの大切さをいった言葉。
人间处处有青山。
10. 船に刻みて剣を求む(ふねにきざみてけんをもとむ)
時勢の移り変わりに気が付かずに、旧来の方法にこだわり続ける愚かさのたとえ。旧習にとらわれて臨機応変の措置がとれないことなどにも言う。

刻舟求剑。

11. 顰みに倣う（ひそみにならう）
    同じ意味の言葉に「西施（せいし）の顰みに倣う」、「西施捧心（ほうしん）」があります。
    事の是正や善悪を考えず、人のまねをすることのたとえ。転じて、他人に倣って何かをする時に謙遜していう言葉。
    东施效颦。

12. 人間万事塞翁が馬（にんげんばんじさいおうがうま）
    「塞翁が馬」とも言います。
    人生において何が幸・不幸の原因となるかは、予測がつかず決められない。幸福も不幸も変換するものだから、簡単に喜んだり悲しんだりするものではないということ。
    塞翁失马,安知非福。

13. 先んずれば即ち人を制す（さきんずればすなわちひとをせいす）
    同じ意味の言葉に「先手必勝」、「先手は万手」、「機先を制する」などがあります。
    文字通り、人より先に行動を起こせば、相手をおさえることができる、ということ。
    先发制人,后发制于人。

14. 匹夫も志を奪うべからず（ひっぷもこころざしをうばうべからず）
    「匹夫」は身分の低い男性。まだ地位のない人間であっても、何らかの志を持っているのなら、それをなくさせることはできません。高い志を持っている人は、地位や業績にかかわらず軽んじてはいけないという意味。
    匹夫不可夺志也。

15. 千丈の堤も蟻穴より崩る（せんじょうのつつみもぎけつよりくずる）
    同じ意味の言葉に「蟻の穴から堤も崩れる」があります。

堅固な堤防も蟻のあけた小さな穴がもとで崩れるように、ごくわずかな手抜かりから取り返しのつかぬ大事に至るたとえ。
千里之堤,潰于蟻穴。

16. 滄海変じて桑田となる(そうかいへんじてそうでんとなる)
「桑田変じて滄海となる」とも言います。
世の中の移り変わりが極めて激しいことのたとえ。
滄海桑田。

17. 虎穴に入らずんば虎子を得ず(こけつにいらずんばこしをえず)
危険な虎の穴に入らなければ、虎の子を得ることはできない。
冒険を冒さなければ功名は立てられないことのたとえ。
不入虎穴,焉得虎子。

18. 己の欲せざる所は人に施すなかれ(おのれのほっせざるところはひとにほどこすなかれ)
自分が欲しないことは人も欲しないのだから、これを人にしてはならない。
己所不欲,勿施于人。

19. 忠言耳に逆らう(ちゅうげんみみにさからう)
「良薬は口に苦けれども病に利あり。忠言は耳に逆らえどもおこないに利あり」の言葉から。
心身を尽くして諫める言葉や忠言はとかく耳にこころよくないということ。忠告は、とかく気に障り、すなおには聞き入れにくいものです。
忠言逆耳。

20. 孟母三遷の教え(もうぼさんせんのおしえ)
孟子の母が、孟子を教育するのに最適の環境を求めて三度も住居を移したという故事に基づく、幼い子供の教育には環境が大切であるという教え。
孟母三迁。

参考答案と参考訳文

第一課　伝統と近代との関わり(文化娯楽篇)

セクション1　基本語彙:

A. 中国の伝統的な物事:

日本語→中国語
1. 对口相声
2. 皮影戏
3. 连环画剧、拉洋片
4. 剪纸
5. 山水画
6. 帛画
7. 折子戏
8. 京剧脸谱
9. 唐诗
10. 庙会
11. 屠苏酒
12. 唐三彩
13. 景泰蓝
14. 旗袍
15. 舞狮

中国語→日本語
1. 落語(らくご)
2. 水墨画(すいぼくが)/墨絵(すみえ)
3. 人物画(じんぶつが)
4. 京劇(きょうげき)
5. 庭園(ていえん)
6. 書道(しょどう)
7. 対聯(たいれん/ついれん)
8. 年画(ねんが)
9. 漢方薬(かんぽうやく)
10. 鍼灸(しんきゅう)
11. 文房四宝(ぶんぼうしほう)
12. 太極拳(たいきょくけん)
13. 泥人形(どろにんぎょう)
14. 爆竹(ばくちく)
15. 掛け軸(かけじく)

B. 日本の伝統的な物事:

日本語→中国語
1. 日本传统音乐
2. 柔道

中国語→日本語
1. 相撲(すもう)/大相撲(おおずもう)
2. 茶道(さどう)

3. 空手道
4. 剣術
5. 狂言
6. 夏季穿的和服单衣
7. 婚丧喜事
8. 关于樱花开放的最新报道
9. 古色古香；朴素优美
10. 闲寂；恬静
11. 烟火晚会
12. 红白歌会
13. 满袋福
14. 新年后首次去神社参拜
15. 观赏红叶

3. 生け花(いけばな)/花道(かどう)
4. 歌舞伎(かぶき)
5. 能(のう)/能楽(のうがく)
6. 神社(じんじゃ)
7. 招き猫(まねきねこ)
8. 花見(はなみ)
9. 通夜(つうや)
10. 中元(ちゅうげん)
11. お歳暮(おせいぼ)
12. 着物(きもの)
13. 温泉(おんせん)
14. 銭湯(せんとう)
15. 俳句(はいく)

C. 芸能関係：

日本語→中国語
1. 动作片
2. 警匪片
3. 恐怖片
4. 侦探片
5. 鬼怪片
6. 纪录片
7. 电影导演
8. 蒙太奇
9. 临时演员
10. 配音
11. 经纪公司
12. 布鲁斯黑人音乐
13. 发烧友
14. 追星族
15. 说唱乐曲
16. 民歌；民谣

中国語→日本語
1. カンフー映画
2. 恋愛映画(れんあいえいが)
3. SF映画
4. 西部劇(せいぶげき)
5. アニメーション/アニメ
6. テレビドラマ
7. オペラ
8. バレエ
9. ミュージカル
10. カラオケ
11. クイズ番組
12. ヒップホップ
13. スチール写真
14. オーケストラ
15. ジャズ
16. ロック

17. 摇篮曲　　　　　　　　　17. 声優(せいゆう)
18. 经典剧目　　　　　　　　18. サーカス
19. 笑星　　　　　　　　　　19. 主役(しゅやく)
20. 现场演唱会　　　　　　　20. 脇役(わきやく)

D. 文化と娯楽の関係用語：

　　　　日本語→中国語　　　　　　　　中国語→日本語
1. 数码影院　　　　　　　　　1. 大衆文化(たいしゅうぶんか)
2. 各式各样的明星选拔比赛　　2. アイドル
3. 探险旅游　　　　　　　　　3. ロッククライミング
4. 电子宠物　　　　　　　　　4. ヨガ
5. 个人境外游　　　　　　　　5. エアロビクス
6. 形象代言人　　　　　　　　6. 屋台(やたい)
7. 首映式　　　　　　　　　　7. 視聴率(しちょうりつ)
8. 贺岁片　　　　　　　　　　8. デジタルカメラ/デジカメ
9. 海选　　　　　　　　　　　9. 文人墨客(ぶんじんぼっきゃく)
10. 哈日族　　　　　　　　　10. テーマパーク
11. 点歌　　　　　　　　　　11. カーニバル
12. 名角大会串　　　　　　　12. トークショー
13. 大腕歌星　　　　　　　　13. 韓流(ハンリュウ)
14. 狗仔队　　　　　　　　　14. 美人コンテスト
15. 最佳新人奖　　　　　　　15. 大物俳優(おおものはいゆう)

E. 相関機関と固有名称：

　　　　日本語→中国語
1. 国家观光振兴会　　　　　　2. 国际奥委会
3. 世界旅游组织　　　　　　　4. 联合国教科文组织
5. 日本环球影城　　　　　　　6. 世界大学生运动会
7. 日本职业足球联赛　　　　　8. 奥斯卡奖
9. 吉尼斯纪录　　　　　　　10. 米老鼠
11. 迪斯尼乐园　　　　　　　12. 玛雅文明
13. 好莱坞　　　　　　　　　14. 肖邦钢琴大赛

15. 威尼斯国际电影节　　16. 戛纳国际电影节
17. 柏林国际电影节　　　18. 文艺复兴
19. 金字塔　　　　　　　20. 木乃伊

セクション2　背景知識：

A. 生活文化における出来事を紹介する日本語の背景知識を読んでください。

　　上海在迈向国际化大都市的进程中，每天都发生着巨大的变化。人们休闲娱乐的意识也随之发生着变化。其中喝喝咖啡、泡泡吧已成为上海人生活的一部分。

　　如今露天咖啡座可以说已成为上海一道亮丽的风景线。随着在上海工作的外籍人士的增加，各种各样的咖啡馆和咖啡连锁店有如雨后春笋般地出现在上海街头。无论是外籍公司职员还是外国游客，都把这些各国风情的咖啡馆当作休闲的好去处。走在上海的街头，有时会给人一种错觉，似乎觉得自己是走在浪漫之都法国巴黎的街头。

　　人们之所以爱上咖啡馆是为了获得宁静的享受、与人沟通交流，但这大概也意味着人们的生活和文化上有了空余闲暇时间。不管是与知己小聚，还是谈生意；不管是与恋人沉湎爱河，还是与家人共享天伦，咖啡馆都是一个绝佳的场合。它不仅能缩短人与人之间的距离，还能体现人的品味，更能让温馨和舒适围绕四周。

　　中国人一向爱茶。茶的凝重和沉厚的确塑造了茶文化的魅力。与之相比，咖啡的感觉看上去要淡得多，但它讲究的是一种感觉，它是心境、气氛和美味的完美组合。有着500年历史的咖啡，对现代的年轻人而言，它的许多惊险有趣的经历已成为过去。现代人更多关心的是它的口味、效用和气氛。清晨起床后喝一杯醒脑，工作时喝一口提神，晚上休息时品一杯回味无穷。

　　如今咖啡已成为在世界贸易交易量中仅次于石油的商品。瞬间传遍世界各地的咖啡溶入了深厚的历史与文化韵味。因此，从某种意义上来讲，喝咖啡不仅仅是品尝一杯咖啡，更可以从中了解到咖啡所赋予的文化精神。

　　这样看来，咖啡不单是人们喜爱的饮料，或许也可以称之为一种文化多元化的结晶吧。

B. 中国のアニメ産業の現状に関する中国語の文章を読んでください。

　　子供向けの娯楽だったアニメは現在、子供の好奇心に応える独特の娯楽

的・教育的な役割だけでなく、数億の消費者を抱える大産業として、資本・技術・知識の集約されたハイエンド産業、革新を続ける成長産業と考えられるようになりました。大規模な放送システムの構築、市場参加者の形成、取引市場の育成など多くの振興策が打ち出されたことにより、ここ数年、中国のアニメ産業は急速に加熱しています。

　大まかな統計によると、今のところ中国全国で中央テレビ(CCTV)を始めとする20局余りが相次いで子供向けのチャンネルを開設しています。北京市、上海市、湖南省ではアニメ衛星チャンネルも開局しています。2005年6月、杭州で『第一回中国国際アニメマンガフェスティバル』が開催された後、さまざまなアニメマンガ展示会、トップフォーラム、アニメマンガ作家向けの研修・育成クラスが開かれました。北京、上海などの大都市でも積極的にアニメマンガ産業基地を整備しています。そして、アニメ産業に携わる優秀な人材を育成するため、2000年北京映画学院で国内初のアニメ学部が設置されて以来、全国で200以上の高等教育機関でアニメやデジタルアート専攻が開設されるようになり、いまや3万人以上が在学中です。また、一連の効果的措置によって、国有資本、民間資本、海外資本が次々と中国のアニメ産業に参入し、制作活動は空前の高まりを見せています。2003年時間ベースでわずか3万分足らずだった国産アニメ作品は2005年初めには、すでに23万分近くに上がり、数年前には想像もできなかった規模に達しました。

　「急成長期」に入った中国アニメ産業ブームに「見掛け倒し」の一面があるという声も上がってきました。米国や日本などと比べると、国産アニメの最も大きな弱点はオリジナル作品の不足、独自のブランドやキャラクターがないことです。そのため、競争力が弱く、視聴率も低いのが国産アニメ産業の実態です。中国青年報の調査によると、人気キャラクターの中は日本作品が78％程度を占めており、米国作品が10％、中国作品が9％になっています。また、中国全土と主要都市における日本キャラクターの認知度に関するアンケート調査では、トップになった「クレヨンしんちゃん」の認知度は77％で、「ちびまる子ちゃん」と「ドラえもん」がそれに続いています。それらに匹敵できるような「メード・イン・チャイナ」の中国キャラクターが見当たりません。このほか、総合的な産業チェーン、創造的人材と文化的内容などの不足問題を抱えています。アメリカ、日本などの外国アニメ制作会社も中国市場に大きな関心を示しています。中国市場のシェアを狙って、アニメ、マンガ、映画など

の分野への進出を加速しています。

　アニメは技術文明の産物です。現代の科学技術がアニメを誕生させましたが、新興の技術であるアニメも文化継承の役割を担っています。国産オリジナル作品の創造力不足と海外のアニメマンガ作品に強く刺激された中で、悠久な文化の伝承と豊かな文化資源を生かし、中国文化のイメージを回復する中国アニメ産業が期待されています。

セクション3　初級通訳練習（文の訳）：

A. 日中通訳

1. 京剧并不是北京土生土长的地方戏曲。
2. "饮食"大概是人生中最重要的事了。
3. 梅、兰、竹、菊是花鸟画中常见的题材。
4. 中国园林之美在于它熔文化、艺术于一炉。
5. 中国戏曲的起源是以载歌载舞的形式出现的。
6. 阴历是根据农业生产制定的，因此又称为农历。
7. 清代中期以前，上海仅仅是一个小渔村，在江南一带无足轻重。
8. 在中国正掀起一股空前的钢琴热。据统计中国的钢琴人口超过1 000万。
9. 韩剧拍摄地的观光游受到韩剧迷们的欢迎。
10. 古代留下姓名或无名的艺术家们运用手中的一支毛笔描绘出多姿多彩的大千世界。
11. 嘻哈是20世纪70年代由美国黑人中的年轻人创造出的一种街头说唱文化的总称。
12. 春节是中国最重要的传统节日。此时正值春回大地，万物更新的时节。
13. 佛教是初次传入日本的系统的思想体系，因此对后来的日本产生了难以估量的影响。
14. 画家的用具是被称为"文房四宝"的纸、笔、墨、砚，这也是中国普通文人的常备之物。
15. 能的历史比歌舞伎更为悠久，它形成于14~15世纪，是由男演员表演的，与欧洲的歌剧、芭蕾相似的歌舞剧。
16. 国际电影节是在世界各地举办的电影界庆典活动。以播映各种影视作品为主,还具有评选优秀作品和作为电影买卖交易平台的功能。

17. 在日本使用手机和电脑相互发送图像和音乐等文化娱乐信息的通信网络软件市场正发展迅猛。
18. 语言是国民身份和文化的象征。21世纪不再是一个千篇一律的时代,而将成为语言多样化的世纪。如今英语虽然是最基本的交流手段,但在21世纪,渴望成功的年轻人除母语以外必须至少掌握两种语言。多语言并用的时代的到来,这大概是全球化的副产品之一吧。

B. 中日通訳

1. 庭園は自然と人工的加工を巧みに結びつけたものです。
   庭園は自然と人間的な加工を完璧に結びつけたものです。
2. 爆竹を鳴らすのは歴代伝わってきた風習です。
   爆竹を鳴らすのは従来の風習です。
3. 中華民族の伝統文化は博大で奥深く、歴史が長いです。
   漢民族の伝統文化は博大で奥深いし、長い歴史を持っています。
4. 中国の伝統的な絵画の外観はヨーロッパ絵画と明らかな違いがあります。
   中国の伝統的な絵画の外観はヨーロッパのものと明らかに違っています。
5. 中、日、韓三国は千年以上の交流の中で、多くの文化を共有してきました。
   千余年の交流の中で、中日韓といった三国は文化の面では共有しているところがたくさんあります。
6. 漢民族の文化は気候の温暖な黄河流域に芽ばえたものです。
   中華民族の文化的な源は気候が暖かい黄河流域にあります。
7. 人間は昔から食文化を豊かに発展させ、一大文化圏を築いてきました。
   昔から人間が絶えず食文化を発展させることによって、一大文化圏が形づくられてきました。
8. マンガは一般的に子供の読み物だというイメージがありますが、日本では、大人でもマンガをよく読みます。
   一般的に子供向けの読み物というイメージを与えられたマンガですが、日本では大人でもよく読みます。
9. 欧米のオペラと中国の伝統演劇は体系の異なった演劇であり、簡単に比較することはできません。
   西洋のオペラと中国の伝統的な劇は体系が違うので、簡単に比較するこ

とはできません。
10. 20世紀90年代は、中国の第五世代の映画監督たちが、世界へ向けて羽ばたき始めた時代です。
前世紀90年代は中国の第五代の映画監督が、世界へ向けて第一歩を踏み出した時代です。
11. 中国では歌のオーディションは大変人気があり、スターを夢見るたくさんの若者たちを魅了しています。
中国では歌のコンクールは大変人気を呼び、スターを夢見る若者をたくさん引きつけました。
12. 京劇を見るならば、自らの文化的趣向と美意識をそれに持ち込まなければならず、美意識こそ最も真実な感動と記憶を残すことができるのです。
京劇を鑑賞する時、自分の文化的な味わいと美意識が不可欠です。美意識以外、最も真実な感動と記憶を残すものはないからです。
13. 中国には一年中、色々な祭日があります。これらの民族的色彩の濃い祭日と風習は、貴重な民族文化の一部を構成しています。
一年の中、中国は色々な行事があります。これらの民族的な雰囲気が強く漂われた行事と風俗は貴重な民族文化の一部です。
14. 庭園建築は対称的に配置するきまりを打ち破り、限りある範囲に自然らしい環境を作り出すために、弾力的で変化に富む全体的配置を採用しています。
庭園建築は対称的な配置法を捨てて、限られた空間内で自然をまねた環境を作り出すために、弾力性のある全体的な配置方法を採用しました。
15. 「キャッツ」は1981年、ミュージカル化されました。猫たちが主人公という親しみやすいキャラクターのほか、「メモリー」などの名曲も世界各国で大ヒットしました。
1981年「キャッツ」はミュージカルにアレンジされました。主人公とする猫たちの親切なイメージだけでなく、「メモリー」などの名曲も世界各国で大変人気があります。
16. 京劇を鑑賞する中でぶつかる問題は往々にして中国の歴史、風俗・習慣、文化、社会などの多方面の知識と関わりのあるものであり、だんだんそれを知ることによってはじめてその奥深さを体得することができるのです。

京劇の鑑賞中できた問題は時々中国の歴史、風習、文化、社会などに関する知識に関わって、だんだん知ることによってはじめて、その中の奥深さが理解できるのです。

17. 日本人は贈り物が好きな国民だとよく言われます。結婚祝いや誕生祝いといった他の国にもある贈り物はもちろん、ちょっとした訪問にも手土産を持参して、敬意や好意を表すというのが、日本的な習慣になっています。

    日本人は贈り物が好きな民族だとよく言われてきました。結婚や誕生日のお祝いの際、他の国でも贈り物はもちろんですが、日本では敬意と好意の表れとして、平日のちょっとした訪問の時さえ、贈り物をします。これは日本人の習慣になりました。

18. 礼儀作法は一種の文化で、人々のイメージの重要な側面を構成し、外在のイメージでありながら、内在の気質の表れでもあります。教師の一言一行、一挙手一投足、顔を綻ばせたり顰めたりすることはすべて自分の風采とイメージに輪郭と色彩を鮮明に書き加えることになります。

    儀礼は文化の一種です。人のイメージの重要な側面を構成した儀礼は外在的なイメージであり、内在的な素質の表れでもあります。教師の一言一行、一挙手一投足、顔を顰めたり綻ばせたりすることはすべて自分の風采とイメージに色々線を描いたり彩ったりすることになります。

セクション4 中級通訳練習（小段落の訳）：

A. 日中通訳

1. 京剧虽然产生的年代并不太久远，但对西方人而言，却充满了神秘。／京剧植根于东方文化这块丰厚的土壤里，与西方戏剧有着根本的差异。／／

2. 不同类型的园林呈现出一种安定、自足而幸福的生活状态。／可以说是一种生活的艺术。／而且从某些方面反映了古代中国人的人生观、世界观以及不同阶层的生活方式、价值取向、审美趣味等。／／

3. 茶道是一种有着700年历史的日本传统文化。／起初被用做贵重药材的抹茶种植获得成功后，人们便广泛饮用。／传自中国的茶道虽然随着时代的发展形式上发生了变化，但其精神却从未改变。／茶道在日本取得了独特的发展，成为符合日本的风土人情和日本人心情的传统文化。／／

4. 早期的中国绘画以作品的题材划分为若干画科，如人物画、山水画、花鸟画等。/公元17世纪前后，欧洲绘画传入中国。/为了与本土传统绘画相区别，舶来的欧洲绘画作品称为"西洋画"，本土绘画自然就称为"中国画"。//
5. 观众的欣赏趣味发生了变化。/特别是20世纪70、80年代以后，全球性的流行文化渐渐表现出其消费文化的特质。/热点持续的时间越来越短，大众的欣赏趣味越来越强调娱乐性、通俗性、多元性和时尚性。//
6. 饮食与各地形形色色的物产、历史、民族、宗教紧密相关，构成一大文化圈。/并且各地独自形成的饮食文化在不断的反复交流中，继续保持和发展着各自的传统和特色。//

B. 中日通訳

1. 中国人は、ある種の色で伝統演劇の登場人物の顔として描き出した特定の図案を「隈取」と称しています。/隈取は中国の伝統演劇の独特な演技形態の一つで、数千種もあり、さまざまな隈取にはそれぞれ特定の意味があります。//
2. 中国の若者の中では、コスプレが流行っています。/アニメ・コミックファンのうち、30％程度がコスプレの経験者です。/コスプレイヤーの80％は15歳～20歳です。/中国人民大学、北京師範大学などの名門校内にもコスプレのグループがあります。//
3. 20世紀に入ると、中国の画壇に百花、艶を競う局面が現れました。/一部分の画家は固有の伝統を基礎として、引き続きそれを発揚しています。/他の一部分の画家はその他の芸術から養分を吸収して、新しい路を模索しています。/本当に「各方面の大家たちが各々その才能を発揮している」と言えます。//
4. 長江南岸にある蘇州は文化の発達した都会です。/その文化・芸術の繁栄は発達した経済という後ろ楯がありました。/蘇州地区は太湖の東岸にあり、大運河は同地区を通りました。/川が縦横に流れ、交通便利、物産豊富であり、昔から中国の物産豊かなところです。/特に明代中期以来、蘇州の繊維業は全国をリードし、その経済発展は鬼に金棒で、長江以南地区の最も富裕な地区となりました。//
5. 動物ドキュメンタリーはいつも話題を集めます。/これらの作品に共通するのはじっくり時間をかけた製作と息をのむ映像の美しさです。/そ

して、人間社会で希薄になっている親子の愛や信頼を感じさせる動物の姿がよく共感を呼びます。//

6. 全米では今、毎年30億枚のピザが消費されているといいます。/同じくアメリカ文化に欠かせないホットドッグやハンバーガーと違い、ピザというのは、人と分けあうことを前提としています。/労働者階級から大学生や億万長者に至るまで、誰もがピザを好むのです。/この面から、ピザはあらゆる民族的、人種的、階級的な垣根を越える社会的な食べ物と言えます。/ピザの魅力はそこにあり、米国の象徴的イメージには最も適当かもしれません。//

第二課　社会万華鏡（社会生活篇）

セクション1　基本語彙：

A. 中国社会に関する実用言葉(1)：

日本語→中国語
1. 改革开放
2. 西部大开发
3. 南巡讲话
4. 计划生育政策
5. 社会主义市场经济
6. 现代化进程
7. 社会保障体系
8. 宏观调控
9. 完善法律体系
10. 国企改革

中国語→日本語
1. 北京五輪（ぺきんごりん）
2. 万国博覧会（ばんこくはくらんかい）/万博（ばんぱく）/エキスポート
3. 合弁企業（ごうべんきぎょう）
4. 日系企業（にっけいきぎょう）
5. 国有企業（こくゆうきぎょう）
6. 一国二制度（いっこくにせいど）
7. 経済特別区（けいざいとくべつく）
8. クリーンな政治制度の確立（クリーンなせいじせいどのかくりつ）
9. 腐敗一掃キャンペーン（ふはいいっそうキャンペーン）/腐敗取り締まりキャンペーン（ふはいとりしまりキャンペーン）/腐敗退治（ふはいたいじ）
10. 調和の取れた社会（ちょうわのとれたしゃかい）

11. 成功发射载人飞船
12. 城市基础设施建设
13. 科技振兴运动
14. 中华骨髓库
15. 三峡工程

11. 行政改革(ぎょうせいかいかく)
12. 自力革新(じりきかくしん)
13. 不動産ブーム(ふどうさんブーム)
14. 収入格差(しゅうにゅうかくさ)
15. 自宅待機(じたくたいき)/レーオフ/一時休職(いちじきゅうしょく)

B. 中国社会に関する実用言葉(2)：

日本語→中国語

1. 扶贫帮困
2. 第11个5年规划
3. 小康社会
4. 科教兴国
5. 教育兴国
6. 吉祥物
7. 外来人口
8. 常住人口
9. 全国人口普查
10. 居家养老
11. 最低工资
12. 放宽限制
13. 菜篮子工程
14. 希望工程
15. 安居工程

中国語→日本語

1. 一つの世界、一つの夢
2. 総合的国力(そうごうてきこくりょく)
3. 技術革新(ぎじゅつかくしん)
4. バランスのとれた発展
5. コミュニティサービス
6. マスタープラン
7. 法的規制(ほうてききせい)
8. 民族復興(みんぞくふっこう)
9. 貧困(ひんこん)から脱却(だっきゃく)し、豊になる
10. 安価な住宅(あんかなじゅうたく)
11. メカニズム
12. 個人株式投資家(こじんかぶしきとうしか)
13. 出稼ぎ労働者(でかせぎろうどうしゃ)
14. 偽物懲罰運動(にせものちょうばつうんどう)
15. 軍縮(ぐんしゅく)

C. 日本社会に関する実用言葉：

日本語→中国語

1. 特别护理老人院

中国語→日本語

1. 人口高齢化(じんこうこうれいか)

参考答案と参考訳文

2. 护理老人问题
3. 袋鼠族,啃老族
4. 在校被同学欺负的问题
5. 不愿去上学
6. (大学毕业后)的工作已事先内定好
7. 家庭暴力
8. 养老金制度改革
9. 打破退休年龄的界限
10. 机构改革

11. 修改宪法
12. 巨大执政党

13. 邮政民营化
14. 银行汇款诈骗

15. 石棉危害健康

2. 少子化(しょうしか)
3. 人口減少(じんこうげんしょう)
4. 少年犯罪(しょうねんはんざい)
5. 暴力問題(ぼうりょくもんだい)
6. フリーター
7. バブル崩壊(バブルほうかい)
8. 青年ホームレス
9. セクハラ
10. 医療制度改革(いりょうせいどかいかく)
11. クールビズ
12. ネット集団自殺(ネットしゅうだんじさつ)
13. 電子マネー
14. 女性専用車両(じょせいせんようしゃりょう)
15. 個人情報流出(こじんじょうほうりゅうしゅつ)/個人情報漏洩(こじんじょうほうろうえい)/個人情報漏れ(こじんじょうほうもれ)

D. 国際社会の出来事と焦点:

日本語→中国語

1. 种族歧视
2. 转基因食品
3. 电子图书馆
4. 博客
5. 网络检索
6. 同性恋
7. 全球化
8. "9·11"恐怖袭击事件
9. 自杀性爆炸恐怖袭击事件

中国語→日本語

1. 核家族化(かくかぞくか)
2. ディンクス
3. 外来生物(がいらいせいぶつ)
4. 海賊版(かいぞくばん)
5. ネット犯罪
6. ネットショッピング
7. サイバーテロ
8. 軍事演習(ぐんじえんしゅう)
9. 臓器移植(ぞうきいしょく)

10. 洗钱
11. 兴奋剂问题
12. 印度洋海啸
13. 反恐
14. 非法移民
15. 禁毒

10. 安楽死(あんらくし)
11. 発癌性物質(はつがんせいぶっしつ)
12. 心の健康/メンタルヘルス
13. 知的所有権(ちてきしょゆうけん)
14. 密航(みっこう)
15. テロリスト

E. 相関機関と固有名称：
　　日本語→中国語

1. 经济合作发展组织
2. 联合国教科文组织
3. 非典
4. 艾滋病
5. 埃博拉出血热
6. 禽流感
7. 疯牛病
8. 残疾人奥运会
9. 脱氧核糖核酸
10. 国内生产总值
11. 国民生产总值
12. 在家办公
13. 五角大楼
14. 白宫
15. 部长级会议

セクション2　背景知識：

A. 大騒ぎになった鳥インフルエンザを紹介する日本語の背景知識を読んでください。

　　几乎每年都会发生流感。在美国以老年人为主,已有约3.6万人因此丧命。但正因为流感发生如此频繁,所以我们对于普通的流感已经或多或少具备了一些抵抗能力。

　　不过,1997年5月危险的H5N1型禽流感袭击了人类。在东南亚潜伏了8年的H5N1型禽流感令1.4亿只禽类(包括为防止感染扩大而被扑杀的鸟类)被杀,68人丧命,并在2005年进一步扩大了感染范围。先是北边的蒙古和西伯利亚,接着又扩大到西面的乌克兰、克罗地亚和土耳其。

　　经过无数的细胞分裂和突变之后,H5N1型禽流感已变成一种令人不可思议的杀人病毒。目前虽然只证实禽流感可以由禽类传染给人,但如果变成人传

染给人的话,也许它将扩散到全世界。现在没有人对此具有免疫力,以往的那些疫苗对它也无任何效果。而且,令人不解的是禽流感的致命性相当高,感染者中大半致命。据世界卫生组织推算,最坏的结果就是禽流感的死亡人数可能上升到740万人。

一般的流感病毒破坏上呼吸道。这样一来,各种病原体就易侵入人体。原本体质较差的患者(老年人和幼儿等)就会并发病毒性肺炎而致死亡。但H5N1型病毒具有直接将对方致死的能力。西班牙流感的病毒破坏肺深层部位的细胞组织,引起强烈的免疫反应而导致肺部大出血。目前H5N1型病毒被认为和西班牙病毒属同一类型,要是这样的话,连那些年轻力壮的人也不可放松警惕。

H5N1型病毒由人传给人的明显感染病例一旦被确认,按照WHO的计划该地区将被立即封锁、隔离。全面禁止人和物的进出,学校和商店将被关闭,并禁止集会。当然,虽然由政府决定隔离措施,但居民的积极配合也是必不可少的。

在防止感染扩大方面,抗病毒药物也成了有力武器。现阶段口服药达菲和粉状吸入性喷剂瑞乐沙已被确认有效。无论哪种都具有阻止病毒在体内繁殖的作用。一般认为在感染早期服用的话,可以减轻病症。如果给健康人群进行"预防接种"的话,也许能使禽流感大爆发防患于未然。

WHO建议各国政府储备相当于本国人口十分之一的抗病毒药物。而另一方面许多人四处奔走,个人"囤积"达菲。这种个人储备的行为虽不违法,但有可能会变成和政府争夺数量有限的药物,而且胡乱服用的话,可能会增强病毒的抗药性。

但也有报告称已经出现了达菲对其无效的病毒。现在正流行的病毒是只通过禽类传染给人。真正让人恐惧的是病毒突变后,由人传染给人的时候。病毒的抗原体自身也在变化,所以我们也许无法指望目前研制的疫苗具有良好效果。人们担心会出现仍具有强大病原体的新病毒。

这样的话,这将是一场病毒突变的自然力量和与之相抗衡的人类力量之间的较量。

B. ソーシャルワーカーに関する中国語の文章を読んでください。

ソーシャルワーカーは、先進国では千人に六人の割合でいるそうですが、上海では今まで、浦東地区(テスティング地域)を除いては、正式のソーシャルワーカーはまだいません。いま、中国では、上海が先頭を切って、ソーシャルワーカーを誕生させようとしています。それは、中国初のプロフェッショナル

なソーシャルワーカーです。

　ソーシャルワーカーを誕生させることは、上海の「大民政」の体制における社会救済、コミュニティ建設、社会福祉、社会的人員配置及び民間組織管理等の仕事の中で最も重要な構成部分です。ソーシャルワーカーは、助けを求める相手と心の対話を通じ、人々を困難な状況から脱出させると同時に、政策的な事柄や専門知識に対するコンサルティングも行います。ソーシャルワーカーは人と人の間にある「ブリッジ」のようなものです。例えば、専門的視点から教師と学生、子供と親の関係を調節し、医師と患者の立場上の矛盾を緩和します。今では、ソーシャルワーカーという仕事のポイントは上海市政府の「政府が積極的に推進する、コミュニティが自主的に運営する、社会の各方面への参与」という総合的な考え方に基づいて展開されています。具体的には、主に毒性薬物の禁止、コミュニティ教育地域青少年の管理教育を突破口として、多様化される社会に対応する体制を形成し、各自がその仕事に携わり、総合的調整という新しい局面を創り出します。それによって犯罪を防止し、減少させていくことを共同で行っていきます。

　現代社会にはソーシャルワーカーは欠かせません。これから日常生活の中の矛盾や対立を減らし、社会の平和を保つことは、ソーシャルワーカーが取り組んでいくことになります。ソーシャルワーカーは政府に替わって、青少年の教育に関わる仕事をします。また、お年寄りの世話をし、失業者の就職斡旋も行います。今後は、コミュニティにおける細かい仕事にも、ソーシャルワーカーの後姿を頻繁に見ることができるようになるでしょう。ソーシャルワーカーの組織は、地域の住民及びその家庭にさまざまなサービスを与える仕事を行います。外国の経験を見ますと、多くのサービスの内容は最初に住民側の求めに応じて行われたもので、その後、その内容が充実されたのち、政府がそれを政策として取り上げることになります。勿論、中国では、ソーシャルワーカーは始まろうとしたばかりで、人手不足や力の及ばない現状に置かれていますが、今後はますます大きくなっていくことだろうと信じています。

　一方、ソーシャルワーカーはボランティアとは違って、どんな時でもどこでも人のために働くというわけではありません。つまり、今日は目の不自由な人のお供をする、明日は孤独な高齢者に窓拭きのサービスを行うことではありません。理性化、組織化された専門職として人を助けていくことがソーシ

ャルワーカーの仕事なのです。

　マクロ的に見れば、今の世の中は商品が溢れる時代と言えます。つまり、人々は物質を求めることにすでに「飽和感」を持っています。人々はさらに高いレベルの満足を求めています。言うなれば、それは精神面におけるサービスを提供することだと言えます。例えば、人間関係の整理、行動の指導、感情の交換等ですが、政府は国民のすべてのことに責任を持ってやることはできません。片親の子供の教育問題、孤独老人の日常生活、身体障害者の社会活動…とにかく、政府の力の及ばないところに、ソーシャルワーカーの専門的職能を生かすことができる場所があるのです。

セクション3　初級通訳練習（文の訳）：

A. 日中通訳

1. 想要在日本学习技能的外国人越来越多。
2. 越来越多的人通过手机上网。
3. 汽车、家电和食品等消费品的寿命正变得越来越短。
4. 手机的普及让人们担心利用手机进行犯罪的数量也会随之上升。
5. 随着"袋鼠族的增加",人们担心日本社会可能会失去活力。
6. 由于老人寿命延长和婴儿出生率低下,不仅是日本社会的人口开始减少,就连其人口结构也将发生巨大的变化。
7. 2005年6月西班牙通过了允许同性结婚和领养养子的法律。
8. 北京奥运会是继1964年东京奥运会、1988年首尔奥运会之后时隔20年在亚洲举行的第三次盛会。
9. 在2008年北京奥运会开幕前1 000天,北京奥组委公布了奥运吉祥物。
10. 据预计2000年到2020年这一期间,在中国中等收入阶层的比重会迅速上升。
11. 20世纪70年代中期开始,出现了艾滋病、艾博拉出血热、非典等30种以上的新疾病。
12. 由于电脑和手机的普及,对网络缺乏安全感的人也越来越多。
13. 在中国人们逐渐认识到技术创新的战略重要性,今后将会在全国范围内开展科技振兴运动。
14. 据经济合作与开发组织最近的报告称,提高劳动力流动性将可能有利于解决失业和收入差距等问题。

15. 日本经济"迷失的十年"中不断受到股价、地价下跌及不良债权问题的困扰，人们认为这十年是战后日本的转换期。
16. 著作权是作品一旦诞生后，画及小说等创作者便自动享有的一种权利。
17. 日本的人口在2006年达到1.28亿人的顶点之后便有可能开始减少，50年后减少到1亿人，100年之后减少到6 000万人，约为现在的一半。
18. 在出生率降低和人口老龄化的背景下，要求充分发挥女性才能的呼声日益高涨，但很多人因生育而退职，这使得女性难以被提拔到管理岗位上。从而反映出理想与现实之间依旧存在差距的现状。

B. 中日通訳

1. 鳥インフルエンザが発生すれば、急速に広がる可能性があります。
   鳥インフルエンザが起きれば、急速に拡大される恐れがあります。
2. 北京五輪はアジア三度目の五輪です。
   北京オリンピックはアジアで開催される三度目の大会です。
3. 大規模な人口移動は社会不安を掻き立てます。
   大規模な人口移動は社会の混乱を引き起こします。
4. 最新調査では、中国人旅行客一人が海外旅行で使う平均消費額は世界一です。
   最新の調査によると、海外旅行に使う中国人観光客の一人当たりの消費額が世界一であることが分かりました。
5. 電子マネーの利用が拡大し、携帯電話を使って送金するサービスも始まりました。
   電子マネーの利用が普及された後、携帯電話による振込みサービスも提供されるようになりました。
6. 競争激化が続く小売業の中で、コンビニエンスストアが売り上げを伸ばしています。
   激しい競争が続く小売業の中で、コンビニエンスストアが売り上げをだんだん伸ばしています。
7. 中国の自動車生産台数でも、いまやアメリカ、日本に次いでドイツを追い越す勢いで増え続けています。
   現在、中国の自動車生産台数はアメリカと日本に次いで、ドイツを追い越す勢いで増加を続けています。

8. 韓国には30万人を超える中国人労働者やビジネスマンが長期滞在し、新しい華僑社会を形成しています。
   30万人以上の中国人労働者とビジネスマンが長期的に韓国に滞在することによって、新しい華僑社会が形成されています。
9. 北京五輪開催は中国の文化を世界に紹介する機会であり、諸外国の文化を知って交流する機会でもあります。
   北京オリンピックの開催は世界に中国の文化を紹介するチャンスでもあり、他国の文化を知り、交流を促進するチャンスでもあります。
10. 日本の男女ともに晩婚化が進み、結婚しても実際に産む予定の子供の数も減っています。
    日本では男女ともに晩婚化が進む傾向があり、結婚後実際に産む子供数も減っています。
11. 中国のネット人口は2004年末から1 700万人増え、ネット普及率は8.5％に上昇しました。
    2004年末から中国のネット利用者は1 700万人増加し、ネット普及率は8.5％にもあがりました。
12. 中国国家観光局によれば、2004年海外を訪問した中国人は延べ2 885万人で、前年の2 022万人より42.7％増加しました。
    中国国家観光局の発表によると、2004年中国の出国者数は去年の2 022万人より42.7％増の延べ2 885万人です。
13. かつて東京の住宅価格は世界一でしたが、バブル崩壊に伴う地価落下で、2005年の価格は10年前の8割弱の水準に下がりました。
    かつて世界一だった東京の住宅価格ですが、バブル経済の崩壊による地価下落のため、2005年の価格は10年前の8割未満にも下がりました。
14. 厚生労働省の発表によると、日本人の平均寿命は、女性が85.59歳、男性が78.64歳で、男女とも5年連続で過去最高を更新しました。
    厚生労働省の発表によると、日本人の男女の平均寿命はそれぞれと78.64歳85.59歳で、両方とも5年間連続して過去最高を記録しました。
15. 米国のペット市場は年々拡大し、業界の推計によると、2005年のペット関連商品・サービスへの支出額は約360億ドルに上がります。
    アメリカのペット市場は年々広がりつつあります。該業界の推計によると、2005年ペット関連商品及びサービスに対する支出額は約360億ドル

にも上がりました。

16. 世界各地で「中国語ブーム」が高まっていることを受け、中国政府は2006年から2010年までの5年間に、東南アジアを中心に、計2万数千人規模の中国人教師を派遣します。

  世界各地における「中国語ブーム」の高まりを受け、2006年から2010年までの5年間に、中国政府は東南アジアを中心に、海外へ2万数千名の中国語教師を派遣する予定があります。

17. 2003年、2005年に続き、2006年の春節チャーター便は3度目でした。そして、搭乗者は台湾ビジネスマンとその家族から観光客を含むすべての台湾住民に拡大しました。

  2003年、2005年に続きまして、3度目の2006年の旧正月チャーター便も開通されるようになりました。利用者は台湾ビジネスマンとその家族から大陸への観光客を含む全ての台湾住民に拡大されるようになりました。

18. 世界保健機関(WHO)の報告書によると、2005年HIVに感染した人は490万人で、死者は310万人です。感染者、新規感染者とも2年前に比べ7％増え、増加傾向に歯止めがかかっていません。

  WHO(世界保健機関)の報告では、2005年HIVに感染した人数は490万人で、死亡者数は310万人です。2年前と比べると、感染者数と新規感染者数は両方とも7％増え、増加を続ける傾向もあります。

セクション4　中級通訳練習(小段落の訳)：

A. 日中通訳

1. 2004年日本的自杀人数上升到3.2325万人,连续7年超过3万人。/每天平均有将近90人自杀的状况仍在持续,从世界范围来看每10万人的自杀率也很高。//

2. 按照西部大开发的计划,公路建设的重点已从经济发达的沿海转向了内地。/修路将对消除经济差距起到很大的作用。/今后对于内陆地区来说,高速公路将是一条真正的"致富之路"。//

3. 为防止地球变暖,2005年日本环境省提出"凉爽商务"的口号。"凉爽商务"是指夏季解下领带、脱去西装外套的轻便装束。/也许受凉爽商务的影

响波及,这次又听到有"温暖商务"这种新的说法。//

4. 所谓"网络恐怖事件"是指通过因特网非法入侵企业的信息系统,使其发生故障的行为。/随着电脑联网,其影响力有可能会产生连锁反应。/由于人们担心其会使行政、交通、金融系统等瘫痪而引发社会活动混乱,所以要求采取有效的防御措施。//

5. 据最新的人口调查结果显示,自1968年开展此项调查以来,日本的男性人口首次出现减少。/总人口增长比率和上年同期相比增长0.04%,为历史最低,从而反映出"人口减少型社会"正日益临近,这将会对日本的经济发展和社会保障制度等产生极大影响。//

6. 近几年来"自由职业者"和"袋鼠族"这一说法已经在日语里固定下来。/通过研究人员和政府等进行的各种调查,其实际情况也已明了。/200多万的自由职业者、80万的袋鼠族,再加上失业人员和派遣的公司职员的话,许多年轻人正处于不稳定的劳动状况。/如今年轻人的就业问题和出生率下降、退休金问题一样,已成为日本社会应该解决的大问题。//

B. 中日通訳

1. ここ数年の状況からみると、中国における外国投資企業は引き続き発展しています。/中国に来て投資する大手多国籍企業が増えています。/世界の多国籍企業500社のなかの400社近くが中国に投資しており、その他の多国籍企業も中国市場に対する分析と研究を強化し、積極的に中国に来て投資する準備をしています。//

2. 香港、マカオ、台湾を除いて、現在中国大陸の総人口は約13億人です。/でも、2010年代に14億人の大台を突破し、2033年前後には約15億人に達すると予測されています。/一層の人口増に伴って、資源不足、環境破壊などの問題は今世紀中葉に向けてさらに深刻化します。//

3. 世界的に見ると、日本の自販機普及率は最高水準です。/利用分野の多様性、品質、機能面でも、日本の自販機は高度に発達しています。/早くからマイクロコンピューターを内蔵させて、商品の自動販売だけでなく、利用者を楽しませるさまざまな機能を付加しています。//

4. 社会福祉業務は、普通社会保険、福祉サービス、社会救済、就職促進及び医療保険の五項目からなっています。/このうち、就職保障、医療保険及び失業保険などが、現代福祉社会の最も重要な柱です。/社会保険の原則は

「自主的財務、損益の自己負担」を指します。/福祉サービスと社会救済は、場合によっては混同しやすいです。/現在、社会救済を主に低収入者の生活補助などのカテゴリーに限定している国もあります。//

5. 上海の人口成長は長期間にわたる安定した低成長を経て、1993年から出生数は初めて死亡数を下回り、人口の自然増加はマイナス成長となりました。/ですから、人口の機械的成長は上海における総人口増加の主な要因になっています。/1993年からの持続的な人口増加のマイナス成長は、20世紀60年代後出生率の急速な下降による必然的な結果であると同時に、20世紀70年代に全国範囲で行われた産児制限政策の実施目標の実現でもあります。//

6. 北京五輪と上海万博を目前に控えた中国では道路の整備が急ピッチで進められています。/1980年代後半から建設が始まった高速道路の総延長距離は、2004年末時点で、アメリカに次ぎ世界第二位の3.4万キロでした。/東西南北に延びる8.5万キロの高速道路網で主要都市の全てを結ぶ計画が順調に進めば、2020年までには国土に占める高速道路網の密度が、今のアメリカと同水準に達する見込みです。//

第三課　明日の星（教育研修篇）

セクション1　基本語彙：

A. 学校教育類(1)：

日本語→中国語

1. 両学期制
2. 班主任
3. 班級委員
4. 不愿去上学
5. 应试技巧
6. 社団活動,兴趣小组活動
7. 軽松教育、宽松教育
8. 提高学习成绩
9. 不同年级间进行交流、沟通
10. 双語教育

中国語→日本語

1. 義務教育（ぎむきょういく）
2. 公立学校（こうりつがっこう）
3. 公開授業（こうかいじゅぎょう）
4. 課外時間（かがいじかん）
5. いじめ
6. 卒業式（そつぎょうしき）
7. 学習意欲（がくしゅういよく）
8. 英才教育（えいさいきょういく）
9. 体罰（たいばつ）
10. 全寮制（ぜんりょうせい）

11. 顽童
12. 校长(在日本指小学、初中和高中的校长)
13. 转校
14. 跳级
15. 试点学校

11. 落第(らくだい)
12. 単親家庭(たんしんかてい)/母子家庭(ぼしかてい)/父子家庭(ふしかてい)
13. 家庭教師(かていきょうし)
14. 男女共学(だんじょきょうがく)
15. 時間割(じかんわり)

B. 学校教育类(2)：

日本語→中国語

1. 产学结合
2. 填鸭式教育
3. 特困生
4. 领奖学金的学生
5. 学费减免
6. 入学率
7. 实习制度
8. 全部课程的教学计划,课程
9. 外聘讲师
10. 客座教授
11. 学分制
12. 高材生
13. 开放式校园
14. 远程教育
15. 走读生

中国語→日本語

1. 新卒(しんそつ)
2. 学習指導要領(がくしゅうしどうようりょう)
3. 大学中退(だいがくちゅうたい)
4. インテリ/インテリゲンチヤ
5. 就職活動(しゅうしょくかつどう)/就活(しゅうかつ)
6. 就職カウンセラー
7. 内定(ないてい)
8. 浪人(ろうにん)
9. 聴講生(ちょうこうせい)
10. 公開講座(こうかいこうざ)
11. 授業参観(じゅぎょうさんかん)/授業見学(じゅぎょうけんがく)
12. 学生募集(がくせいぼしゅう)
13. 学長(がくちょう)
14. 修学旅行(しゅうがくりょこう)
15. 一流大学(いちりゅうだいがく)

C. 研修・トレーニング：

日本語→中国語

1. 知识型社会

中国語→日本語

1. 学習塾(がくしゅうじゅく)

2. 新人培训
3. 小技术员
4. 驾校
5. 职称
6. 成人教育
7. 夜校
8. 社区学院
9. 文化中心
10. 职业上的适应性
11. 反馈
12. 终生教育
13. 电视大学
14. 普通讲座
15. 本本族

2. 資格試験(しかくしけん)
3. 私費留学(しひりゅうがく)
4. 洋行帰り(ようこうがえり)
5. コミュニケーション能力
6. 適応性(てきおうせい)
7. 協調性(きょうちょうせい)
8. 独学(どくがく)
9. 読書週間(どくしょしゅうかん)
10. 民間学校(みんかんがっこう)
11. 農作学習(のうさくがくしゅう)
12. ケーススタディー
13. シンクタンク
14. 初心者(しょしんしゃ)
15. インターアクション

D. その他の実用言葉：

日本語→中国語
1. 有见识的人
2. (德、智、体等)全面发展的教育
3. 欺负同学的人
4. 受同学欺负的人
5. 文化水平,教育程度
6. 作弊
7. 替考,代考
8. 逃学
9. 少年管教所,少年劳教所
10. 醉心教育的母亲
11. 智力投资
12. 超额入学
13. 书呆子

中国語→日本語
1. 専門学校(せんもんがっこう)
2. 選択科目(せんたくかもく)
3. 必修科目(ひっしゅうかもく)
4. 家出(いえで)
5. 知能障害(ちのうしょうがい)
6. 通信教育(つうしんきょういく)
7. 大学院生(だいがくいんせい)/
   院生(いんせい)
8. 入学願書(にゅうがくがんしょ)
9. 非行少年(ひこうしょうねん)/
   不良少年(ふりょうしょうねん)
10. 文盲(もんもう)
11. 研究大学(けんきゅうだいがく)
12. アルバイト学生
13. 受験生(じゅけんせい)

14. 挖掘潜力　　　　　　　　14. 課外の宿題(かがいのしゅくだい)
15. 专题讨论会　　　　　　　15. 進路指導(しんろしどう)

E. 相関機関と固有名称：
　　　日本語→中国語

1. 孔子　　　　　　　　　　2. 汉语水平考试(HSK)
3. 日语能力考试　　　　　　4. 托福考试(TOEFL)
5. 国际科学奥林匹克/　　　　6. 文部省
　 国际中学生奥林匹克竞赛
7. 招收10万名留学生计划　　8. 推广普通话政策
9. 扫盲运动　　　　　　　　10. 每天只睡4小时则考上，每天若睡5小
　　　　　　　　　　　　　　　时则落榜
11. 学分互换制　　　　　　　12. 哈佛大学(美)
13. 牛津大学(英)　　　　　　14. 剑桥大学(英)
15. 耶鲁大学(美)　　　　　　16. 德才兼备
17. 博学多才　　　　　　　　18. 学疏才浅
19. 温故知新　　　　　　　　20. 大器晚成

セクション2　背景知識：

A. 現代社会における日本語教育事情に関する日本語の背景知識を読んでください。

　　在当今世界，教授日语已不仅仅是传统意义上的事情，而是人为的一种选择结果。由此，日语教育工作者就不得不回答为什么要教日语这一问题。也就是说，必须要考虑一下日语教育在世界上到底发挥着怎样的功能，以及它代表着谁的利益等。这必将会触及新的国际环境中日语教育的模式问题。然而，一部分日语教师认为，自己的工作就是在教室里开始在教室里结束的，并没有考虑过这份工作所具有的社会作用。今后这种态度得改一改吧。

　　语言的力量是无法估量的。因为如果没有语言，就没有办法进行交流，所有的经济、社会性的行动也会变得不可能。此外，也不可能收集到这些行动中所必要的信息。由于它还能产生亲近感，所以语言更是起到了积极推动经济和社会关系的作用。因此，世界上各大国家都尽力让其他国家的国民学习本国的语言，这是很自然的。因为语言在获得市场方面所起的作用是无法估量的。因

此大国以外的国家当然会让本国公众学习大国的语言。在经济竞争中要想取得最好的成果，语言的因素是很大的。

在日本开始成为经济大国的60年代里，日本也好，世界上的其他国家也好，对于日语的这样一种意识都很淡薄。不过到了70、80年代，这种意识开始增强，而且将来应该会变得更强。

那么，在这种状况下，日语教育到底起着何种作用呢？这里至少有两个问题。一个是，日语教育是否应该主要只在经济关系上起作用；另一个是，获利的是否只能是日本。

所谓"面向商务的日本语教育"这类观点已经在一些国家出现。也就是说，这些国家政府间相同的地方就是，对能直接有利于经济发展的日语教育给予支持，但对除此以外进行的日语教育，其态度就变得非常冷淡。与此相反，日本却并没有对"商务日语"抱以积极的态度。这是因为，日本已确立了与国外在经济方面发生摩擦时所使用的语言是用英语而非日语这一模式，而且由于日本公司很看重内部的职业教育，所以在教室里教授的商务日语往往不为人们所信任。

我自己在澳大利亚时曾为研究生院和本科生首开"商务日语"讲座，所以很清楚进行这种日语教育的必要性。但是，日语教育并不仅限于经济领域。还有政治关系、社会关系、文化关系等等。这也是日语教育中的一个"正当"的领域。日语教育理应在广义上成为日本和外国之间互相理解、互相作用的一种工具。

B. 小中学生の勉強の負担を軽減するのは教育改革の重要な一環であります。「減負」に関する中国語の文章を読んでください。

毎年の一月一日に、テレビ局では新年インタービューが行われます。今年もいつもと同じように、さまざまな階層や年代の人々に新しい一年の願望を聞く場面がありました。記者がマイクを一人の小学生の男の子に向けました。めがねをかけた男の子はこう言いました。「先生たちは、もっと僕たちを大切にしてほしい。毎日の宿題を減らしてほしい」。これは一人の小学生の口から出た言葉ですが、率直に今の小中学生の気持ちを表わしたものだと思います。確かに、今の小中学生のカバンが重すぎるという声は、耳に入らないことはありません。とりわけ、受験生（小学校から中学校へ、中学校から高校へ、さらに高校から大学へ進学する児童や生徒）は、家に帰ってから深夜寝るまでに、食事の時間以外に、ほとんどの時間を毎日山のような宿題に費やしています。学生たちの自由時間はほぼ全部奪われてしまい、宿題のために悪戦苦闘を強いられています。

そこで、学生たちの勉強の負担を軽減するために、最近、教育部（日本の文部科学省に相当する）は、「小中学生の勉強の負担を軽くする緊急通知」を出しました。その中で、小中学生の宿題の量を減らすだけでなく、営利を目的とする補習クラスを作ってはいけない等と明記しています。かねてから小中学生の勉強の負担を軽減すること（「減負」と略称する）は、社会的にも注目されましたので、いまは、状況が少し改善されつつあります。

そのなかで、教育部の関係者は、「減負」作業は、以下のようにうまく取り扱わなければならないと指摘しています。

まずは、「減負」作業と教育管理の強化及び教育の質を高めることとの関係です。つまり、勉強におけるある程度の負担は、学生の成長と学力の発達との促進力を高めることであることから、「減負」作業の内容は、あくまでも学生の身心の発達や全人教育を妨げるようなものを減らすことであって、決して教育の質を落としてはならないのです。

次は、「減負」と試験の関係です。もちろん、受験制度を改革するにあたっては、試験の内容や方法を見直していかなければなりません、そのことは、「減負」の重要な課題の一つです。しかし、だからといって、「減負」は試験を取消すことではありません。「減負」は試験の回数を減らし、その代わり、試験の内容を充実していくものでなければならないのです。

最後は、「減負」作業と学生の根気強さ、刻苦勉励の精神を養うことの重要性を考えることです。「減負」は学生に、より多くの発達思考の時間や空間を与え、創造性と実践力を培う機会を作り、それによって、学生の研究能力や探求の力を育てていくのが目的です。

小中学校では、「減負」が実施されることによって生まれた時間と空間を、学生の個性に合わせたさまざまな活動に生かすように、教師の一人一人が考えなければなりません。そして、父兄も子どものために、有益で実効性のある活動を営むよう手配すべきで、それによってより積極的で個性的な成長が促されるでしょう。

セクション3　初級通訳練習（文の訳）：

A. 日中通訳
1. 在日本高中生是最缺少睡眠的人群。

2. 如今已到了大学毕业好像已是理所当然的时代了。
3. 英才教育要软硬兼施。
4. 重要的是家长和学校双方要尽力防止学生睡眠不足。
5. 老师总是会对学习好的学生偏心。
6. 考试中如果冒名顶替,一被发觉,双方均要退学。
7. 2003年起日本全国的中小学校都配备了电脑。
8. 21世纪将会是一个更加注重构建"知识型社会"的世纪吧。
9. 是否能在现实生活中发挥大学教育的作用,从教育现状来看,是时候该重新看待了。
10. 小技术员们正接受新人培训,他们是3月份刚毕业的大学生和研究生。
11. 与其培养高材生,美国政府倒更注重提高普通高中生的水平。
12. 在日本国内少子化的背景下,很多日本的大学正将目光投向中国。
13. "产学结合"是指将大学的研发成果同由企业将其转化为实际应用相结合。
14. 欧美的教育是教师根据教学大纲和学生的兴趣将教科书中的内容一点点灌输给学生。
15. 学习是终生的事,这话也许我们人人都会说,但能不能真正做到,恐怕还得打个问号。
16. 中国在北大、清华等国内35所大学里设立的"软件学院"中,开展直接与企业的实际业务相关联的高等IT教育。
17. 随着大学扩招步伐的加快,在不久的将来,每年将有200余万名大学毕业生加入就业大军。
18. 据经济合作与发展组织(OECD)2003年的调查,回答数学学习很愉快的高中生在日本仅占33%,大大低于40个国家和地区53%的平均水平。

B. 中日通訳

1. 精進を重ねた結果、ついに栄光を勝ち取りました。
   努力を積み重ねた結果、やっと成功しました。
2. 中国では「子どもが龍になってほしい」という望みがあります。
   中国では、子どもを出世させたいという考えは親の一般的な願いであります。
3. 今までの努力が水泡に帰しました。空しさで胸がいっぱいです。
   今までの努力が水の泡になってしまって、心はまったくの空っぽになりま

した。
4. 人材立国を実現するには、人材を重視し、人材の育成に力を注がなければなりません。
人材立国を実現するため、人材育成に力を入れ、人材を大切にしなければなりません。
5. 生活の中から生まれた方言が共通語の表現を豊にしている側面が見逃せません。
生活の中から出た方言は共通語の表現を彩る働きが無視できません。
6. 優秀な生徒の中には、直接海外の一流大学を目指す動きも出てきました。
優秀な学生の中で、直接に海外の一流大学を目標にする傾向も出始めました。
7. 学習者の社会文化能力を育てるためには、日本語教師自分自身がその能力を持つ必要があります。
学習相手の社会文化能力を養成するには、日本語教師自身もこの能力を備えなければなりません。
8. 文部科学省が学力の低下以上に心配するのが興味の低下です。
学力低下より、文部省がさらに心配するのは学習意欲の減退であります。
9. 不況が続き、就職率や就職先が大学選びの大きなポイントになっています。
不景気が続く中、就職率と就職先は大学を決める際の重要な要素になっています。
10. 教育は国家の興亡に関わるため、教育立国を言葉で終わらせてはなりません。
教育は国の興亡に関わるものですから、教育立国を口ばかりにしてはいけません。
11. 虐待は子どもの心と体に深い傷跡を残し、時には命を奪うこともあります。
虐待は子どもの心身に深い傷を残し、幼い命を奪うことさえあります。
12. ゆとり教育は学習内容を精選して従来よりも3割削減し、学校週五日制を完全実施しました。
ゆとり教育は学習内容を厳選し、今までの学習内容と比べ3割減少し、そして、全面的に学校五日制を実施しました。

13. 数学や化学などの国際科学オリンピックに今夏、日本は過去最も多い計23人の高校生選手団を送り出します。
   今年の夏、日本は23人からなる高校生代表団を数学と化学五輪に派遣します。派遣者数は史上最高を記録します。
14. 東大に受かっても、別の大学の医学部に流れる生徒も増えているため、東大も学生確保に危機感を持ち始めました。
   東大に合格しても、結局、別の大学の医学部に流出してしまう生徒がますます多くなっているため、東大も学生確保に危機感を産み始めました。
15. 伝統的な日本語教育は「文法能力」を目標にしていたが、語学教育の中心は1970年代から次第に「コミュニケーション能力」のための教育に傾き始めました。
   「文法能力」が重視された従来の日本語教育ですが、言語教育の主流は1970年代から次第に「交流能力」を目標とする方向に導くようになりました。
16. グローバル化が進むにつれ、高水準の通訳の需要が急増してきていますが、プロの通訳を専門に養成する機関が少ないことや、高水準の通訳養成専門家が不足していることが問題点として浮き彫りになっています。
   グローバル化の発展につれて、ハイレベルの通訳者に対するニーズが急増していますが、職業通訳者の養成機関が少なかったり、ハイレベルの通訳養成専門家が足りなかったりする問題も鮮明になってきています。
17. 人種、信条、性別、社会的身分、経済的地位のいかんによらず、すべての国民が平等にその能力に応じた教育を受ける権利があって、教育上差別されるべきではありません。
   人種、信仰、性別、社会的身分、経済的地位を問わず、すべての国民が平等に自分の能力に対応した教育を受ける権利があり、教育の面では差別されるべきではありません。
18. 義務教育カリキュラムの基準は、義務教育普及の目的に照応しなければなりません。大多数の学生が努力を経て目的を達成させ、国家の国民素質への基本要求を表わし、学生の生涯学習の希望と能力を養成することに着目します。
   義務教育の課程基準は義務教育を普及させる要求に基づくもので、大多数の学生が自分の努力によって実現できます。該基準は国が国民素質に

対する基本的な要求を示し、学生の生涯学習の希望と能力を培うことに着眼します。

セクション4　中級通訳練習（小段落の訳）：

A. 日中通訳

1. 世界各地的 IBM 公司中,日本 IBM 公司的新人培训时间特别长。/韩国和中国分别是 3 个月、2 个月,而日本却需要 5～7 个月。//
2. 2000 年日本政府简化了入境和临时居住的审查手续,实施了增加奖学金金额和学费减免等措施。/自 2000 年之后的 3 年里,留学生的在册人数增加了约 4.5 万人。//
3. 在日本,从 4、5 年前开始,大学生的写作能力下降就被视为问题。/有专家认为大概是由于没有了出声朗读的习惯而造成的。/所以在当今日本,朗读开始盛行。//
4. 如今小学生的书包太重了,这样的批评声不绝于耳。/尤其是初中生和高中生用于升学考试的时间甚至占去了他们生活中的大部分。//
5. 文部科学省上月公布的关于义务教育的意识调查表明,有 61.4％的家长赞成"课后及周六、暑假等这样的补习班",而 59.5％的一般教师则表示反对。/家长要求提高学习成绩,教师担心会增加学生的学习负担,两者在意识上存在明显分歧。//
6. 国际科学奥运会始于 1959 年在罗马尼亚举行的数学奥林匹克竞赛。/参赛国原以东欧为主,但后扩大到西方各国,竞赛学科也增加了物理、化学、生物学、信息学、天文学。/每个学科的竞赛由参赛国轮流主办。/其目的在于通过国际交流和相互切磋培养有才华的年轻人。//

B. 中日通訳

1. 一国の科学技術の発展レベルは、同時にまた国家全体の発展レベルを決定します。/それゆえ、科学技術立国を我々の重要な目標としなければなりません。//
2. 親が子どものために計画を立てる時、実現可能な目標を設定することが必要です。/客観性と理性が求められ、親自身の感情をあまり入れないように努力しなければいけません。子どもの発展は必ずしも親の希望と一

致するとは限りませんからであります。//
3. 上海は中国における最も大きな経済センターと対外開放の都市でもあり、国内教育事業における最も発達した地域の一つでもあります。/一部の教育及び科学研究機構は国内で名がよく知られるだけでなく、国外でも一定の影響力を持っています。//
4. 睡眠不足は多くの人が抱える問題です。/中でも高校生が深刻で、健康や学業への悪影響が懸念されています。/メールやインターネットの利用など生活の変化が背景にあり、家庭や学校の対応は急務となりました。//
5. 現代世界の中で、日本語を教授するということは、ただ伝統によるものだけではなく、意識的なチョイスの結果であります。/しかし、それならば日本語教育の関係者は、なぜ日本語を教えているかと問われることになります。/つまり、日本語教育が世界の中でどのような機能を果たしているのか、誰の利益を代表しているものかということを考えなければなりません。//
6. 一人っ子の心理問題は次の五点に表れています。/第一、日増しに勉強が嫌になり、学習意欲は低下し、ストレスはとても強いです。/第二、性格は内向的になり、意欲も無く、劣等感と攻撃性が表れます。/第三、情緒は非常に不安定で、よく孤立に陥ります。/第四、行動は非常に幼稚で、行動と発達のレベルが一つになりません。/第五、適応性と協調性に欠けます。//

第四課　地球号の旅（環境保全篇）

セクション1　基本語彙：

A. 環境破壊、或いは異常気候による気象現象：

日本語→中国語	中国語→日本語
1. 全球変暖	1. 旱害/干害/干ばつ（かんばつ）
2. 酸雨	2. 洪水（こうずい）
3. 干黄梅、空梅	3. 酷暑（こくしょ）/酷熱（こくねつ）/猛暑（もうしょ）
4. 臭氧剧减	4. 酷寒（こっかん）

5. 臭氧空洞
6. 厄尔尼诺现象
7. 拉尼娜现象
8. 热岛效应
9. 冰川融化
10. 大气污染
11. 沙漠化
12. 持续的高温天
13. 气温骤降
14. 龙卷风
15. 海水水温异常上升

5. 暴風雨(ぼうふうう)
6. 豪雨(ごうう)
7. 高温少雨(こうおんしょうう)
8. ハリケーン/颶風(ぐふう)
9. 津波(つなみ)
10. 土石流(どせきりゅう)
11. 砂嵐(すなあらし)
12. 暖冬(だんとう)
13. 冷夏(れいか)
14. 平均気温の上昇(へいきんきおんのじょうしょう)
15. 日傘効果(ひがさこうか)

B. 環境汚染による環境問題と社会問題：

日本語→中国語
1. 促使全球变暖
2. 温室效应气体的排放量剧增
3. 大量砍伐热带雨林
4. 船舶污染
5. 有害化学物质
6. 水质污染
7. 土壤污染
8. 垃圾焚烧
9. 工业废水
10. 放射性废液
11. 公害病
12. 物种灭绝
13. 光化学风尘

中国語→日本語
1. 気候変動問題(きこうへんどうもんだい)
2. 氷河(ひょうが)が融ける
3. 二酸化炭素濃度の増加(にさんかたんそのうどのぞうか)
4. 廃プラ汚染/白色汚染(はくしょくおせん)
5. 海洋汚染(かいようおせん)
6. 海面上昇(かいめんじょうしょう)
7. 地盤沈下(じばんちんか)
8. 資源不足(しげんぶそく)
9. 産業廃棄物(さんぎょうはいきぶつ)/産業ゴミ
10. 有害廃棄物(ゆうがいはいきぶつ)
11. 農薬残留(のうやくざんりゅう)
12. 大量生産(たいりょうせいさん)
13. 地下水減少(ちかすいげんしょう)

14. 过度包装/豪华包装
15. 能源的大量耗费

14. 騒音(そうおん)
15. 渇水(かっすい)/水不足(みずぶそく)

C. 地球温暖化や環境破壊を引き起こす原因：

日本語→中国語

1. 温室气体
2. 一氧化碳
3. 二氧化碳
4. 二氧化硫
5. 氟利昂
6. 氨氮
7. 甲烷
8. 一氧化二氮
9. 二噁英
10. 铅
11. 镉
12. 硫酸
13. 砷
14. 氢
15. 频繁的人类活动

D. 環境保全の対策：

日本語→中国語

1. 自动气象数据获取系统
2. 家电再生法
3. 容器包装再生法
4. 可持续发展
5. 洁净发展机制
6. 排放控制手段
7. 绿色汽车
8. 泡沫塑料的回收
9. 臭氧层保护对策
10. 环保应急热线
11. 转变能源的使用方法
12. 绿色电力
13. 温室气体低排放汽车
14. 循环型社会

中国語→日本語

1. 省エネ(ルギー)
2. リサイクル資源/再生可能な資源
3. エコ商品/環境に優しい製品
4. 自動車排ガス対策
5. エコロジー浄水システム
6. 回収(かいしゅう)
7. 環境保護基準法
   (かんきょうほごきじゅんほう)
8. 都市緑地保全法(としりょくちほぜんほう)
9. 低公害車(ていこうがいしゃ)
10. クリーンエネルギー
11. クリーンアップキャンペーン
12. エコツアー
13. 再生紙(さいせいし)
14. ノンフロン冷蔵庫

15. 油电混合型汽车   15. 燃料電池車(ねんりょうでんちしゃ)

E. 相関機関と固有名称：

日本語→中国語   中国語→日本語

1. 保护自然环境研讨会   1. アース・デー
2. 发达国家   2. 世界環境デー
3. 发展中国家   3. 水の日
4. 政府间委员会   4. 環境保護(かんきょうほご)/
                                      環境保全(かんきょうほぜん)
5. 联合国环境规划署   5. 環境報告書(かんきょうほうこくしょ)
6. 国家环保总局   6. 環境製品(かんきょうせいひん)
7. 环保局   7. 環境担当者(かんきょうたんとうしゃ)
8. 自然保护区   8. 環境教育(かんきょうきょういく)
9. 生态示范区   9. 環境立法(かんきょうりっぽう)
10. 零排放   10. 環境問題(かんきょうもんだい)
11. 排放系数   11. 環境と健康
12. 京都议定书   12. 環境と開発政策(かんきょうとかいはつせいさく)
13. 巴塞尔公约   13. 環境指標(かんきょうしひょう)
14. 世界自然基金会(WWF)   14. 地域環境騒音(ちいきかんきょうそうおん)
15. 国际能源机构(IEA)   15. 削減配分(さくげんはいぶん)

セクション2　背景知識：

A. 地球温暖化を紹介する日本語の背景知識を読んでください。

　　近年来，有关地球变暖的报道此起彼伏，日益严重的全球变暖趋势开始受到全世界各国的重视。所谓地球变暖，就是指随着人类活动的日趋频繁，二氧化碳(CO_2)、甲烷(CH_4)、一氧化二氮(N_2O)、氯氟烃(CFC)等"温室效应气体"被大量释放到大气中，全球平均气温开始急剧上升的现象。

　　地球变暖带来的平均气温的变化不如酷暑、暖冬等一年之中忽热忽冷的变化那么明显。人们预计100年内全球平均气温的浮动大约会在1～3.5摄氏度，

并将长期且极其缓慢地变化。在过去的 100 年里,全球的平均气温激剧上升了 0.3～0.6 度,如果温室效应气体按现在的速度继续增加的话,预计到 2100 年平均气温将升高 2 度左右。因此如将每年的平均气温制成图表的话,就会是一条短期的变动曲线,并且显示出平均气温长期上升的倾向。

一旦全球气温上升,就有可能出现因海水膨胀和冰川融化而引起的海平面上升或由于气候机理的变化而频频出现异常气候。人们甚至担心会对自然生态系统和生活环境、农业等产生影响。在过去的 100 年内,全球海平面平均上升了 10～25 毫米,并且现在还在不断上升。据卫星观测,由于全球气候变暖,全球雪盖范围在春季和秋季分别比 70 年代减少了 13% 和 9%。另外,异常天气给很多国家的粮食生产、水资源和能源带来了严重影响,尤其因旱涝灾害遭受的经济损失更为严重。

为制定地球变暖的对策,1997 年 12 月,联合国在日本京都召开了"防止地球变暖的京都会议"。这是继 1992 年联合国环境开发会议制定了"联合国气候变化框架条约"后的又一个新举措。京都会议上通过了《京都议定书》,致力于限制世界各国碳氧化物的排放量。各国力争在 2008～2012 年间要将温室气体的排放总量在 1990 年的基础上削减 5.2%。发达国家中的"三巨头"——欧盟、美国、日本应带头削减导致温室效应气体的排放量;同时,议定书也规定了发达国家要从资金和技术上帮助发展中国家实施减少有害气体排放的工程。但是,由于美国布什政府不愿意使有害气体的限制排放限制其经济发展,于 2001 年退出了京都议定书。世界最大的温室效应气体排放国的退出是对其他缔约国的一个重大打击。

B. Aの内容を基に、地球温暖化による氷河の急速解凍に関する中国語の文章を読んでください。

「地球温暖化の進展で、ヒマラヤ山脈を含むチベット高原の氷河の溶解が年間 10～15 メートルの速さで加速度的に進み、過去 40 年以上の間に 6 600 立方キロ以上も縮んだ。そのほとんどは、80 年代半ば以降に起きた。」

世界自然保護基金(WWF)の中国、インド、ネパールの各事務所が公表した氷河溶解に関する共同報告書は衝撃的でした。そして、「今後数十年で状況は悪化していく。氷の溶解で上昇する川の水位は、経済や環境問題に大きな打撃を与えることになるだろう」とも予測しています。

「世界の屋根」と呼ばれるチベット高原の平均標高は 4 000 メートルを越え

ています。山脈からの雪が谷で蓄積、圧縮されてできあがる氷河は、世界的にもこの地域に集中し、世界の真水の約7割を閉じ込めています。その体積は10万5000立方キロにも及び、うちヒマラヤ山脈の総量は3万5000立方キロと最も巨大です。これら氷河群は、中国大陸を横断する揚子江や黄河、東南アジア最大のメコン川、インドやパキスタンを流れるガンジス川やインダス川など、アジアの8大河川の源流です。また、氷河の溶解によって、こうした流域で「広範囲に洪水が起きる」と予測され、流域に地すべりや土壌浸食が発生し、更にその後には数億人分の水不足を招く可能性もあります。

　中国の科学者たちも最近、同様にヒマラヤ氷河の溶解によるアジアの水不足の深刻化について報告書を発表し、強い危機感を示しました。科学者らは、エベレスト氷河の溶解標高はこの2年間で約50メートルも上昇し、通常の2倍以上の速さで進んでいることを発見しました。2002年に見られた巨大氷壁も消失したといいます。報告書では、「次の100年間で摂氏1.4～5.8度も気温が上昇し、海面上昇で世界中の低地は水没の危機に陥る」などと、地球規模の被害を指摘しました。

　氷河は洪水を防ぐ一方、降雪量が少ない年の夏場に起きる干ばつ時に、水を補い、アジアの人々の生活や農業、産業の発展に欠かせない存在です。その水資源のバランスが今、地球温暖化によって蝕まれつつあります。

セクション3　初級通訳練習（文の訳）：

A. 日中通訳

1. 如今海洋资源面临严重的危机。
2. 石油消费等人类活动导致全球变暖。
3. 在过去的100年里，全球的平均气温上升了0.6度。
4. 我们正努力推动可再生能源的使用。
5. 积极引进能源使用效率高的机器和设备。
6. 各国就减少温室气体的必要性达成一致。
7. 自工业革命以来，二氧化碳等温室气体在大气中的浓度猛增。
8. 通过新技术的转移和资金配合等，使经济发展和环境保护两不误。
9. 燃料电池是通过氢和氧的化学反应制造出电能的装置。
10. 目前正在讨论超市和便利店免费发放的购物袋实行有偿提供的方针。

11. 构建包括经济增长显著的发展中国家在内的新框架将成为今后的一大课题。
12. 为实现从大量生产、大量消费型社会向适量生产、适量消费型社会的转变，需要对公众进行教育。
13. 京都议定书要求发达国家承担二氧化碳等温室气体的削减指标，并规定了温室气体排放量的最大限额。
14. 不考虑对城市气候的影响，耗费巨大的资源和能源来建造大城市，这是热岛效应日益严重的原因之一。
15. 将防止全球变暖和节能等加快科技创新、共同开发以及采用可再生能源等多项内容写入了应对全球变暖的行动计划之中。
16. 增加人与大自然相互接触的机会是很重要，但游客人数增加、旅游业发展的结果要是使自然遭受破坏的话，这就有些本末倒置了。
17. 日本的汽车制造商在70年代、90年代积极致力于电动汽车的开发，但由于成本和技术这两方面的问题未能普及，2004年国内仅售出300辆。
18. 所谓建设节约型社会，就是指社会再生产的生产、流通、消费各环节中，通过健全机制、调整结构、技术进步、加强管理、宣传教育等手段，动员和激励全社会节约和高效利用各种资源，以尽可能少的资源消耗支撑全社会较高福利水平的可持续的社会发展模式。

B. 中日通訳

1. 建築分野は大量の資源・エネルギーを消費しました。
  建築分野では資源・エネルギーをたくさん消耗しました。
2. 各国による温室効果ガス排出量などのデータ報告制度を新設します。
  各国の温室ガス排出量などのデータ報告制度を新設します。
3. 地球規模の環境破壊を防ぐには、途上国と先進国の協力は欠かせません。
  地球レベルの環境破壊を防止するため、発展途上国と先進国との提携が必要です。
4. 6月下旬にはフランスやスペインなどで、最高気温が35度を超え、熱波に見舞われました。
  6月下旬には、フランスとスペインなどで、最高気温が35度以上に達し、高温に見舞われてしまいました。
5. 人工衛星観測データの分析によると、オゾンホールは8月中旬から急速

に拡大しています。

人工衛星の観測によるデータから見ると、8月中旬からオゾンホールが速いスピードで広がりつつあります。

6. 太陽電池、風力発電、太陽熱利用といった再生可能なエネルギーの規模の拡大も進んでいます。

太陽電池、風力発電、太陽熱利用などの再生可能なエネルギーの利用が推進されています。

7. 節約型社会を構築するには、省エネや再生可能エネルギーなどへの転換は重要な課題になっています。

節約型社会を作るために、既存のエネルギーから省エネや再生可能エネルギーへの転換は重要な課題になりつつあります。

8. 国際協調で排出削減を達成するため、「京都メカニズム」と呼ばれる制度を導入しました。

国際協力を通し、温室ガス削減の目標を達成するために、「京都メカニズム」と呼ばれる制度を採用しました。

9. 気候変動は生態系に変化をもたらしています。北海道では1メートルを超える豪雪の頻度が90年以降、激減しました。

気候変化は生態系統に影響をもたらしてきました。1990年以後、北海道で1メートルを超えた降雪の回数は激減しました。

10. 熱波や干ばつ、洪水など地球温暖化に関係するとされる異常気象の増加に伴い、経済的な損失も増大しています。

熱波や干ばつ、洪水など地球温暖化と関係あると思われる異常気象の増加につれて、経済的な損失も大きくなりつつあります。

11. 省エネ意識の高まりにあわせて、光熱費や燃料費の削減を支援することで、利益を得る「省エネビジネス」が活気づいてきました。

省エネ意識が高まるにつれて、光熱代や燃料費などの削減を支持することによって利益を得た「省エネ事業」が活気にあふれています。

12. 環境に配慮したホテルは客室から歯ブラシなど使い捨て品を撤去し、環境負荷を減らそうとします。

環境問題を考えに入れたホテルは客室から歯ブラシなど使い捨て品を取り戻し、環境への負荷を減少しようとします。

13. 予測では、温暖化が進み、何も対策を取らなければ、今世紀末には地球の

平均気温が最大で5.8度上昇し、水温上昇による膨張などで、海水面も最大88センチあがります。

予測によると、地球温暖化が続き、何の対策も取らなければ、今世紀末まで地球の平均気温は最大5.8度上がり、水温上昇による海水膨張のため、海水面は最大88センチ上がります。

14. 主要国首脳会議(サミット)は主要な新興経済諸国と協力し、温暖化ガスの削減方法を探ります。今後も、温暖化ガスの技術革新、エネルギー効率性の向上と技術の普及の加速化を促進します。

8ヵ国首脳会議は主要な経済発展国と協力し、温室ガス削減の方法を探します。今後とも、温室ガスの技術革新を促進し、エネルギー使用効率の向上及び技術の普及を加速します。

15. 第九次五ヵ年計画以来、経済急成長を背景に、我が国の主要な汚染物の排出量が急速に増加している勢いが基本的に抑制され、環境汚染の悪化傾向が初歩的にコントロールされました。

「第九次五ヵ年計画」が実施されて以来、飛躍的な経済成長を背景に、我が国における主要な汚染物排出総量が急速に上昇している勢いが根本的に抑制され、環境汚染の悪化が初歩的にコントロールされるようになりました。

16. 国民経済4倍増の目標の実現に当たって、もし高投入、高エネルギー消費、高汚染の持続不可能な経済成長パターンを踏襲すれば、わが国の資源が涸れてしまい、環境負荷にも耐えず、小康社会を全面的に建設する目標が実現できるわけもありません。

国民経済4倍増の目標を実現するため、高投入、高消耗、高汚染の持続不可能な経済成長方式を続ければ、我が国では資源不足に直面し、環境負担が耐えられないほど大きくなり、裕福且つ安定な社会を全面的に建設する目標の実現も不可能になります。

17. 改革開放以来、中国は環境保全を基本的国是と位置付け、持続可能な発展戦略を策定して、環境における法的整備の強化、環境への投入の拡大を通じ、科学技術の進歩により、環境保全に関する宣伝活動を強め、経済発展と環境保全を両立させる道を絶えず模索してきました。

改革開放以来、中国は環境保護を基本的国策とし、持続可能な発展戦略を確立しました。環境における法的取締りの強化と環境への投資拡大を通

し、科学技術の発展を頼りとし、環境に関するPRを強め、経済発展と環境保全を両立できる道を絶えず探ってきました。
18. 都市の温暖化も深刻な状況にあります。東京では、都市活動による排熱の増加と緑や水面の減少とが重なり、熱汚染ともいうべき「都市の温暖化＝ヒートアイランド化」を進行させています。東京は、都市自らが発し、蓄積する熱に苦しめられているのです。

都市温暖化も深刻な問題になりました。東京では、都市活動による排熱量の増加及び緑地、水面の減少のため、熱汚染と呼ばれる「都市温暖化—熱の島効果」は日々増してきました。東京は都市自身が排出し、蓄積した熱に悩んでいます。

セクション4　中級通訳練習（小段落の訳）：

A. 日中通訳

1. 人们正在商讨超市及便利店免费发放的购物袋实行有偿提供的方针。／购物袋的有偿化将成为消费者维持社会体系，参与环境保护，增强从我做起意识的巨大动力，也是实现以抑制垃圾产生为前提的社会的一大契机。／／

2. 臭氧层是位于地表上方并含有大量臭氧的大气层。／臭氧层具有吸收对生物有害的紫外线的作用。／但由于氟利昂等物质破坏，使得臭氧分子被破坏。／从1980年初开始每年9～11月在南极大陆上空都会出现臭氧层空洞。／人们担心由于臭氧的减少，会产生紫外线照射量增加，皮肤癌发病率上升等不良影响。／／

3. 黑潮是从台湾附近流向日本的暖流。／其宽约100公里、每秒速度约1米，在世界上也是屈指可数的强大海流。／如果像现在这样温室气体继续排放下去的话，人们预测本世纪末受地球变暖影响，黑潮的流速将会比现在加快约30％，海水温度最大会上升3度左右。／海流的变化有可能对随着黑潮生长的秋刀鱼等水产资源及气候产生影响。／／

4. 污染海岸的大量塑料垃圾带来的受害情况正变得严重起来。／对野生生物的影响也很大。／人们估计在日本沿岸约有10万吨漂浮垃圾，其中多半是塑料类物品。／为了引起全世界对海洋垃圾问题的重视，从1986年发起了国际海岸清洁运动。／2003年有91个国家，共45万人参加了这项运动。／

因垃圾而引起海鸟、海豹、海龟等死亡或受伤的报告增加到237起。//
5. 1997年通过了《京都议定书》,书中规定39个发达国家或地区有义务减少二氧化碳(CO_2)等温室气体的排放。/该议定书于2005年2月生效。/具体来说,规定欧盟(EU)、美国、日本在2008年~2012年的平均排放量分别要比1990年减少8％、7％和6％。/中国、印度等发展中国家没有减少排放量的义务。/作为世界最大排放国的美国在2001年以减少温室气体排放的义务会影响该国经济以及全球变暖机制"缺乏科学性"为由,表示退出议定书。//
6. 联合国教科文组织从风景绝佳之地、具有罕见特征的地形以及濒临灭绝动物的栖息之地中认定"世界遗产"以便"作为人类的财产让全世界知晓,妥善加以保护"。/一旦入选世界遗产,该遗产所在国就要承诺确保该地区的自然将始终受到保护。/虽然当地可因此指望游客增加,但教科文组织不会为保护遗产而提供补贴。/一旦这一自然受到破坏,就会被指定为"濒危遗产",教科文组织会出面予以保护。/如何来处理好"旅游"和"环境保护"两者之间的关系,是颇费周折的。//

B. 中日通訳

1. 会議の課題として、既存の技術を活用した省エネの拡大や、太陽光・風力など再生可能エネルギーの普及の重要性を強調します。/水素燃料電池といった次世代エネルギー技術の開発でも国際協調を加速します。//
2. モンゴルは美しい「草原の国」として知られています。/その草原でゴミ問題が深刻化しています。/谷は廃棄物で埋まり、土壌汚染の可能性もあります。/世界の貴重な自然資源である草原は砂漠化の危機に瀕しています。//
3. 中国は小康社会(やや裕福な社会)を全面的に建設する目標を打ち出し、2020年までに国内総生産が2000年より4倍増の4兆米ドルに上り、持続可能な発展力が著しく強まり、環境が改善されると計画しています。/この目標を実現するために、中国政府は人間フォーカスを樹立、実行し、全面的かつ歩調の合った持続的科学発展観を打ち出し、経済、社会、環境の協調的な発展、そして人間と自然との調和の取れた発展を求めています。//
4. 燃料電池車は水素と酸素による化学反応で発電した電気エネルギーでモ

ーターを回して走る車です。/排出されるのは水だけで、ガソリン車やディーゼル車と違って、有害な排ガスは出ません。/ホンダを含む世界の有力自動車メーカーがリース販売などで実用化しているものの、1台1億円以上するとして、低価格化が課題になりました。/車に水素を供給するシステムの整備も普及への鍵を握っています。//

5. 地球は、太陽からのエネルギーで暖められています。/暖められた地表は熱を大気中に放射します。/その熱を吸収し、再び地表に戻す働きをするのが温室効果ガスです。/地球の平均気温は約15度ですが、温室効果ガスがないとマイナス20度近くになります。/温室効果ガスは地球を温暖に保つ役割を果たしています。/ところが、石油や石炭を燃やすなど、人間活動による二酸化炭素の排出などにより、このバランスが崩れ、地球の温度が上昇し始めました。//

6. 「小康社会」(いくらかゆとりのある社会)を全面的に建設する中で、経済規模が更に拡大し、工業化が進み、消費の構造がグレードアップし、都市化の歩みが加速し、資源需給の矛盾と環境の圧力が大きくなります。/節約型社会の建設は資源需給の矛盾を緩和するための根本的活路で、科学的発展観を貫徹し、新型工業化の道のりを歩む必然的な要求で、経済が安定的、割合に速い発展を保ち、「小康社会」を全面的に建設する需要で、経済安全と国家安全を保障するための重要な措置です。/我々は新しい情勢下での節約型社会の建設の重要性、緊迫性を認識し、歴史的責任感、使命感をもち、節約型社会の建設に力を入れます。//

第五課　ディスカバリー(科学技術篇)

セクション1　基本語彙：

A. 医学・バイオテクノロジーに関する用語：

日本語→中国語　　　　　　中国語→日本語

1. 克隆技術　　　　　　1. 組み換えDNA技術
　　　　　　　　　　　　　(くみかえDNAぎじゅつ)
2. 克隆动物　　　　　　2. 糖尿病(とうにょうびょう)
3. 品种改良　　　　　　3. パーキンソン病
4. 基因转移　　　　　　4. インシュリン

5. 生物食品　　　　　　　5. ホルモン
6. 生物药品　　　　　　　6. 予防接種(よぼうせっしゅ)
7. 突然変異　　　　　　　7. 健康診断(けんこうしんだん)/
　　　　　　　　　　　　　　健診(けんしん)
8. DNA 鉴定　　　　　　　8. 人間ドック
9. 排斥反応　　　　　　　9. 早期発見、早期治療(そうきはっけん、
　　　　　　　　　　　　　　そうきちりょう)
10. 生物钟　　　　　　　10. 後遺症(こういしょう)
11. 疫苗　　　　　　　　11. 自己免疫(じこめんえき)
12. 再生医学　　　　　　12. 長寿遺伝子(ちょうじゅいでんし)
13. 过敏　　　　　　　　13. 心臓移植(しんぞういしょく)
14. 蛋白质　　　　　　　14. 人工臓器(じんこうぞうき)
15. 新型流感　　　　　　15. 遠隔医療(えんかくいりょう)

B. パソコン・インターネットに関する用語：

　　日本語→中国語　　　　　中国語→日本語
1. 宽带　　　　　　　　　1. パスワード
2. 网络域名　　　　　　　2. ダウンロード
3. 防病毒　　　　　　　　3. ホームページ
4. 硬件　　　　　　　　　4. チャット
5. 软件　　　　　　　　　5. ノートパソコン
6. 视窗　　　　　　　　　6. 情報化社会(じょうほうかしゃかい)
7. 数据库　　　　　　　　7. ブラウズ
8. IP 电话　　　　　　　　8. オンライン
9. 电子签名　　　　　　　9. インターネット加入(かにゅう)/イン
　　　　　　　　　　　　　　ターネットに接続(せつぞく)する
10. 多媒体　　　　　　　10. バックアップ
11. 虚拟存储器　　　　　11. ウイルス除去(じょきょ)
12. 芯片　　　　　　　　12. 端末装置(たんまつそうち)/ターミ
　　　　　　　　　　　　　　ナル
13. 网民　　　　　　　　13. ファイアーウォール
14. 升级　　　　　　　　14. 電子ブック

参考答案と参考訳文

15. 黑客　　　　　　　　　　　15. ログアウト

C. 航空・宇宙開発に関する用語：

　　日本語→中国語　　　　　　　中国語→日本語
 1. 宇宙开发体制　　　　　　　 1. 宇宙服(うちゅうふく)
 2. 载人航天飞机　　　　　　　 2. 宇宙観光(うちゅうかんこう)
 3. 发射　　　　　　　　　　　 3. 国際宇宙ステーション(ISS)
 4. 返回　　　　　　　　　　　 4. 宇宙ロボット
 5. 起飞　　　　　　　　　　　 5. 人工衛星(じんこうえいせい)
 6. 着陆　　　　　　　　　　　 6. 衛星通信(えいせいつうしん)
 7. 空中客车/空客　　　　　　　 7. 金星探査(きんせいたんさ)
 8. 喷气式客机　　　　　　　　 8. 超音速(ちょうおんそく)エンジン
 9. 宇航员　　　　　　　　　　 9. 無人探査機(むじんたんさき)
10. 太空行走　　　　　　　　　10. 使い捨てロケット
11. 行星探索　　　　　　　　　11. 長征(ちょうせい)ロケット
12. 大气层　　　　　　　　　　12. リモートセンシング/遠隔探査
13. 登月舱　　　　　　　　　　13. リモートコントロール/リモコン
14. 奔月计划　　　　　　　　　14. ヘリコプター
15. 三级火箭　　　　　　　　　15. フライトレコーダー/飛行記録装置
　　　　　　　　　　　　　　　　　(ひこうきろくそうち)/FDR

D. エレクトロニクス・電子技術に関する用語：

　　日本語→中国語　　　　　　　中国語→日本語
 1. 变频空调　　　　　　　　　 1. デジタル家電(かでん)
 2. 液晶显示屏　　　　　　　　 2. デジタル放送(ほうそう)
 3. 自动变速/变挡汽车　　　　　 3. プロジェクター
 4. 双伴音电视　　　　　　　　 4. バイオチップ
 5. 有线电视　　　　　　　　　 5. インターホン
 6. 等离子电视机　　　　　　　 6. ICチップ
 7. 汽车导向器/汽车导航系统　　 7. レーザー
 8. 可拍照手机/带照相功能的手机 8. 超大規模集積回路(ちょうだいきぼし
　　　　　　　　　　　　　　　　　ゅうせきかいろ)/超LSI

9. 光纤维
10. 近距离无线上网
11. 显像管
12. 家庭影院
13. 环绕立体声
14. 高清晰图像
15. USB 随身存储碟/U 盘

9. 薄型(うすがた)テレビ
10. 液晶(えきしょう)テレビ
11. 電磁波(でんじは)
12. アンテナ
13. 次世代(じせだい)DVD
14. 半導体(はんどうたい)
15. トランジスター

E. 相関機関と固有名称：
　　日本語→中国語
1. 美国《科学》杂志
2. 美国宇航局
3. 硅谷
4. 发现者号载人航天飞机
5. 哥伦比亚号载人航天飞机
6. 阿波罗计划
7. 哈勃宇宙望远镜
8. 国际学术联合会议
9. 在某个时代或某个集团中占统治地位的观点和想法
10. 诺贝尔奖
11. 爱因斯坦
12. 进化论
13. 高科技
14. 工业革命
15. IT 革命

セクション2　背景知識：

A. バイオテクノロジーを紹介する日本語の背景知識を読んでください。

　　Biotechnology 意为生物技术，是一种巧妙地利用生物本身所具有的功能的技术。从广义上讲，转基因技术也属其中一种。
　　生物的所有细胞中都含有基因。比如，人体由超过 60 万亿个细胞组成，但染色体存在于每个细胞核中。染色体中含有一种名叫 DNA 的物质，由它来决定父母给孩子的遗传。我们把 DNA 中实际起到遗传作用的物质才称为基因。DNA 就是这样来发挥"生命的设计图"的作用。虽然不同的生物其细胞数和基因数、排列方式有所不同，但 DNA 的结构、遗传信息密码以及破译体系等，是地球上所有生物所共有的。
　　我们餐桌上的鱼、肉、蔬菜等细胞中也有基因。不管是转基因食品还是非转基因食品，一旦我们把它吃进嘴里，由基因形成的蛋白质就会因消化酶的作

用而被分解，而且基因自身也会随着蛋白质一起被分解。

转基因技术是指将某一生物中的有用基因转移到其他生物的 DNA 排列中，使其具有新特征的一种技术。农业上将该技术应用于品种改良。当其他生物具有利于品种改良的基因时，我们就只提取出该基因，将其转移到进行品种改良的作物中。

像这样，转基因技术同沿用至今的杂交等品种改良技术一样，以"开发出更优质的农作物"为目的。而不同之处在于，转基因技术能够只将所需的基因转移到作物中，从这一点上讲，它要比杂交等品种改良技术更有效。

如果能很好地利用转基因技术的话，由于该技术能只将某一生物中的可用基因转移到其他生物中去，所以能快速且准确地实现目标。就像黄金米一样，由于不受品种的限制，利用了可用基因，所以可以开发出传统品种改良技术所不可能开发出的新品种。

现在用转基因农作物生产的食品在世界各国流通。但转基因食品到底是否安全呢？这是人们对转基因食品的主要担心。要认识这一问题，有必要先讨论一下关于食品"安全性"的概念。1991 年"经合发展组织"将"安全的食品"定义为："如果能合理地肯定在预期的条件下消费某食品不会有害，则该食品就被认为是安全的。"在如何对转基因生物作安全性评价方面，国际上有一个广泛接受并采用的"实质等同"的原则。这一原则强调，评价转基因食品安全性的目的不是要了解该食品的绝对安全性，而是评价它与非转基因的同类食品相比较时的相对安全性。在评价时注重"个案分析"，即对转基因食品的安全性不一概而论。采用"实质等同"原则作"个案分析"，我们不难得出结论：现由于商品化的需要，批准生产的转基因食品都是安全的。

B. 中国の宇宙開発分野における現状を紹介する文章を読んでください。

有人宇宙飛行の成功を目の前にして、中国は宇宙開発分野においては先進国との距離やまだ不足の部分も多いというのが多くの宇宙開発研究者の共通認識です。

一方、有人宇宙飛行分野では、アメリカ、ロシアは長期間にわたってリードしてきただけでなく、今はすでに他の惑星の探査も始めています。宇宙開発技術に関する研究は、多くの国々や多国籍企業及びNGOの積極的な参与により、ますます注目が集められています。一部の私営企業も有人宇宙飛行を計画しており、すでにサンプルも作り出していて、近年打ち上げを計画してい

ます。他方、世界における科学技術の進歩に伴って、中国の技術水準も向上してきましたが、核心部分の技術に関してはまだ先進国にコントロールされている状態に置かれています。ですから、中国は、インド、ブラジル等の国とともに「科学周辺国家」と言われています。「科学核心国」、「科学強国」、「科学大国」、「科学周辺国」、「科学後進国」の五つのレベルの中で、四番目の「科学周辺国」にランキングされることに止まっています。

「中国と先進国との距離は、主に科学技術に関する想像力の欠如とトータル資金投入の不足、さらにインパクトのある世界レベルの科学者も極めて少ないことにある」と指摘されています。中国科学院の専門家の一人は次のように話しています。「アメリカやロシアに比べて、中国は宇宙産業において、とりわけ衛星回収技術や宇宙飛行測定コントロール等では先進国並みのレベルを有するものの、総体的な技術においてはまだかなりの距離があります。」

また、中国の宇宙スペース技術研究院に勤めるある技術者も、「我々はまだ満足してはいけません。今最も大きな問題は、有人宇宙に関わる多くの技術問題の突破をいかに生産力に結びつけるか、それによって技術を牽引すること及び国民経済を促進することを実現することです。これらの技術問題は早急に解決しなければなりません」と述べています。

中国国家自然科学基金の協力で実施された研究によると、中国は初歩的には完全な宇宙飛行の工業体系を整えましたが、そのエネルギー転換力、市場力及び産業技術力はまだ脆弱なもので、総体的な競争力はそれほど強くはなく、全面的に国際競争に関わっていくのは難しいということです。

さらに、資金導入方式の単一化や体制管理のブロック別管轄問題は依然として中国の宇宙飛行事業の更なる発展を妨げています。宇宙スペース研究者関桂栄氏は、次のような考えを述べました。「過去長い間、中国は宇宙飛行に関する技術の研究を重視してきましたが、それを衛星の応用産業と連携することを軽んじてきました。」したがって、今後は衛星の応用技術の発展を国民経済及び情報化の総体的発展プランに組み入れ、統一的に中長期にわたる天地一体化の発展プランを制定することを勧めています。それによって、長期的、安定的に運営できる宇宙スペースの基礎施設を作り、関連政策を策定し、民間企業に積極的に衛星の応用産業に加わることを奨励すると同時に、進んだ技術の研究開発の加速化を図らなければならないこともアドバイス

参考答案と参考訳文

しています。

　20世紀80年代末に、銭学森氏はすでに「宇宙飛行機」の戦略的な考え方を示しました。「ハイテクな宇宙飛行分野の研究のフォローは、…長い目で見なければなりません。それに21世紀の半ばまで、見通しをしておかなければなりません。そうすれば、中国の宇宙飛行技術は一部分においては世界レベルに達することができるかもしれませんし、宇宙スペースにおける国際協力にも加わることができます。」

　先人の科学者の強い望みは、今日すでに第一歩を踏み出し、実現されましたが、次は、宇宙飛行士が宇宙空間を遊泳する研究やスペースシャトル交替の研究開発、及びスペースステーションの建設等に関わる仕事を進めていかなければなりません。

　激しい競争にさらされている宇宙事業を目の前にして、宇宙事業を戦略産業の一つとして、中国の宇宙飛行関連事業は、国の明確的且つ総合的な戦略指導が必要であると同時に、はっきりした国際協力の戦略と効率的、且つしっかりした科学研究体系のサポート及び優秀な人材と優れたチームワークも必要だと中国科学院の専門家穆荣平氏らがアドバイスしています。

セクション3　初級通訳練習（文の訳）：

A. 日中通訳

1. 嗅觉是五感中一种特别的感觉。
2. 人能闻辨出约4万种气味。
3. 人体认证是利用身体特征进行识别的认证技术。
4. 钙是形成强健骨骼和牙齿的必需物质。
5. 泛网社会的到来是大势所趋。
6. 新生婴儿一天竟然可以睡16小时以上。
7. 不同于流感及新型肺炎，日本脑炎不会由人传染给人。
8. 对高血压不进行治疗的话，就会导致心肌梗塞和脑梗塞等疾病。
9. 大气被磁场壁包围着，不会跑到大气层之外。
10. 只要一刷电子货币就能通过，所以它是缓解检票口混乱状况的解决办法。
11. 按照现在的电脑技术，一些需要花费数十亿年的计算有时用几秒钟就能完成。
12. 自1996年克隆羊"多利"诞生以来，人类已创造出牛、小白鼠、猫等克隆

动物。
13. 乌贼吐出的墨汁里含有大量的氨基酸,带甜味且味道好,而章鱼吐出的墨汁则没什么味道。
14. H5N1 型禽流感的致死率虽然为 50％,但不易感染到人,且基本上没有人感染人的病例。
15. 在便利店等地方,越来越多的人在用充入电子货币的 IC 卡进行支付。
16. 味觉障碍多见于老年人,人们认为患者人数大幅增加是由于老龄化加剧的缘故。
17. 用于植物呼吸和水分蒸腾的"气孔"是直径为几微米的小孔,在叶片内侧等处分布有无数个这样的小孔。
18. 禽流感病毒容易变异,在由禽鸟传染给鸟,再由禽鸟传染给人的多次反复中,有可能出现具有人传染给人的高传播力的病毒,继而成为一种新病毒大面积流行起来。

B. 中日通訳

1. 味覚障害は生活の質に影響します。
   味覚障害は生活の品質に影響を及ぼします。
2. 地球は巨大な磁石のようなものです。
   地球は大きな磁石のようです。
3. 睡眠の質を決めるのは、眠りの深さです。
   睡眠の深さによって、睡眠の質を決めます。
4. 墨を吐く海洋生物はイカ、タコだけではありません。
   墨を噴き出す海洋生物はイカとタコに限ったことではありません。
5. 嗅覚は無意識に感情や行動に影響を与えます。
   嗅覚は意識していないうちに感情や行動などに影響します。
6. 生物資源確保に向けて、国レベルの取り組みも始まっています。
   生物資源の確保を目指し、国レベルの協力が行われています。
7. 同じ人でも睡眠時間は年齢で変化します。
   同じ人でも、年によって睡眠時間が変わります。
8. 地球は40兆ワットの熱を内部から発生し続けています。
   地球は絶えず内部から40兆ワットの熱量を作り出しています。
9. 鳥類は肺だけを使う爬虫類や哺乳類とは大きく違います。

鳥類は肺だけを使って呼吸する爬虫類と哺乳動物とは大いに違います。
10. 水圧は10メートル深くなるごとに、1気圧ずつ増えます。
深さ10メートルにつき、1気圧の割合で水圧が上がります。
11. 涙を流す時は副交感神経が作用しているので、ストレスの解消になります。
副交感神経の作用で、涙を流す時、ストレスを解消できます。
12. 紫外線は一年中降り注いでいるが、5月から8月にかけては特に量が多いです。
一年中紫外線を浴びていますが、5月から8月までの間は特に量が多いです。
13. 海水1キログラムには塩化ナトリウムなどの塩分が平均して約35グラム溶けています。
1キログラムの海水には、平均的に塩化ナトリウムなどの塩分が約35グラム溶けています。
14. 同じ化学物質が濃度によって芳香から耐え難い悪臭になったりします。
濃度によって、同じ化学物質でも芳しいにおいが耐えられない悪臭になったりすることは可能です。
15. これまで、様々な国の研究者たちが羊、ネコ、牛といった動物のクローニングに成功していました。
今まで、多くの国の研究者たちは羊、猫、牛などの動物の無性繁殖実験に成功しました。
16. 上空のオゾン層の破壊によって、地上へ降り注ぐ有害紫外線「UV‐B」の量が増えてきました。
空中のオゾン層が破壊されたことによって、地上に降り注いだ有害紫外線「UV‐B」の量が増してきました。
17. 地磁気は、太陽から飛んでくる高速の陽子や電子から地球を守っているが、19世紀以降、強さが約1割減少しています。
地磁気は、太陽からの高速な陽子と電子に影響されずに済みましたが、19世紀に入ってから、約10％弱ってきました。
18. 遺伝子組み換え技術を用いて植物細胞を基に製造するワクチンは動物細胞から作るワクチンより安全性が高く、生態系に影響を与える懸念もないという。

遺伝子組み換え技術を使って植物細胞を基に作ったワクチンは動物細胞を利用したものより安全性がもっと高く、生態系に影響の恐れもないと言われています。

セクション4　中級通訳練習（小段落の訳）：

A. 日中通訳

1. 虽然在70年代后半期出现了密码技术,但当时的研究者并不知道该把它用在何处。/随着网络和电子货币的出现,该技术的应用一下子变得广泛起来。//
2. 中国信息产业部准备用10年到15年左右时间,把中国建设成为世界信息产业强国,即电信强国和制造强国。/这一构想是该部"第十一·五规划"的总体目标。//
3. 抗HIV药是指防止艾滋病毒在体内扩散,抑制其发病的药物。/它不能使病毒从体内完全消失。该药还有副作用大,需要终身服用等问题。/由于价格昂贵,如何在发展中国家普及是一大问题。//
4. PSP并不是单纯的便携式游戏机。/还可以用它来听音乐,或欣赏高清晰图像。/如同过去随身听改变了人们欣赏音乐的生活方式那样,相信PSP也会很大程度地改变现在年轻人的生活方式。//
5. 人体认证是利用身体特征进行识别的认证技术。/除了指纹以外,还可利用手指和手掌的静脉、瞳孔的虹膜、脸等各个因人而异的部位进行识别。/在日本国内,大型公寓开发商将人体认证作为预防犯罪的对策,已开始将此技术应用于公寓的公共入口。//
6. 索尼凭借不断推出世界首创的商品,树立了独一无二的索尼品牌。/现在的索尼除了电子产品以外,还有电影、音乐、金融等广泛的业务领域。/但不管怎样,消费类家电产品始终是索尼的核心业务内容。//

B. 中日通訳

1. 渡り鳥は地球磁場を利用して方角を知り、進路を決めています。/また、地球磁場は太陽からの電子や陽子線を防ぎ、地上の生命を守るバリアの役目も果たしています。//
2. 普通のコンピューターは、電子が存在する状態を数字の1、存在しない状態を0として計算を進めます。/これに対し量子コンピューターでは、量

子物理学の応用で、一つの電子が0と1を同時に表すのが特徴です。//
3. 科学者によって人間のつめのかけらの中にデジタル情報を記録する手法が開発されました。/指一本でフロッピーディスク半分ほどの情報量が納められます。/指のつめに個人識別情報を書き込めるようになれば、紛失や盗難の心配がなりません。/キャッシュカードや各種の会員証などの代わりになるかもしれません。//
4. 過去にはスペイン風邪、アジア風邪、香港風邪が出現しました。/スペイン風邪は、世界で推計6億人が感染し、3千万人が死亡しました。/現在は、衛生環境や医療水準は改善されていますが、交通機関の発達や都市化・高齢化などにより、短期間で新型インフルエンザが広がる恐れがあります。//
5. 発見された太陽系外惑星は地球から2.2万光年離れた位置にあります。/太陽の五分の一の重さの恒星の周りを回っています。/恒星との距離は太陽と地球の2.6倍です。/地球のような岩石か氷でできていると科学者が見られます。/ただ、表面温度は零下220度で、生命が存在する可能性は無さそうだといいます。//
6. 日本脳炎ウイルスは、豚や水鳥などの体内で維持され、その血を吸った蚊から人間に感染します。/感染しても高熱、意識障害などを起すのは100〜1000に1人で、多くは発症しません。/だが、発症すると死亡率は20％と高く、東南アジアを中心に、世界で年間5万人の患者を出し、1万人の命を奪います。//

第六課　経済のグローバル化（経済貿易篇）

セクション1　基本語彙：

A. 中国経済・貿易に関する実用言葉：

日本語→中国語

1. 社会主義市場経済
2. 企業重組
3. 国企改革
4. 吸引外資

中国語→日本語

1. WTO加盟(かめい)
2. 着実(ちゃくじつ)な発展
3. 内需(ないじゅ)の拡大(かくだい)
4. 沿海部(えんかいぶ)と中西部(ちゅうせいぶ)の協力(きょうりょく)

5. 宏观调控
6. 双赢
7. 市场开放
8. 收入分配制度
9. 经济增长方式
10. 防止经济过热
11. 振兴东北
12. 产业结构调整
13. 优化资源配置
14. 协调发展
15. 防止经济大起大落

5. 衣食(いしょく)が足(た)る生活
6. 独立採算(どくりつさいさん)
7. 私営企業(しえいきぎょう)
8. 住宅制度改革(じゅうたくせいどかいかく)
9. 需給(じゅきゅう)バランス
10. ソフトランディング/軟着陸(なんちゃくりく)
11. 輸入割当(ゆにゅうわりあて)
12. 国際港運(こくさいこううん)センター
13. 減免税制度(げんめんぜいせいど)
14. デベロッパー
15. 関税率(かんぜいりつ)引き下げ

B. 日本経済・貿易に関する実用言葉：

日本語→中国語

1. 泡沫経済崩潰
2. 日経商品指数
3. 郵政事業民営化
4. 経済复苏
5. 対华日元贷款
6. 紧急经济对策
7. 经济财政白皮书
8. 安全的网络
9. 10年经济计划
10. 风险企业
11. 日元升值
12. 库存调整
13. 三大过剩
14. 大藏省
15. IT战略会议

中国語→日本語

1. 景気低迷(けいきていめい)
2. 会社法(かいしゃほう)
3. 産業再生法(さんぎょうさいせいほう)
4. 破産(はさん)
5. 起業家(きぎょうか)
6. 対外純資産(たいがいじゅんしさん)
7. 消費税(しょうひぜい)
8. 不良債権(ふりょうさいけん)
9. 年功序列(ねんこうじょれつ)
10. ライブドア事件
11. 保険会社の不払い問題
12. コンビニの商品値下げ
13. 日銀短観(にちぎんたんかん)
14. 経済産業省(けいざいさんぎょうしょう)
15. 日米規制緩和協議(にちべいきせいかんわきょうぎ)

C. 世界経済・貿易に関する実用言葉：

日本語→中国語

1. 全球化
2. 国際资本转移
3. 非关税壁垒
4. 多边贸易体制
5. 贸易摩擦
6. 反倾销
7. 零关税
8. 召回
9. 集装箱码头
10. 集装箱吞吐量
11. 货物进出口总额
12. 网上交易
13. 商机
14. 投标
15. 业绩

中国語→日本語

1. 売上高(うりあげだか)
2. 効果(こうか)と利益(りえき)
3. 貿易摩擦警戒(ぼうえきまさつけいかい)ライン
4. 報復関税(ほうふくかんぜい)
5. セーフガード
6. サプライヤー
7. 市場占有率(しじょうせんゆうりつ)/シェア
8. 輸出超過(ゆしゅつちょうか)/貿易黒字(ぼうえきくろじ)
9. 輸入超過(ゆにゅうちょうか)/貿易赤字(ぼうえきあかじ)
10. 固定資産投資(こていしさんとうし)
11. 落札(らくさつ)
12. 減価償却(げんかしょうきゃく)
13. 出荷(しゅっか)
14. 空き室率(あきしつりつ)
15. 競争戦略(きょうそうせんりゃく)

D. 経営管理に関する実用言葉：

日本語→中国語

1. 公司外董事
2. 执行董事制度
3. 跨国企业(MNC)
4. 品质管理(QC)

中国語→日本語

1. M&A(合併・買収)(がっぺい・ばいしゅう)
2. CEO(最高経営責任者)(さいこうけいえいせきにんしゃ)
3. CFO(最高財務責任者)(さいこうざいむせきにんしゃ)
4. 週休二日制(しゅうきゅうふつかせい)

5. 人力資源管理(HRM)　　5. リストラ
6. 全球性标准　　　　　　6. アフターサービス
7. 自主品牌　　　　　　　7. フラッグショップ
8. 规模经营　　　　　　　8. 独占価格(どくせんかかく)
9. 经营不善　　　　　　　9. 一手代理(ひとてだいり)
10. 三角债　　　　　　　10. 投機的転売(とうきてきてんばい)
11. 资产周转率　　　　　11. 資金調達(しきんちょうたつ)
12. 促销活动　　　　　　12. メーカー希望小売価格(きぼうこうりかかく)
13. 弹性工作时间制　　　13. 卸売り(おろしうり)
14. 年薪制　　　　　　　14. 配当(はいとう)
15. 岗位责任制　　　　　15. 営業許可証(えいぎょうきょかしょう)

E. 相関機関と固有名称:

日本語→中国語

1. 自由贸易协定(FTA)　　　　2. 经济合作协定(EPA)
3. 东盟自由贸易区(AFTA)　　4. 国内生产总值(GDP)
5. 国民生产总值(GNP)　　　　6. 人均国民总收入(GNI)
7. 南北差距　　　　　　　　　8. 南南合作
9. 亚洲"四小龙"(NIES)　　　10. BRICs
11. 石油输出国组织(OPEC)　　12. 亚太经合会议(APEC)
13. 联合国开发计划署(UNDP)　14. 企业品牌认知指数(PQ)
15. 企业的社会责任(CSR)　　 16. 消费者物价指数(CPI)
17. 比尔·盖茨　　　　　　　　18. 亚洲经济复苏
19. 长江三角洲　　　　　　　　20. 新一轮多边贸易谈判(多哈回合)

セクション2　背景知識:

A. 中国の対外貿易事情を紹介する日本語の背景知識を読んでください。

　　当今,在全球的各个角落都可以找到"中国制造"的产品。据相关统计,有百余种产品的产量达到了世界第一。在全球销售的50%以上的照相机、30%的空调和电视机、25%的洗衣机和将近20%的冰箱都产自中国。

海关的统计结果表明,中国在近几年已连续成为纺织、服装、鞋子、手表、自行车和缝纫机等劳动密集型产品的最大出口国。近年来,数码手机、CD播放机、空调、电动工具、小型家电等出口位居世界第一,电视机和摩托车等出口位居世界第二。

中国的进出口贸易自1978年以来保持年均约15%的增长,该增幅超过了中国国民经济的同期增长率,同时也高出世界贸易年均增长率8%以上。1978年中国的进出口贸易仅列世界第32位,而2003年中国的进出口贸易总额、出口额和进口额都位居世界第四,进出口总额达到8 512亿美元。

中国的低成本、高素质的劳动力优势为世界各国的消费者带来了利益。中国产品价廉物美、品种繁多,在国际市场中长期居高不下的大宗商品的价格也因此得以回落。世界银行1994年的分析报告中指出,如果美国的消费者从中国以外的国家进口相同商品的话,每年将多支出140亿美元。如今由于中美贸易规模成倍扩大,美国的消费者可以节省更多开支,同样对于其他国家和地区的消费者来说也是如此。

80年代末,中国实现了主要出口由初级产品向工业成品的转移。接下来的第二次转移主要是由半成品、低附加值产品的出口向深加工、高附加值产品的出口转移。2003年中国出口商品总额中初级产品的比率已降至7.9%,而工业产品的比率达到了92.1%。从1995年开始高附加值的机械和电子产品已连续8年替代纺织和服装,成为中国的主要出口商品。近年来,高科技产品正成为新的出口增长点。2003年机电产品和高科技产品分别占出口总额的51.9%和25.2%。相反,虽然服装、鞋子、玩具等传统大宗劳动密集型产品的出口依然保持增长,但显然已呈现出放缓的态势。在进口商品总额中,初级产品占18.8%,工业产品占81.2%。国内迫切需求的先进技术、重要设备和所缺原材料的进口维持了较快的增长。在进出口商品总额中,机电产品的比率占到了40%以上。

中国的外贸方式多种多样。在新的贸易方式中,加工贸易发展最为迅猛,与引进外资同步发展。经过20多年的发展,加工贸易已成为中国最大的贸易方式,2003年中国加工贸易的进出口总额达到4 047.9亿美元,占外贸总额的47.6%。

目前,中国对外贸易面临的主要问题是出口商品的结构层次比较低,有待进一步提高出口竞争力。中国出口商品的科技含量和附加值还不够高。从80年代中期发展起来的劳动密集型产品已在国际市场中占相当高的份额,并且基本上已没有进一步发展的余地和空间。

B. 会社の経営管理に関する中国語の文章を読んでください。

管理者の仕事とは何でしょうか。

日本語では一般的な意味での「管理」という言葉はあまりいい意味でないことが多いのですが、中国語ではどうなのでしょうか？日本では「管理」というと、「何々をしてはいけない」、「きちんとしていなくてはならない」といった、人を縛る活動のニュアンスがあります。しかし、本当の意味での「企業管理」とは、むしろ人をやる気にさせ、人の能力やスキルを存分に引き出したり育成することで、従業員と企業が一緒に成長するためにあるものです。

　管理者の仕事は大きく分けて三つあります。一つ目は「企業全体若しくは統括する部門や部署の目標を明確に定めること」、二つ目は、「その目標に即して適切な実行方法を指示し、部下にやらせること」、そして三つ目は「その結果を適正に評価し、課題を明確にすること」です。英語で言えば「PLAN」、「DO」、「SEE」です。この三つが繰り返されて、徐々に高い目標を立て、実行していくことこそが企業成長につながるのです。

　一つ目の「目標を定めること」については、少なくとも一年間の活動を通して、何を成果として実現しないといけないのかを明確にし、それを部下に示さなければなりません。企業は必ず、全社目標実現のために各部門・部署で何を実現しないといけないかを考え、それを具体的に決めなくてはなりません。さらに、部門独自に将来に向けて実現すべき目標を考え、定めることは管理者の役割です。

　二つ目の「適切な実行方法を指示し、部下にやらせること」は、説明する必要もないでしょう。目標達成のための戦略や方法を定め、部下に指示することです。いろいろある仕事のうち、特に何が重要なのかを定め、部下への仕事の分担を定めることは、管理者の重要な役割です。

　三つ目の「結果を評価し、課題を明確にすること」ということは、一年の活動の結果をきちんと測定し、目標が達成されたかどうかを確認し、未達成の場合はなぜ達成できなかったのかを考察し、その対策を考えることです。最初に決めた目標が実現できなかったとき、「残念だった。来年、また頑張ろう」とするだけでは、同じ失敗や過ちをまた犯すことになります。なぜできなかったのか、それは環境に原因があるのか、自分たちのやり方がおかしかったのか、最初に立てた目標自体が間違っていたのか、原因を明確にし、それを解消するためにどうすればいいのかを、次の目標をどの程度高く設定できるかを、考える必要があります。

　こういったことを「事業」と「人」に対して行っていくのが管理者の仕事

です。

(上海国際人材交流協会派遣研修　有限会社大島事務所　大島「企業経営の仕組みと管理者の役割」)

セクション3　初級通訳練習(文の訳)：

A. 日中通訳

1. 在欧美和中国轮胎的销售情况看好。
2. 连续15年居行业首位。
3. 日产汽车在上海和广州设立研发基地。
4. 2005年6月的中期决算赤字4.75亿元。
5. 在中国随着经济发展,能源消费量正急剧上升。
6. 中国对美国的贸易顺差引起了一些美国人的忧虑。
7. 预计2010年中国的煤炭消费将超过22亿吨。
8. 世界汽车制造商相继进入消费不断扩大的中国市场。
9. 中美两国政府就避免贸易摩擦扩大,追求共同利益的问题达成一致。
10. 改革开放以来,中国的对外贸易在世界贸易中所占的比例正不断加大。
11. 世贸组织(WTO)多边贸易谈判(多哈回合)已面临危机。
12. 石油输出国组织(OPEC)下调了2005年世界原油需求预测。
13. 对华日元贷款在当年度中由内阁会议决定,并于第二个年度实施。
14. 振兴东北老工业基地是中国政府继西部大开发之后提出的又一个国策。
15. 中国政府正试图建立一个公平、公正、透明的进口配额管理体制。
16. 尽管2005年上半年四星级、五星级宾馆的住宿费用已上涨了27%,但入住率仍超过8成。
17. 随着在长江三角洲等沿海城市土地供应不足的问题愈来愈突出,建立高度透明的公平交易制度正成为当务之急。
18. 同微软和诺基亚等大公司一样,新兴软件企业也开始进行供移动通信使用的邮件软件开发。

B. 中日通訳

1. 中国国内で、カードの消费が最も多かった都市は上海です。
    中国国内で、カードで支払う消费额が最も多い都市は上海です。

2. この商品は現在供給が需要に追いつかない状態です。
   この商品は現在、供給不足の状態に置かれています。
3. WTO加盟は中国にチャンスをもたらすと同時に、挑戦をももたらしました。
   WTO加盟は中国にチャンスをくれると共に、挑戦ももたらしてきました。
4. 農産品は供給が需要を上回り、必然的に価格下落を招いています。
   農産品は供給過剰になったら、必ず価格の下落につながります。
5. 中国が新興貿易大国として世界に与える影響は日増しに増大しています。
   中国が新興貿易大国として世界への影響力はますます大きくなっています。
6. 中国が2001年に世界貿易機関(WTO)に加盟したことによって、中日両国の経済は緊密化が加速しています。
   2001年のWTO加盟によって、中日両国間の経済的なつながりはより一層深くなっています。
7. 日本国内では液晶・プラズマテレビの店頭価格がここ数年、年率20％～30％下落しています。
   日本国内では、液晶、プラズマテレビの販売価格は近年来、毎年20％～30％下がっています。
8. 石油輸出国機構(OPEC)の予測では、2006年の世界石油需要の伸びが鈍化します。
   オペックの予測によると、2006年の世界石油に対する需要増加は緩くなります。
9. 対外貿易規模が1兆ドルを超えたことは、中国の対外貿易の発展が新たな段階に入ったことを示しています。
   対外貿易の規模が1兆米ドル以上になったのは、中国の対外貿易の発展が新たな一ページを開いたことを表わしています。
10. 今後10年は中国のぜいたく品の需要は毎年10％以上のペースで増加すると予測されています。
    予測では、これからの10年間中国のぜいたく品に対する需要は毎年10％以上の速度で増えます。

11. 日本経済の発展に伴い、日本国内の労働集約型の業種は続々と中国大陸へシフトしています。
    日本経済の発展に従って、国内における労働集約型の業種は次々に中国大陸へと移しています。
12. 直接投資の対象ではコンピューター、通信設備、電子設備の製造などのハイテク分野の増加が目立ちました。
    直接投資の対象の中では、コンピューター、通信設備、電子設備の製造などのハイテクエリアの伸びが著しかった。
13. 中国の急速な経済発展を背景に、ロシアでは中国製の安く良質な工業品に対する需要が急増しています。
    中国の著しい経済成長を背景に、ロシア国内では中国製の品質がよく格安な工業製品に対する需要が急速に伸びています。
14. 我々の国にはまだ貧困地区が残っているため、全面的にややゆとりのある社会を実現することは、依然として我が国の当面の重要な目標であります。
    我が国にはまだ貧困なところがあるので、全面的にまずまずの生活をする社会を実現するのは、相変わらず目の前の重要な目標です。
15. WTO(世界貿易機関)加盟後、中国国内では輸入車関税の引き下げや国産車の値下げで、1.5リットル以下で10万元前後の車が増えました。
    WTOに加盟後、中国国内では輸入車関税を下げたり国産車を値下げたりして、1.5リットル以下で10万元前後の車種が多くなってきました。
16. 苦情電話が鳴りやまず、会社の責任者はやむを得ず記者会見を開くことを決定し、欠陥商品をすべて回収すると発表しました。
    クレーム電話が殺到してきたので、会社のリーダーは記者会見を開くことにし、問題ある製品をすべてリコールすることを発表せざるを得ません。
17. 中国の国内総生産(GDP)の実質伸び率は6年間で倍増し、フランスを抜いて米国、日本、ドイツ、英国に次ぐ世界5位になりました。
    6年間で中国のGDP実質成長率は2倍になり、フランスを追い越して、米、日、独、英に次ぐ世界五位に上がりました。
18. 日本は中国の隣国として、また経済・貿易面における最大の協力パートナーとして、対中協力の展開について、特に恵まれた条件を有しており、

豊富な経験も蓄積されています。

日本は中国の隣国、そして最大の経済貿易相手として、対中提携の面においては、とりわけ恵まれているところがあり、豊かな経験も積んでいます。

セクション4　中級通訳練習(小段落の訳):

A. 日中通訳

1. 日本国内各通信公司的竞争变得非常激烈。/公共无线上网、手机、PHS等在扩大服务领域和通信速度等方面正展开竞争。//
2. 贸易自由化将加快跨国竞争，也有利于消费者。/从长远来看是很收益的，但受保护的国内产业将遭受打击。//
3. 天然纤维的国际价格正在反弹。/以中国为首的进口国购买活跃。棉花和羊毛分别涨到3、4个月以来的最高价。/国际价格的上涨也对国内价格产生影响。//
4. 日本贸易振兴会(JETRO)称，2005年日中贸易总额已连续7年创历史最高。/预计2006年的日中贸易额将连续8年创历史新高，突破2 000亿美元。//
5. 上海港2005年上半年集装箱吞吐量首次突破1 000万TEU，同比上升了约18％。/这一数字已逼近2004年集装箱吞吐量排名居世界第一、第二位的新加坡港和香港港。//
6. 2005年海外对华直接投资同比增长19.5％，已连续两年保持两位数增长。/继英、美之后，居世界第三位。/据分析，投资比重正由制造业向服务业转移。/而且，中国企业的海外投资也正在增加。//

B. 中日通訳

1. 日本国内では、携帯電話を使った通販「モバイルショッピング」が盛り上がっています。/若い女性らの利用が急増し、市場規模は一兆円に迫る勢いです。//
2. 反ダンピング関税分配法(バード法)への対抗措置として、米国製品に対する報復関税を発動します。/対象は鉄鋼など10程度の品目で、税率は15％で調整しています。//
3. 現在、世界の貿易構造は基本的に北米、EU(15ヵ国)及び東アジアの三大ブロックに分布しています。/2003年における世界の輸出貿易に占める

割合はそれぞれ15.5％、38.8％、25.4％となっています。//
4. 新興国市場では、部品の調達拠点や販売網の整備に多額の資金が必要で、一社ではリスクが高いです。/そして、新興国における市場奪戦が激化し、メーカー間の協力が不可欠になっています。//
5. ここ数年の情況から見ると、中国における外国投資企業は引き続き発展しています。/中国に来て投資する大手多国籍企業が増え、世界の多国籍企業500社の中の400社近くが中国に投資しています。/その他の多国籍企業も中国市場に対する分析と研究を強化し、積極的に中国に来て投資する準備をしています。//
6. 西部大開発戦略とは東部沿海地域を優先的に発展させてきた方針を転換し、社会、経済発展の立ち遅れた西部地区へ開発の重点を移行させるという21世紀に向けた発展戦略であります。/国民経済の持続的成長、地域間でバランスの取れた経済成長、民族の団結及び社会安定を維持していくという大きな経済的意義と政治的意義を持っています。//

第七課　もうかりまっか（金融証券篇）

セクション1　基本語彙の参考答案：

A. 通貨類：

日本語→中国語　　　　　　　中国語→日本語
1. 外汇储备　　　　　　1. 紙幣(しへい)
2. 有管理的浮动汇率制度　　2. コイン
3. 货币一篮子　　　　　　3. 通貨統合(つうかとうごう)
4. 外汇交易市场建设　　　　4. ユーロ圏(けん)
5. 紧缩银根　　　　　　5. 人民元相場(じんみんげんそうば)
6. 放松银根　　　　　　6. 通貨供給量(M2)
　　　　　　　　　　　　　(つうかきょうきゅうりょう)
7. 汇兑牌价　　　　　　7. 両替(りょうがえ)/チェンジ
8. 以外币方式支付　　　　8. 米ドル決済(けっさい)
9. 货币升值　　　　　　9. 終値(おわりね)
10. 资金周转　　　　　　10. 基準為替相場(きじゅんかわせそうば)
11. 国际收支平衡　　　　　11. レート変動(へんどう)

12. 卖出美元
13. 黑市汇率

14. 现金流量
15. 日元兑美元行情

12. 換算(かんさん)
13. 現金在庫(げんきんざいこ)／
    現金残高(げんきんざんだか)
14. 貨幣回収(かへいかいしゅう)
15. マネー・ロンダリング／
    資金洗浄(しきんせんじょう)

B. 株式・証券・基金類：

日本語→中国語
1. 个股
2. 控股比率
3. 股份成交额
4. 股东大会
5. 收益比例
6. 道琼斯工业股
7. 上市企业
8. 买方市场
9. 熊市
10. 牛市

11. 大户个股
12. 新股发行(IPO)
13. 股票发行数

14. 基金管理公司

15. 炒股

中国語→日本語
1. 株式会社(かぶしきがいしゃ)
2. 株式資本(かぶしきしほん)
3. 非流通株(ひりゅうつうかぶ)
4. 株価(かぶか)
5. 株相場(かぶそうば)
6. 新株(しんかぶ)
7. 増配(ぞうはい)
8. 時価(じか)
9. 有価証券(ゆうかしょうけん)
10. 国庫債券(こっこさいけん)／
    国債(こくさい)
11. 不良債権(ふりょうさいけん)
12. 社債(しゃさい)
13. 証券取引所
    (しょうけんとりひきじょ)
14. 上げ幅(あげはば)／
    上昇幅(じょうしょうはば)
15. 資金調達(しきんちょうたつ)

C. 銀行関連の実用言葉：

日本語→中国語
1. 定期存款利率
2. 贷款抵押

中国語→日本語
1. 預金通帳(よきんつうちょう)
2. 口座(こうざ)

3. 量化宽松货币政策
4. 零利率
5. 分期付款
6. 滞纳、拖欠
7. 信用贷款
8. 中央银行贴现率、法定贴现率
9. 坏账
10. 首付
11. 住房贷款还款额
12. 短期透支
13. 转入银行户头
14. 低息贷款
15. 综合性地区银行

3. 貯蓄率(ちょちくりつ)
4. ローン/貸付金(かしつけきん)/貸し出し(かしだし)
5. 郵便貯金(ゆうびんちょきん)
6. 金利自由化(きんりじゆうか)
7. 不良資産(ふりょうしさん)
8. 多国籍銀行(たこくせきぎんこう)
9. 金利引き上げ(きんりひきあげ)/利上げ(りあげ)
10. 振り替える(ふりかえる)
11. 財テク(ざいテク)
12. クレジットカード
13. 小切手(こぎって)/チェック
14. 当座預金(とうざよきん)
15. 無利息貸付(むりそくかしつけ)/無利子借款(むりししゃっかん)

D. その他の実用言葉:

日本語→中国語
1. 調整金融制度
2. 公共資本
3. 不動産投資信託(REIT)
4. 金融衍生商品
5. 期貨
6. 期权
7. 三角債
8. 讨债公司
9. 非银行金融企业
10. 漏税

中国語→日本語
1. ハイリスク
2. ハイリターン
3. 損害保険(そんがいほけん)/損保(そんぽ)
4. 生命保険(せいめいほけん)/生保(せいほ)
5. 金融機関(きんゆうきかん)
6. 一般投資家(いっぱんとうしか)
7. 金融サービス
8. 譲り渡す(ゆずりわたす)
9. 対外債務残高(たいがいさいむざんだか)
10. 資産負債比率(しさんふさいひりつ)

11. 偷税
12. 资产负债表
13. 个人交易
14. 保险、保险费
15. 中央银行以购买有价证券来操纵金融市场

11. 金融ビッグバン
12. アナリスト
13. エコノミスト
14. 現金自動預払機（ATM）
    （げんきんじどうあずけはらいき）
15. 会計監査（かいけいかんさ）

E. 相関機関と固有名称：

　　日本語→中国語

1. 国际金融公司（IFC）
2. 国际金融论坛
3. 美国联邦公开市场委员会（FOMC）
4. 美国联邦储备委员会（FRB）
5. 美国联邦储备制度（FRS）
6. 合格的境外机构投资者（QFII）
7. 合格的境内机构投资者（QDII）
8. 普鲁丹斯会计原则
9. 伦敦金属交易所（LME）
10. 纽约商业交易所（NYMEX）
11. 欧洲央行（ECB）
12. 中国外汇交易中心
13. 亚洲金融危机
14. 华尔街
15. 纳斯达克（NASDAQ）
16. 香港恒生指数
17. 法兰克福 DAX
18. 国际货币基金（IMF）
19. 摩根斯坦利
20. 格林斯潘

セクション2　背景知識：

A. 中国人民元為替レート改革を紹介する日本語の背景知識を読んでください。

　　中国人民银行新闻发言人就完善人民币汇率形成机制改革进行了说明，概要如下：

　　Q：为什么要进行完善人民币汇率形成机制改革？

　　A：推进人民币汇率形成机制改革，是缓解对外贸易不平衡、扩大内需以及提升企业国际竞争力、提高对外开放水平的需要。近年来，我国经常项目和资本项目双顺差持续扩大，加剧了国际收支失衡。2005 年 6 月末，我国外汇储备达到 7 110 亿美元。今年以来对外贸易顺差迅速扩大，贸

易摩擦进一步加剧。适当调整人民币汇率水平有利于贯彻以内需为主的经济可持续发展战略,有利于增强货币政策的独立性,有利于保持进出口基本平衡,有利于保持物价稳定,有利于提高利用外资效果。

Q: 完善人民币汇率形成机制改革的主要目标和原则是什么?

A: 人民币汇率改革的总体目标是,建立健全以市场供求为基础的、有管理的浮动汇率体制,保持人民币汇率在合理、均衡水平上的基本稳定。人民币汇率改革必须坚持主动性、可控性和渐进性的原则。主动性,就是主要根据我国自身改革和发展的需要,决定汇率改革的方式、内容和时机。可控性,就是人民币汇率的变化要在宏观管理上能够控制得住,避免出现金融市场动荡和经济大的波动。渐进性,就是根据市场变化,充分考虑各方面的承受能力,有步骤地推进改革。

Q: 新的人民币汇率形成机制的内容和特点是什么?

A: 这次人民币汇率形成机制改革的内容是,人民币汇率不再盯住单一美元,而是按照我国对外经济发展的实际情况,选择若干种主要货币,组成一个货币篮子。同时,根据国内外经济金融形势,以市场供求为基础,对人民币汇率进行管理和调节,维护人民币汇率在合理均衡水平上的基本稳定。参考一篮子表明外币之间的汇率变化会影响人民币汇率,但参考一篮子不等于盯住一篮子货币。升值调整幅度主要是根据我国贸易顺差程度和结构调整的需要来确定的,同时也考虑了国内企业进行结构调整的适应能力。

Q: 为什么选择目前的时机改革人民币汇率形成机制?

A: 目前,我国外汇管理逐步放宽,外汇市场建设不断加强,市场工具逐步推广,各项金融改革已经取得了实质性进展。宏观调控成效显著,国民经济继续保持平稳较快的增长势头。世界经济运行平稳,美元利率稳步上升。这些都为人民币汇率形成机制改革创造了有利条件。

Q: 各方面应如何应对完善人民币汇率形成机制改革带来的挑战?

A: 汇率形成机制改革在短期内会对经济增长和就业产生一定的影响。但总体上利大于弊。银行和外汇管理部门要进一步改进金融服务,加强外汇管理,为企业发展提供强有力的支持。企业要积极推进结构调整步伐,转换经营机制,提高适应汇率浮动和应对汇率变动的能力。

Q: 此项改革推出后,人民币汇率会不会出现大幅波动?

A: 人民币汇率大幅波动,对我国经济金融稳定会造成较大的冲击,不符合我国

的根本利益。完善人民币汇率形成机制改革决不会出现这种情况。首先,人民币汇率形成机制改革后,人民币不再盯住任何一种单一货币,而是以市场供求为基础,参考一篮子汇率进行调节。国际市场主要货币汇率的相互变动,客观上减少了人民币汇率的波动性。其次,外汇供求关系进一步理顺,国际收支调节机制逐步建立健全,国际收支会趋于基本平衡。第三,中国将积极协调好宏观经济政策,稳步推进各项改革。为人民币汇率稳定提供良好的政策环境。人民银行将努力改进外汇管理,保持人民币汇率在合理、均衡水平上的基本稳定。

B. WTO加盟により、中国の金融業界にも大きな影響を及ぼしてきます。これに関する中国語の文章を読んでください。

　中国がWTOに加盟したことは、中国の金融業界にはかり知れない影響を与えます。金融業務の競争、金融業界の従業員の移動、金融業務市場の変化と金融商品などの開発という面だけでなく、中国全体の金融業界における金融運営システムへの改革と深化にも大きな影響があります。具体的に次の各方面に現れています。

　① リスク評価体系への影響

　現在、国内金融業界の金融リスクに対するコントロールは益々重視されてきて、各商業銀行は比較的完全なリスク評価システムを作りましたが、実際にリスク評価を行う時、不足の部分がまだあります。企業の規模、企業の発展段階、企業製品の成熟期、企業製品の研究・開発の能力と業務の市場シェアなどの諸要素はプロジェクトのリスク係数への評価にさまざまな影響を与えます。ですから、我々は総合的且つ全面的なリスク評価を重要視すべきです。企業の短期的経営に対して、リスク評価を行うだけでなく、企業を対象にする長期的、動的評価をもっと強調すべきです。それから、動的で、長期的且つ客観的なリスク評価体系を制定するのは我が国の金融業界におけるリスク評価改革の中心です。従って、不良資産をコントロールし、リスクの高いプロジェクトを有効に防止できるように、国際金融業界の先進的な経験を吸収し、一歩一歩リスク評価体系を改善すべきです。

　② 総合的業務開拓体系への影響

　現在、国内の金融業界は業務市場の開拓を非常に重要視していますが、しかし、その効果はあまり芳しくありません。主に業務開拓の方向がわりと単

一で、狭く、業務の種類と業務の開発力が企業の発展ニーズを十分に満たせないという面に現れています。金融業務の開拓はよく貸付、外国為替、決済というような負債業務または種類が単一であるサービスに偏重するようになりがちです。でも、大手企業、特に多国籍企業は銀行の総合的且つ多様なサービスを求めているので、提供した業務が構造的によく企業の発展ニーズを満たすよう、違う金融サービスの組み合わせを設定すべきです。そして、金融業界の発展方向は次第に完璧な、合理的な金融サービスの提供を目標にしています。世界では、大手の多国籍金融グループの、この面における良い経験は我々の参考になります。

③ 金融製品開発体系への影響

現在、我が国の金融業界はやはり伝統的な銀行業務を中心にしています。WTOに加盟してから、市場競争が日々厳しくなるにつれて、国有銀行と国内株式銀行は金融製品の開発力が相応に改善されなければ、いずれ不利な局面に陥ってしまいます。経済グローバルと投資貿易の多国籍的な発展は必ず金融製品のニーズにもっと全体的、総合的な要求を出しますが、国際的金融グループの業務発展と開発力は非常に強いので、国内の金融業界に大きなプレッシャーとなります。ですから、我が国の金融業界における金融製品の開発体系改革と改善が一層迫られるようになります。

WTOへの加盟は我が国の金融業界における全般的な発展にとって、弊害より利益のほうが大きいし、金融業界での競争も更に我が国の金融業界における健全な発展を促進します。リスク評価体系、総合的業務開拓体系、金融商品の開発体系などの面における改革に実質的な発展がなければ、我が国の金融業界での競争力を全面的に高めることができません。

セクション3　初級通訳練習(文の訳)：

A. 日中通訳

1. 东证1部的上午成交额为7.92亿股。
2. 交易价格大幅波动。
3. 26日美国股市小幅波动。
4. 欧元区经济弱势回升。
5. 债券行情小幅回升,而日元行情则连续3天下跌。

6. 国家的外汇储备稳定增长,人民币汇率保持稳定。
7. 外汇市场上美元下跌将影响以美元计价的金价上涨。
8. 由人民币升值带动了资产价值的上升,这也将推动积极投资。
9. 完善外汇储备管理,积极摸索有效的资产运用手段。
10. 美国布什政府对中国政府决定人民币升值表示欢迎。
11. 纽约股市受已公布的6月份美国就业统计利好消息的影响,继续大幅上涨。
12. 21日伦敦市场上铜价曾一度跃至历史最高点,但随后便下跌。
13. 存款一味地增加,而另一方面贷款数如不上升的话,银行的收益就会下降,经营会受挫。
14. 作为与股票、债券、外汇等交易并存的风险回避手段,期货和期权是必不可少的。
15. 不断买入,股价一度曾飙升到151.21美元,相当于卖出价的约5.6倍。
16. 最近四年的金融改革、纠风和发展取得了积极的成果,维持了国内金融形势的稳定,有力地支援了经济的发展。
17. 世界主要股市继第二季度之后,继续反弹,而美元兑欧元、日元等主要货币再度贬值。
18. 世界经济发展至今,一个普遍的规律已为人们所共识:经济的稳定增长需要金融的支持与先行。

B. 中日通訳

1. 上場初日の株価上昇率は過去五年では最大です。
   上場初日の株価伸び率は五年ぶりの最高です。
2. 我々は国有銀行の不良債権問題について、ただ傍観しているわけにはいきません。
   国有銀行の不良債権の問題に対し、我々は黙って見ているわけにはいきません。
3. 上海中華会計士事務所の監査では、登録資本金は全額払込済みとなっています。
   上海中華会計士事務所の審査結果によると、登録資本金は全部払っています。
4. 人民元は27日、ドルに対し1ドル=8.1128元で取引を終えました。
   27日、人民元は対米ドルで1ドル=8.1128元で取引をしました。
5. アメリカの貯蓄率が日本と肩を並べるか、逆転かとの予測が出始めま

した。
米国の貯蓄率は日本並になるか、上回るかと予測されました。
6. 海外との合弁企業は、その経営活動の中で、外国銀行に直接資金調達ができます。
合弁企業は経営活動の中で、直接外国銀行に資金調達ができます。
7. 物価上昇の兆しもあり、欧州中央銀行(ECB)が12月に利上げに踏み切る可能性が出てきました。
物価上昇の気配もあり、欧州中央銀行(ECB)が12月、金利を引き上げる可能性があります。
8. 外貨準備は純粋な経済問題ではなく、政治問題でもあり、国全体の戦略を考慮に入れなければなりません。
外貨準備は単なる経済的問題ではなく、政治的問題でもあるので、国レベルの戦略を考えねばなりません。
9. 取締役会で現在の発行済み株式の28.6％にあたる最大27億株のA株発行を決定しました。
取締役会で最大限27億株のA株を発行すると決定しました。これは現在、既に発行した株の28.6％に相当します。
10. 中国政府は世界貿易機関(WTO)加盟時の約束に従い、2006年末に銀行業務のほとんどを外資に開放します。
中国政府はWTO加盟時の約束どおりに、2006年末より外資系銀行にほとんどの業務をオープンします。
11. 人民元現金売り価格は対米ドルで1ドル＝7.9997元となり、初めて8元を下回りました。
人民元現金売り価格は米ドルに対し、1ドル＝7.9997元となり、初めて8元を切りました。
12. 不動産価格の行き過ぎた上昇を抑えるため、2006年6月以降は個人の住宅ローンの頭金比率を30％以上とします。
不動産価格の過当な上昇をコントロールするため、2006年6月より個人住宅ローンの頭金比率を最小限30％と調整しました。
13. インターネット検索業の米ヤフーや米グーグルの株価も高水準で、ネット株の存在感が高まっています。
ネット検索業の米Yahooと米Googleの株価も高く、ネット株はますます多

くの注目を集めています。
14. 一国の為替レート政策はその経済発展段階、金融監督管理レベル、企業の受け入れ能力などの要素に基づいて決定されるものです。
　　一国の為替レート政策はその国の経済成長段階、金融監督・管理レベル、企業の受け入れ能力などの要素によるものです。
15. 切り上げ幅が約2％と小幅だったことや、市場も落着いていることから、今のところ「この程度の変動なら業績への影響はない」とする日本の民間企業がほとんどです。
　　切り上げ幅が約2％にとどまったし、市場も冷静ですから、日本の民間企業はほとんど現在の段階では、「この変動なら、業績にまだ影響がない」との見方を持っています。
16. 日本では、無職の高齢者は金融資産の残高は大きいが、収入が少ないため、可処分所得に占める貯蓄率はマイナス15％程度とされます。
　　日本では、仕事のない高齢者が握った金融資産残高は大きいにもかかわらず、収入が少ないため、処分できる収入に占める貯蓄率はマイナス15％くらいと推算されています。
17. 中国の金融業は、経済の発展促進には大量の資金を提供するのではなくて、金融業そのものがGDPに占める割合が増え、中国経済貨幣化の迅速さを裏付けています。
　　中国の金融業は経済成長の促進に多くの資金を提供しただけではなく、GDPに占める比重も大きくなり、中国経済貨幣化の速い勢いを示しています。
18. 中小公庫の調査では、2006年度の設備投資の資金計画のうち、銀行借り入れの割合は全体の64.2％で、前年度実績より1.9ポイント上昇し、1998年以来の高水準となりました。
　　中小企業金融公庫の調査によると、2006年度における設備投資の資金計画の中で、銀行ローンを借り入れる比率は全体の64.2％を占め、前年度の実績と比べ1.9ポイント上がり、1998年以降の最高水準になりました。

セクション4　中級通訳練習（小段落の訳）：

A. 日中通訳
1. 同日香港股市継続回落。/恒生指数収盘于15 645.27点，下跌211.62点。/

成交金额估计为 540.4 亿港币。//

2. 以制造业为中心,中小企业的资金需求开始扩大。/据日银调查,3 月银行对中小企业的贷款余额自 2000 年以来首次转为增加,到 5 月份为止已持续增长了 3 个月。//

3. 日本实施贸易兴国战略时日元汇率为 1 美元兑 360 日元,但如今保持在 1 美元兑 100～110 日元的水准。/当初外汇很少,而现在的外汇储备已接近 1 万亿美元。//

4. 股份制公司制度是出于风险最小化、利益最大化的考虑。/如果仅考虑"效率"的话,没有其他制度能超越它。/资本主义的发展正是股份制公司的发展史。//

5. 升值就是提高人民币的价值。/适用到中日进出口上的话,对于日本制造商的出口产品来讲,中国进口方的人民币付款金额少于先前。/相反对于中国制造商的出口产品来讲,日本进口方的日元付款金额就比原先要多。//

6. 到 20 世纪 90 年代,保险业乘着市场经济化的浪潮迎来了发展阶段,市场大幅扩大。/特别是进入 90 年代后半期,随着国企改革和社会保障制度改革等社会结构的变化,市民的保险意识开始萌生,寿险的储蓄性质受到关注,寿险得到了飞速发展。//

B. 中日通訳

1. 中・東欧で株式市場の活況が続いています。/主要七ヵ国の株価指数は年初から平均で三割上昇し、時価総額も大きく増えました。//

2. 中国国内の個人貯蓄が 2005 年末時点で約 15 兆元に達し、過去最高を更新しました。/国民一人当たりの平均貯蓄は 1 万元を突破しています。/個人貯蓄は昨年一貫して増え続け、12 月も単月で約 4 800 億元伸びました。//

3. ニッセイ基礎研究所によると、高齢者の人口比率が 1％増えれば貯蓄率は 0.5％以上減ります。/ここ数年の高齢化の急進が、貯蓄率の急低下の原因という見方を裏付けています。//

4. 現代の日本の金融政策の中心的な手段は公開市場操作であります。/政策目標を実現するために、日銀は毎日、短期金融市場で形成される短期金利を見ながら、金融調節を行ってきました。//

5. 銀行を近代的金融企業に転換しなければなりません。/国有商業銀行の総合的改革の推進は金融改革全体の重点です。/国有商業銀行は中国の

経済・社会発展の中で重要な位置におかれ、国民経済の命脈と経済の安定にかかわります。//
6. 古来、日本には、「資産三分法」という考え方があります。/それは、つまり資産の内、三分の一は不動産、三分の一は預貯金、残りの三分の一は有価証券です。/この意味は文字通り三分の一ずつということではなく、リスクを分散する姿勢が重要なのだという考え方です。//

第八課　平和と繁栄に向かって(国際関係篇)

セクション1　基本語彙：

A. 戦争と平和：

日本語→中国語
1. 民族紛争
2. 香港回帰
3. 核武器
4. 反恐
5. 自殺式爆炸恐怖袭击
6. 6方会談
7. 9・11事件
8. 裁軍
9. 海湾战争
10. 中東和平进程
11. 原子弾
12. 维和行动(PKO)
13. 维和部队(PKF)
14. 核电站
15. 铀

中国語→日本語
1. 安全保障体制(あんぜんほしょうたいせい)
2. ナショナリズム
3. コンセンサス
4. ミサイル
5. 国連改革(こくれんかいかく)
6. 国境紛争(こっきょうふんそう)
7. 安全保障理事会(あんぜんほしょうりじかい)/安保理(あんぽり)
8. イラン核問題(かくもんだい)
9. 核拡散の防止(かくかくさんのぼうし)
10. 常任理事国入り(じょうにんりじこくいり)
11. 軍備管理(ぐんびかんり)
12. 覇権主義(はけんしゅぎ)
13. 平和的発展(へいわてきはってん)
14. 大量破壊武器(たいりょうはかいぶき)
15. 武装解除(ぶそうかいじょ)

参考答案と参考訳文

B. 貧困と繁栄：

日本語→中国語

1. 扶贫问题
2. 捐赠,捐助
3. 剩余劳动力
4. 促进就业
5. 产业空洞化
6. 工业园区
7. 经济制裁
8. 扩大内需
9. 过度竞争
10. 经济循环周期
11. 抵制商品
12. 减免债务
13. 石油价格高涨
14. 互利互惠
15. 南北经济走廊

中国語→日本語

1. 国際協力(こくさいきょうりょく)
2. 石油危機(せきゆきき)/オイル・ショック
3. エネルギー源の多様化(たようか)
4. 不均衡(ふきんこう)
5. 資金援助(しきんえんじょ)
6. インフレ
7. デフレ
8. 貧困削減(ひんこんさくげん)
9. 競争優位(きょうそうゆうい)
10. 難民(なんみん)
11. 生産性向上(せいさんせいこうじょう)
12. 食糧問題(しょくりょうもんだい)
13. スポンサー
14. 景気後退(けいきこうたい)
15. 国際分業(こくさいぶんぎょう)

C. 国際関係に関する実用言葉(1)：

日本語→中国語

1. 最高领导人
2. 峰会/首脑会谈
3. 斡旋
4. 签署,签订
5. 框架
6. 呼吁
7. 谴责
8. 备忘录
9. 妥善处理

中国語→日本語

1. 共同声明(きょうどうせいめい)
2. 主権国家(しゅけんこっか)
3. 相互訪問(そうごほうもん)
4. 締約国(ていやくこく)
5. 非公式協議(ひせいしききょうぎ)
6. 決議案(けつぎあん)
7. 相違(そうい)/不一致(ふいっち)
8. 争い(あらそい)/紛争(ふんそう)
9. 作業(さぎょう)グループ

10. 战略伙伴关系
11. 邦交正常化
12. 发言人
13. 独裁政权
14. 干涉内政
15. 多边协议

10. 維持(いじ)
11. 二国間関係(にこくかんかんけい)
12. 平和交渉(へいわこうしょう)
13. 領土保全(りょうどほぜん)
14. 戦略提携(せんりゃくていけい)
15. 適切(てきせつ)に解決(かいけつ)する

D. 国際関係に関する実用言葉(2)：

日本語→中国語

1. 高层往来
2. 大规模联合军事演习
3. 观望
4. 幕后商定
5. 相互推卸,相互踢皮球
6. 双方各持己见的争论
7. 原则上同意
8. 束之高阁
9. 上策
10. 观察员
11. 反对,抗拒,不接受
12. 立即停火
13. 边缘化
14. 无国界
15. 建立信任关系

中国語→日本語

1. 建前(たてまえ)
2. 民主的な選挙(みんしゅてきなせんきょ)
3. 緊急国際援助(きんきゅうこくさいえんじょ)
4. 人道主義(じんどうしゅぎ)
5. 無投票(むとうひょう)
6. 多数決(たすうけつ)
7. 外国の友人(がいこくのゆうじん)
8. 支持(しじ)する/擁護(ようご)する
9. 建設的意見(けんせつてきいけん)
10. 強制送還(きょうせいそうかん)
11. 山場(やまば)
12. 議事日程(ぎじにってい)
13. 円卓会議(えんたくかいぎ)
14. ホスト国/主催者(しゅさいしゃ)
15. 白書(はくしょ)

E. 相関機関と固有名称：

日本語→中国語

1. 五角大楼(美国国防部)
2. 上海合作组织(SCO)
3. 国际原子能机构(IAEA)
4. 东盟地区论坛(ARF)

参考答案と参考訳文

5. 海牙国际法庭　　　　　　6. 核不扩散条约(NPT)
7. 八国首脑峰会　　　　　　8. 4国集团
9. 欧盟(EU)　　　　　　　10. 非洲联盟(AU)
11. 出口加工区(ETZ)　　　　12. 非政府组织(NGO)
13. 政府开发援助(ODA)　　　14. 以史为鉴,面向未来
15. 与邻为友,与邻为善　　　 16. 求同存异
17. 高瞻远瞩　　　　　　　　18. 总结历史经验
19. 和平共处五项原则　　　　20. 日内瓦

セクション2　背景知識:

A. 冷戦後の国際情勢を紹介する日本語の背景知識を読んでください。

　　冷战结束之后,国际局势发生了怎样的变化?创造新历史的根据又是什么呢?
　　首先,在国家关系上,以战争作为解决争端手段的时代早已结束,因为战争所产生的破坏作用太大。虽然问题并不仅限于核武器,但核武器的出现毕竟使战争进入了一个全新的阶段。在这种状况下,对那些有可能升级为核战争的国家来说,战争无疑是一种自杀行为。二战后大国之间没有再发生过战争,曾经发生过的战争也无升级为核战争的可能。那些局部战争通过它所付出的巨大代价,获得了其所追求的价值,即独立或革命抑或是解放,希望能由此避免更大的牺牲。
　　其次,在这种情况下,国际社会为和平解决争端开辟了许多新渠道。例如,通过发展经济合作形成共同价值、共同利益和共同认识,然后国家或非政府组织共同努力形成一定的规则或框架。这意味着"霸权国家"无法为所欲为地形成规则和框架。这可说是为避免人类自己生产的核武器所带来的巨大灾难,以及伴随经济全球化产生的各种困难而结成的智慧。这样的新现象正成为国际社会的主流,国际合作和国际协调已是司空见惯的事。当然在这一状况下,还是无法完全避免战争。因此各国为了本国的安全,仍保持一定的军备。但是目前已不可能通过这样的军事力量来达到侵略的目的,只有通过国际合作才能保证一个国家人民的安全。
　　在冷战时代,敌我双方曾各自组建过"共同安全保障"体系。冷战结束后不设假想敌的协调安全保障或努力实现联合国所倡导的集体安全保障,在全球范围内成为一种普遍现象。在这一阶段,对人类社会构成安全威胁的,已不是清楚认识到这些变化的、负责任的国家,而是国家之外的"恐怖分子"。虽然全世

界有责任感的人们尚未对"恐怖分子"做出准确的界定,但对其所产生的危害却有着共同的认识。

在这样的国际大背景下,中日关系至少应为两国的共同利益,即为建立和平的国际环境而形成一种协调的关系,而且这样的条件正趋于成熟。从亚太地区来看,是无法将美国摈弃在外的。通过建立包括美国在内的国际协调关系并使之发挥作用,就可能形成以中日两国为主的亚洲的和平共同体或利益共同体。这是30年前中、日、美三国领导人所期望的。但不幸的是:由于两国之间尚未形成对共同利益的认识,或由于这样那样的误解,使得这一和平共同体尚未成型,在结束"助跑阶段"之后便停顿了下来。但在21世纪之初,国家之间不可能发生战争的这一认识正前所未有地被人们所接受。当然仍有人抱残守缺,始终在谋求"一国安全保障"和"通过军事力量确保主导权"。希望这些人能睁开眼睛看清今天的国际形势。通过新的国际组织来确保和平与可持续发展,这是我们今天所面临的重大课题。

B. 国連に関する中国語の文章を読んでください。

1945年10月、国連が誕生しました。第二次世界大戦が終わって二ヵ月後です。「これからは平和な世の中にしよう」と、最初は51ヵ国が加盟しました。似た組織は戦争の前にもありました。第一次大戦後にできた「国際連盟」です。でも、米国は参加せず、第二次大戦も防げなかったため、反省のうえで作られたのが現在の国連です。加盟国は次第に増え、今では191ヵ国になりました。

すべての加盟国が話し合いをする場が「総会」です。各国が出し合ったお金の使い道を決めるほか、幅広く世界の問題を話し合います。国連の色々な活動を取りまとめるのが「事務局」です。そのリーダーは事務総長です。

国同士で対立が起きた時、国連はどうするのでしょうか。

平和のための取り組みを決めるのは「安全保障理事会(安保理)」です。いつもメンバーに入っている中国、米国、英国、フランス、ロシアの5ヵ国(常任理事国)と二年の任期で選ぶ10ヵ国(非常任理事国)で作られています。安保理はまず、話し合いでの解決を求めます。国連事務総長を仲介役にすることもあります。それでも戦闘が起きてしまった場合、すぐに中止を求めます。多くの国々がその国への貿易をストップさせて、中止を促す方法もあります。さまざまな手を尽くしても戦闘や混乱が続く場合、色々な国で作る多国籍軍

が力ずくでやめさせるよう認めることもあります。

　戦闘の中止が決まると、再び起こらないように平和維持活動(PKO)を始めます。PKOはこれまで60回に達します。各国が送った軍隊で作る平和維持軍(PKF)が間にたって見張り、復興や選挙なども助けます。

　最近は国同士の争いに加えて、同じ国の内部の民族・宗教グループ間などでも争いが起こっています。例えば、2002年にインドネシアから独立した東ティモールの場合、独立をしたい多数派の人々と反対の人々が対立し、暴動が起きました。安保理は多国籍軍やPKFを送りながら、独立の準備も助けました。

　最近、安保理の仕組みに問題があるとの声もあります。2005年9月21日に開会された国連総会において、安保理改革問題は重要な討論テーマになりました。ここ数年来、国際情勢の発展に伴って、人類社会は様々なグローバル問題に直面しています。多くの国々は、安保理がもっと多くの国際安全保障の機能を果たすよう、大いに期待しています。それと同時に、一部の国は安保理改革の提言に関する報告書の提出に先立って、それぞれの立場を表明し、世論を形成することによって、これからの安保理改革における有利な立場を確保しようとしています。今、安保理改革の焦点はその拡大であります。つまり、安保理のメンバーを増やし、常任理事国の席を増加することであります。その次は拒否権の問題です。

　また、世界中で10億人以上は、一日1ドル未満のお金で暮らすとても貧しい人たちです。1億1400万人の子供は小学校に通えません。こうした問題の解決を目指して、国連の専門機関が活動しています。54ヵ国で作る「経済社会理事会」が、それぞれの機関がうまく活動を受け持つように調整します。

　例えば、世界食糧計画(WFP)は年400万トンの食糧援助をしています。子供を病気や暴力から守るのは、国連児童基金(UNICEF)です。世界保健機関(WHO)は今、エイズの対策に力を入れています。子供たちが学校に通えるよう取り組むのは国連教育科学文化機関(UNESCO)です。貴重な文化や自然を守る役目もあります。スマトラ沖の大地震や津波では、国連人道問題調整事務所(OCHA)が、世界からの寄付を各機関に振り分けました。国連は2000年、とても貧しい人の半減や、すべての子供の小学校卒業などといった15年までの目標を立てました。

セクション3　初級通訳練習（文の訳）：

A. 日中通訳

1. 首次举行中、俄、印3国首脑会谈。
2. 全世界人民对本轮会谈都寄予厚望。
3. 中日两国经贸关系的互补性很强。
4. 双方就地区的安全保障及经济合作进行了磋商。
5. 冷战结束后的世界呈现出比以前更为复杂的状况。
6. 小泉、布什时代，日美经济关系中惟一悬而未决的就是牛肉问题。
7. 重要的是包括亚洲在内的其他各国共享经济发展的成功经验。
8. 在北京重新举行围绕朝鲜核开发等问题的6方会谈。
9. 据说包括电视在内全球观看世界杯的人总共将超过400亿人次。
10. 中印在北京签署了关于在石油、天然气领域加强合作的备忘录。
11. 中国作为一个发展中的大国，在国际实际事务中正发挥着越来越重要的作用。
12. 就G8各国和其他国家间的能源问题，开始了新一轮对话。
13. 3国首脑达成一致，将在应对国际、地区问题等政治领域加强合作。
14. 由于恐怖分子跨国境进行活动，所以有必要在国内机构及国家间开展更为有效的合作。
15. 2002年中国同东盟缔结经济贸易协定，估计在2010年前将建立东盟自由贸易区。
16. 会议期间除了举行东盟（ASEAN）加3（中、日、韩）非正式外长会议之外，还举行了中日、日韩双边外长会谈。
17. 为了在长期的反恐作战中获胜，不仅要防止目前的恐怖活动，重要的是要防止人成为新的恐怖分子。
18. 通过民间文化交流寻找连接点，摸索新的外交手段，这在建立外交关系上也被认为是很重要的。

B. 中日通訳

1. 朝鲜半岛で、鉄道が焦点になっています。
   朝鮮半島では、鉄道問題が注目を浴びています。
2. 4年に一度のサッカーの祭典、ワールドカップの開幕がいよいよ迫ってき

ました。
4年に一回のサッカー盛典であるW杯の開幕が近づいてきました。
3. 両国間の貿易を発展させることは、ウィンウィンにつながります。
両国間の貿易発展は双方の利益を招いてきます。
4. インターネットが普及するにつれて、電子ビジネスの見通しはますます明るくなってくるでしょう。
インターネットの普及につれて、Eビジネスはますます明るい将来を迎えてきます。
5. 我々は、双方が協議と協力を強めることが、問題解決の最良の途であると考えます。
我々は、双方が協議と連携を強化することが問題解決のベストルートだと考えています。
6. 途中から双方の意見が分かれ、共同事業が難航しています。
途中で双方の意見に相違が現れた故に、提携プロジェクトがうまく進んでいけなくなりました。
7. 20世紀は、人類に経済的飛躍をもたらしたと同時に、幾度にも渡って人類が悲惨な戦争を経験した生気となりました。
20世紀は人類に経済的な飛躍をもたらしてきました。それと同時に、何回も戦争の悲惨さを体験させました。
8. 世界の自動車市場で優位に立つ国は、輝かしい経済的地位を占めています。
国際の自動車市場で優位を占めることができれば、優れた経済的な地位を持ちます。
9. 国連教育・科学・文化機関が全世界の地震・津波発生地域を網羅した津波警戒システムの構築に乗り出しました。
ユネスコが全世界のすべての地震・津波発生地域を含めた津波アラームシステムを確立し始めました。
10. 中国がロシアとの経済貿易関係を強めており、中国にとって、ロシアは前年の10位から第8位の貿易相手に上昇しました。
中国はロシアとの経済貿易関係を強化しています。ロシアは去年の第10位から中国の第8位の貿易パートナーに上がりました。
11. 公平、公正、開放的かつ非差別的な多角的貿易体制は、世界経済の長期的

かつ安定的な発展にプラスとなります。
公平、公正、開放、そして非差別的な多角的貿易体制は世界経済の長期的で安定な成長に役立ちます。

12. 過去三回の6者協議では朝鮮半島の非核化目標の堅持、半島の平和や安定の維持について共通認識を得ました。
過去三回にわたった6ヵ国協議を経て、朝鮮半島非核化目標を守り、半島の平和と安定を維持する面では、コンセンサスを得ました。

13. 中国と日本が善隣友好を保ち、互恵協力を行うことは、両国にとって有益であり、アジアひいては世界の平和と繁栄にとっても有益であります。
中日が友好関係を保ち、経済的な協力を行うのは両国の国民にとっても、アジアおよび全世界の平和と繁栄にとってもいいことです。

14. イラク軍の治安維持能力向上を前提条件にして、英軍が12ヵ月以内にイラク撤退を開始することは可能です。
イラク軍が治安維持の能力が向上することを前提に、イギリス軍は12ヵ月以内、イラクから撤退し始める可能性があります。

15. 共同声明の草案は、2020年までのASEAN共同体の確立を視野に加盟国間の格差縮小の必要性を訴えました。
共同声明の草案は、2020年までアセアン共同体を建設することを視野に入れ、諸加盟国間の格差を小さくする必要性を強調しました。

16. 決議は、イランの核開発に深刻な懸念を表明したうえ、研究開発を含むすべてのウラン濃縮関連活動と再処理活動の全面停止を求めました。
決議はイラン核開発に深い心配を示しました。それに、研究開発を含めたウラン濃縮相関活動と再処理活動をすべて全面的に停止するように要求しました。

17. 中国とインドが戦略的協力パートナーシップを確立したことは、両国の政治的相互信頼という戦略的観点及び緊密な協力という共通の願いを体現しており、二国間関係が新たな段階に入ったことを表わしています。
中印両国間における戦略的協力関係の確立は、政治上信頼し合うという戦略的考え方と緊密に協力しようという共同の希望を表わし、両国間の関係が新しい段階に入ったことを示しています。

18. 相手の国の歴史、文化、経済、国際関係などを理解することが大事なのはもちろん、それにもまして重要なのは、相手の国の広い意味での文化——

ものの考え方、行動を起こす際の思考パターン、これを生み出す文化的根源などを理解することです。

他国の歴史、文化、経済、国際関係など理解するのがもちろん重要ですが、これらよりもっと重要なのは広い意味における文化を理解することです。即ち、物への考え方、行動時の意識及び深く根ざしている文化的な源などです。

セクション4　中級通訳練習（小段落の訳）：

A. 日中通訳

1. 虽然中日文化存在差异,但事实上也有互通之处。/这极有可能增进两国人民间的相互了解。//
2. 中日两国政府围绕东海油田开发等问题,在北京举行部长级非正式磋商。/在非正式磋商中也就中日关系全局交换了意见。//
3. 近年来,非洲取得了相当大的进步。/并且在多个国家进行了民主选举。/经济增长加快。/多年的战乱也即将结束。//
4. 美日欧及前苏联等核发达国家设立了核供应国集团(NSG)。/试图通过管理、限制核技术和核燃料的出口来防止核扩散。/中国于2004年加入该集团。//
5. 日内瓦高等国际问题研究所公布了总结小型武器现状的年度报告书。/其中指出每年死于世界各地战乱的人数为8万～10.8万人,认为其中60%～90%是轻武器的受害者。//
6. 2004年12月26日在印尼苏门答腊海域发生了强烈地震,并引发大规模海啸,造成重大人员伤亡和经济损失。/应印尼政府的要求,中国国际救援队分两次,共计派遣70名人员,在印尼进行救援活动。//

B. 中日通訳

1. 経済協力開発機構（OECD）によると、途上国全体への援助は、2010年までに500億ドル増加します。/このうち、少なくとも250億ドルはアフリカ向けとなります。//
2. 国連は1945年10月24日に正式に発足しましたが、その時の加盟国は51ヵ国でありました。/今では加盟国は191ヵ国に増えています。/今まで

に国連から脱退した国はありません。//
3. 世界のエイズウイルス(HIV)感染者が推計で約4千万人に上がり、東欧・中央アジアや東アジアで急増しています。/このまま毎年500万人規模で感染者が増えていけば、世界経済に深刻な悪影響を与えます。//
4. 世界保健機関(WHO)の警告では、少女の喫煙が急速に増えています。/日本では、煙草を吸う男性は減りつつありますが、女性、中でも若い女性の喫煙が増える傾向です。/20、30代では今や5人に1人が吸っています。//
5. 慢性的な世界的不均衡も重要な問題です。/欧州の多くの地域は国内需要が弱いです。/輸出主導で経済成長を続けるアジアは貯蓄率が高いです。/米国は消費が好調です。/こうした要素が、世界的な経常収支の不均衡を拡大しています。//
6. 中米両国の指導者は、中米関係ならびに重大な国際・地域問題について突っ込んだ意見交換を行います。/中国側は両国の指導者が得た共通認識を積極的に実行に移し、中米の21世紀の建設的な協力関係を全面的に推進するため、米国側と共に努力していくことを望んでいます。//